林昭庚——口述
皮國立、陳倩姿——編著

# 做人做事做學問

## 中西醫結合之父——林昭庚的學思歷程

推薦序

# 與林昭庚院士之結緣

中央研究院院士、前中國醫藥大學校長 李文華

二〇一三年十二月，和中國醫藥大學校長遴選委員會面談，中間坐的主席是一位該校的董事，林昭庚先生，只覺得他聽完了我的治校理念，微笑點頭，未發一語。

二〇一四年二月，從美國加州大學辦理退休，返臺接任中國醫藥大學校長，開始熟知本校的強項及需要補強的方面，深知中醫學院是全臺灣中醫研究的重鎮，有別於傳統中醫，本校注重中西醫結合，必須接受八年的訓練，才能勝任。此制度在全世界的醫學教育中，獨一無二，因此，在世界上是相當有名氣的。

林教授是中醫學院的講座教授，他的主要貢獻是探討及訂定人體胸背部各穴位的針刺安全深度。他利用人的大體解剖，及活體電腦斷層掃描交互應用，探討人體胸背

部危險部位之針刺深度安全性，在世界的針灸醫學上做出重要的貢獻。

他更耗費十五年的時光，編著《中西醫病名對照大辭典》，探討中西醫學對於同一疾病，其定義、症候與診斷上的相似與相異處，這部辭典，對中西醫結合發展提供重要的指南，在整個醫學上的貢獻極大。

由於林教授傑出的學術成就，受聘為聯合國教科文組織（UNESCO）之專家學者及諮詢顧問，經常受邀參與世界衛生組織及聯合國舉辦之會議，為臺灣退出聯合國後，首位以臺灣學者身分受邀演講之專家學者，讓世界都看見臺灣對促進人類健康的努力及貢獻，堪稱臺灣之國寶。基於此，中央研究院絕大多數的同仁們，認同他的學術地位，的確是中醫界之代表人物，推選其為二〇二二年的院士，也是該院有史以來，第一位中醫針灸院士。

林昭庚院士出身彰化秀水的農家子弟，待人誠懇樸實，傳承臺灣人固有傳統美德，數十年來孜孜矻矻埋首臨床研究與教學，再加上堅持與毅力，一步步地走出自己的人生坦途，在日常生活，奉行儒家忠恕之道，侍師唯尊，以醫者仁心幫助弱勢，設立獎學金作育英才，參與社會公益回饋社會，具體實踐仁德的事蹟，讓人如沐春風。

林昭庚院士將自己勤勞苦練的人生故事，從農村家庭、求學歷程、臨床醫學研究並致力中醫針灸實證醫學的學術成就、以針灸科學建立國際聲望之貢獻，編撰出版《做人做事做學問》一書付梓，完整記述了一位鄉下貧苦農村子弟翻轉成為一代宗師，讓平凡變成不平凡，實為儒醫楷模、杏林後輩表率，鼓舞更多窮困的學子奮發向上、勵志未來，意義深遠，故樂之為序。

推薦序

# 光大中醫傳統醫學與醫術、嘉惠寰宇

前中研院院長　李遠哲

林昭庚教授是臺灣醫學界相當獨特的學者，他是中國醫藥大學培育的第一位中醫針灸學博士，從彰化農村出來的鄉下孩子，半工半讀，也沒有出國留學，卻孜孜不倦的投入中醫針灸傳統醫學進行科學化的實證，讓世界都看見，的確是了不起的成就和貢獻。

針灸醫學源遠流長，在現代醫學治療效果不佳時，世界各國找尋的替代療法便是針灸治療，目前被世界衛生組織公認有效；林昭庚教授進一步結合現代科學和技術，首創以電腦斷層掃描，測量胸背腹部危險穴位的安全深度，為針灸找出現代化的科學數據，造福寰宇。

數十年來，林昭庚教授努力不懈從事針灸實證醫學、針刺鎮痛及針刺安全深度等針灸相關研究，在國內外發表論文四六六篇，刊登於SCI期刊之論文有二七〇篇，先後完成六十種著作，而他編著的書籍*Experimental Acupuncturology*，由頂級醫學期刊*Nature*雜誌出版集團出版，為全世界目前唯一一本英文版實驗針灸學之教科書；他主編的《中西醫病名對照大辭典》，則為世界衛生組織（WHO）出版《國際疾病分類第十一版》之中西醫病名對照的重要參考資料。依據二〇二一年八月史丹佛大學發布「全球前二％頂尖科學家榜單」中，在「學術生涯科學影響力排行榜（1960-2020）」和「二〇二〇年度科學影響力排行榜」中，林昭庚教授均入選全球前二％頂尖科學家。

讓人稱道的，在臺灣退出聯合國後，林昭庚教授憑藉在中醫針灸醫學領域的傑出成就，代表世界中醫藥聯合總會，受聯合國教科文組織（UNESCO）聘任為專家學者及諮詢顧問，成為臺灣第一位獲邀到聯合國教科文組織演講的學者，還參加世界衛生組織在瑞士日內瓦召開的執行委員會發表專題演講，更獲選為國際東洋醫學會首位華人會長，將針灸傳統醫學推向世界舞台發揚光大，對促進國際醫療外交的貢獻，影響深遠。

由於林昭庚教授在中醫針灸醫學領域的卓越成就並造福人類健康的貢獻，受到國內外學術界肯定，獲選成為中央研究院「生命科學組」第一位本土中醫領域的院士，更顯意義格外重大！

待人和善又廣結善緣的林昭庚院士，人生旅途一路走來，以農家子弟勤奮努力翻轉人生的故事，懷抱感恩之心編撰《做人做事做學問》一書付梓出版，現身說法分享知識份子更應重視培養良善品德的人文素養，傳揚積極正面能量，讓社會多一點人性關懷的善循環，有益世道人心，故樂之為序。

推薦序

# 已識乾坤大　猶憐草木青

中央研究院院士、前國立中央大學校長 李羅權

二〇一八年，我接到母校彰化高中旅北校友會的演講邀請，了解之下，原來邀約的林昭庚教授，是擔任彰化高中旅北校友會第十三屆理事長，我記憶猶新，因為那一屆理事長「難產」，一群人苦思之餘，想到名列「華陽巨擘」的彰中傑出校友林昭庚，在大家力邀之下，林昭庚教授在二〇一七年十二月接下理事長一任。

林昭庚教授是中醫針灸的國際頂尖學者，登英國劍橋國際傳記中心《國際學人名錄》、榮獲羅馬尼亞最高榮譽科學院院士，在世界各地擔任客座教授、受邀主持國際會議、演講，是位標準的空中飛人。

二〇一七年元月，林昭庚教授應邀至瑞士日內瓦出席世界衛生組織（WHO）執

委會第一四〇屆會議，並發表演講〈針灸列入緊急醫療的可行性及重要性〉，這是臺灣退出聯合國後首位以臺灣學者身分到ＷＨＯ做主題演講之專家學者。同年六月，他再以全票通過擔任國際東洋醫學會（ISOM）會長，成為該會創會四十年來首度由臺灣人擔任會長。

如此工作忙碌、時間寶貴的人物，在母校（彰化高中）召喚下竟然義氣豪爽的扛下責任。穿梭國際舞台的身影回到故鄉，林昭庚捐助彰化中學編撰校史基金，更把他的影響能量毫不保留的奉獻給彰化高中旅北校友會，他為校友會長遠運作著想，增設副理事長制度，避免發生組織空窗危機；理監事會延聘各領域具社會名望之校友擔任理監事，並催生財團法人彰化縣彰中校友教育基金會；還有堅強的工作團隊為後盾，讓彰中旅北校友會辦活動時，不愁沒有資源幫忙。林教授念舊又創新的作為，如同印度詩人泰戈爾說：「無論黃昏樹影有多長，它總是和樹根連在一起。」

我和林昭庚教授有許多相同的巧合，我們是彰中校友（前後屆同學、我是學長）、同年、同是彰化縣人，同為農家孩子。我的父親帶我看星空，教我學會從星子運轉的角度判定時間，開啟了我對天象奧秘的興趣；林昭庚父親林江泗先生憐恤體弱幼子，以及鄉人就醫百般不便，因而囑咐家中最會唸書的兒子讀醫，照顧鄉人和貧病之人。

俗話說：「千金難買少年貧」，其令尊林江泗先生早逝，林昭庚教授大學便半工半讀，住寺廟、送報、隨貨車扛酒，甚至到酒家當起招待。磨練，讓心志更加堅韌；五光十色社會百態，讓年輕生命提早明白人情義理和做事的方法態度（同理心）。這些經歷都成為他日後在學術路上勇於追夢、挑戰未知的養分。

及至醫療研究事業稍成、有能力付出，林昭庚教授沒有忘記父親的遺願，他把診所開在臺北市的外圍萬華區，萬華又稱艋舺，自古以來就是中南部基層民眾到臺北討生活的第一站，他立下每日免費服務人數的內規，中西醫並診，仁醫聲名遠播，因而獲得二〇一三年全國好人好事代表排序第一。

在全民健保未開辦前，醫療是稀缺珍貴的資源，尤其是鄉下。來拜託幫忙介紹醫師或幫忙掛號的就醫請託愈來愈多，林昭庚教授就設了類似「鄉親醫療服務專線」，請助理可以盡快協助解決問題。對父親信守的承諾，讓他不管走得多遠，始終飲水思源，繫念家鄉的一草一木。借用中國思想家馬一浮「已識乾坤大　猶憐草木青」的詩句，來表達我對林昭庚教授的尊仰與感佩。

林昭庚教授十八歲就開始了自食其力的生活，貧困滋味和人情溫暖內化成他一生節儉、利他和感恩的人生態度。這本傳記不僅詳實記錄臺灣現代中西醫結合開拓史上，一位代表性靈魂人物的求生奮鬥事蹟，同時也為年輕學子傳達勇於追夢、利他不爭的人生哲學，是一本臺灣中醫針灸之光的傳奇故事。

推薦序

# 為下一代立下學習的典範

宏碁集團創辦人、智榮基金會董事長 施振榮

第一次認識林教授，是我擔任國家文化藝術基金會董事長的時候，當時為推動兩岸創意產業的合作與發展，其中有一項是針對中醫古籍解讀的計畫，希望進一步推動將故宮的中醫古籍數位化，為此召開專家會議因而認識彼此。

在國藝會的專家會議後，他稱呼我「學長」，我才知道林教授也是彰化人，而且是我彰化高中的學弟。後來我才知道他是國內知名的針灸專家，更是臺灣第一位中醫針灸博士。

此次林教授出版新書《做人做事做學問》，分享他一路走來的學習成長歷程，他立志要成為別人的光，從志於道、據於德、依於仁、游於藝不同的角度切入，將他人

生奮鬥努力的精采故事與讀者們分享。

書中有個故事提到，他因為對錢財運用的「捨得」哲學，獲選為好人好事代表。為什麼他會發下做善事的心願呢？原來是他年輕時接觸了陰陽學說，自己算命推算出壽命只到三十九歲，因此每每賺錢就去捐錢，結果因為長期捐錢做善事，在三十五歲那年獲得全國好人好事代表第一名，也是最年輕得獎人，由此可以看出他的心地善良。

林教授學識淵博，對中西醫學的學識修養深厚，著作等身，諸如《中西醫病名對照大辭典》等等著作及論文，對中西醫界有著廣泛的影響，不僅學術成就受到國際學術界的肯定，他的醫術更備受各國政要的肯定。

不僅如此，二〇一七年他還當選了國際東洋醫學會會長，這也是該會創會四十年來首度由臺灣人擔任會長。此外，他從二〇一三年起獲聯合國教科文組織（UNESCO）受聘為專家學者及諮詢顧問，常受邀參加聯合國及世界衛生組織所舉辦的會議或演講，在國際頗負盛名。

最近他更獲選為中央研究院院士，更是首位中醫學界獲選的院士，對中醫界來說意義十分重大，也可見其在中醫領域的成就備受肯定。

林教授一路走來的成長奮鬥過程，以及其豐富的經歷，很值得大家參考，更為年輕朋友立下學習的典範，在此將本書推薦給大家。

推薦序

# 一針獨秀、儒醫風範

中國醫藥大學校長、中央研究院院士　洪明奇

在臺灣的杏林，中國醫藥大學林昭庚教授是一位針灸醫術精湛的儒醫、熱忱作育英才的學者、孜矻鑽研針刺安全深度的傑出科學家，也是一位氣度不凡的紳士。

二〇〇五年十一月，我在美國獲聘為中國醫藥大學董事，有幸結識林昭庚董事一起共事；這位彰化秀水鄉的農村子弟，年幼家境清寒，就讀大學時開始「打工」減輕家庭負擔，送過報紙，在酒家當boy，到啤酒廠抬啤酒，縱使扛到腳一直發抖，依然在良好家風的薰陶下，學習成長遵循父訓「自己擁有的才是真的，踮腳尖才能拿到的東西不能拿」，恪守本分，勤奮踏實的發揮「草地人」的堅毅精神，力爭上游。

林昭庚教授兼具中西醫師資格，也是臺灣第一位針灸學博士，孜孜不倦耕耘投入

中西醫臨床教學研究逾四十五載，學術根柢深厚表現優異，著述甚豐，獲獎無數，近年來運用現代西醫科學方法研究中醫針灸止痛療效，實踐中醫現代化，蜚聲國際；二〇一七年六月獲推選為國際東洋醫學會第三十一屆會長，二〇一七年一月二十四日獲得世界衛生組織（WHO）邀請，以「世界針灸學會聯合會」（WFAS）專家學者代表的身分，參加在瑞士日內瓦總部召開的一四〇屆執行委員會議並發表演講，是臺灣退出聯合國後，第一位也是唯一獲邀出席WHO會議並發表公開演講的臺灣學者。

治學嚴謹的林昭庚教授運用西醫解剖學角度來研究針灸，以電腦斷層掃描探測穴位的安全深度，更將中醫針灸科學化領域推向世界舞台發揚光大，為臺灣建立了國際聲譽，其學術成就為士林推崇，一生傳奇，是相當了不起的儒醫典範。

中醫針灸是中國老祖宗流傳千年的智慧結晶，在世界形成風潮卻是近半世紀的事；一九七二年時任美國總統的尼克森率團訪問中國大陸的醫院參觀針刺麻醉切除手術時，驚嘆「針刺麻醉」的神奇，引起美國民眾興趣而成為顯學；二〇一六年美國奧運游泳天王「飛魚」菲爾普斯（Michael Phelps）、體操選手納杜爾（Alex Naddour）與多位奧運選手瘋迷「拔罐」之術，藉以舒緩肌肉痠痛，再度引發世界各國對針灸醫術研究及應用的熱潮。

中醫針灸臨床療效已被世界衛生組織認可，也是臺灣中醫藥國際化最成功的領域；林昭庚教授致力針灸實證醫學、針刺鎮痛及針刺安全深度等針灸相關研究貢獻卓著，稱得上是臺灣中醫針灸領域的瑰寶；因此，我自接任中國醫藥大學校長之後，為國舉才，積極鼓勵並推薦這位傑出校友參選院士，果然不負眾望獲得院士們的支持與肯定，林昭庚教授當選臺灣第一位中西醫結合的院士，讓全校師生都與有榮焉。中央研究院是總統府的科學顧問，總統府今後徵詢中醫事務，臺灣就有一位中西醫師的院士了。

醫學科技發展日新月異，中醫和西醫雖然是完全不同的兩種醫學，理論基礎和治療手段不同；君臣佐使是《黃帝內經》提出的中醫調配原則，西醫會針對身體細胞和化學成分等做分析，兩者各有所偏重和長處，是相輔相成的，共同之處就是治療疾病，解除病痛；我相信，林昭庚院士帶領的中醫藥團隊與校內暨醫療體系的研究團隊能精誠合作，將陶鑄世界最新、最善、最精之「中西一元化」醫學，造福人類健康與福祉，濟世惠民。

待人謙和、圓融的林昭庚院士，以平凡人的視角編撰《做人做事做學問》新書付梓，傳承儒家傳統文化和正直做人的精神，以及從事針灸醫學教學、研究的學術成就及參與社會公益事蹟，並為臺灣建立國際聲望之貢獻，讓先民的智慧得以綿延不絕的流傳下去，是一本不可多得的著作，實為本校的光榮和驕傲，足為現代學子學習的表率和榜樣。

推薦序

# 奉行「莫守成規」的開創者

前行政院衛生署署長、前監察院院長　張博雅

二〇二二年七月八日一早，我從新聞報導看到中研院發布新科院士消息，老友名字——林昭庚躍進眼簾，一股喜悅充滿心中，立刻撥出電話要恭賀林院士，那端傳來林昭庚教授爽朗的聲音：「感恩，您是第一個道賀的好朋友。」林教授邀請我參加七月九日的慶祝茶會，夫婿（紀展南醫師）與我決定要從屏東北上至臺中參加茶會，為好友祝賀。

中研院院士代表最頂尖科學家的身分。其實，在這之前，我所認識的林昭庚教授就是一位醫術高超的醫師，是中醫現代化的推動者，更是當代中醫界的關鍵意見領袖。

一九九〇年到一九九七年間我擔任行政院衛生署署長，公務部門的工作原本就龐雜，很多政策推動都需要民間團體的協助配合。那段期間正值臺灣全民健保第二期規劃階段，和各個醫事團體溝通協調成為衛生署的日常。（一九九五年三月一日開始實施全民健康保險）

當時，林昭庚教授擔任臺北市中醫師公會理事長，並身兼多個民間團體幹部，他的領導行事風格多能跳脫既定的思考框架，為人熱心和對社團運作嫻熟，他是公務機關最佳諮詢顧問。最讓我佩服的是他在看診、教學、研究、社團服務，工作滿檔中，依然熱情萬分的協助公務部門推動政策，在我擔任行政院衛生署署長、內政部部長兼臺灣省政府主席、中央選舉委員會主任委員和監察院長三十年期間，林昭庚教授是我重要諮詢顧問，他總能用開創性的想法鼓舞人心。

在那段期間，他先後擔任國家考選部專門職業及技術人員（中醫師）高等考試典試委員兼召集人，國家考選部常設題庫小組（中醫組）總召集人，教育部醫教會委員，國科會審查委員、覆審委員，行政院衛生署中醫藥委員會（現改制為衛生福利部中醫藥司）委員，全民健保爭議審議委員會委員，在其負責的工作上，他總是全力以赴。

還有一件事更能理解林昭庚教授是接受委託就不想留白的人：二〇〇四～二〇〇六年間，林昭庚教授獲聘總統府國策顧問，這期間他陸續發表「建構臺灣廉政」、「指紋建檔政策建言書」、「建請同意讓國際ＳＯＳ救援中心醫療專機能進臺灣領空」、「臺灣自然生態與國土規劃永續發展建言書」等建言，收集至《總統府資政顧問言論選集》，其諍言擲地有聲。這一些研究建言並非任務，而是全出於他認為這是臺灣當前的需要，自動自發所為。

我從連續擔任兩屆嘉義市市長起服務政府公務部門，深切體會到，無論做什麼事情，雜音無所不在，但成功的人能找到與雜音相處的方法，林昭庚教授對任何問題都能迎刃而解，進而化阻力成為助力，成為不同公務部門倚重的專家學者，這與他所研究的儒、釋、道等東方哲學有關，所以他做事總能洞燭機先，待人處世能夠用同理心站在對方立場思考。

回顧過去三十年我們在公務體系攜手合作、完成無數艱難任務過程，我豁然開朗，原來，我從他身上看到的堅持力、認真、專注，以及見解獨到、用開創性思考解決問題等特質，就是科學家的精神。

古書上說：「以銅為鑑，可以正衣冠，以人為鑑，可以明得失。」從偏僻農村聰明的孩子、大學時期需要拚命才能三餐溫飽的青年，到今日成為史丹佛大學發布全球前二%頂尖科學家中的前〇．二%科學家，因為有他協助，國家的許多相關政策更加貼近民心，因為有他，現代化的臺灣中醫針灸在國際光芒閃爍。

林昭庚教授這本傳記，不僅為臺灣中醫現代化開拓史留下紀錄，同時也傳達一位科學家奉行「莫守成規」的開創者性格，書中精采的做人做事與人生智慧啟發人心，讓人如沐春風。

推薦序

# 天道酬勤一中醫

考試院院長、臺灣大學名譽教授 黃榮村

昭庚兄這本傳記真的很好看，而且處處都有令人驚豔與具有啟發性的故事。這些都反映了傳主一生的特殊性，與講不完的傳奇故事。他在書中娓娓道來，講他的童年他的父母，以及學醫從外科醫師走上針灸這條曲折路，可以說是典型的勵志人生。尤其是在中國醫藥學院讀醫學院時，到酒家工作的經歷與成長過程，大概沒人可以講得比他更生動更有現場感，而且讓人驚訝，原來人生成長過程可以有這麼大的多樣性，而且都指向成功之路。

他醫學院都還沒畢業，就能跟在臺中廖泉生、林敬義、陳天機幾位大院長身邊，好好工作學習，後來先當外科醫師又到榮總當中醫針灸醫師，再自己開中西醫診所。

回母校服務前後，則與陳立夫、黃維三、馬光亞、方中民、蔡長海幾位關鍵人物，建立起密切互動關係，也發展出幾段中醫大傳奇，這些事跡都充分反映出他深具特色的人格特質。

昭庚兄與我同年，都是彰化人，他讀彰中我讀員中，後來我到中國醫藥大學當校長時，他是學校董事會的董事。在學校同事期間，我們經常為中醫發展而聚會，或出國參訪。在他主持WHO針灸標準穴位勘誤時，發現有五處穴位需要修正，我也以學校校長名義致函WHO，共襄盛舉。之後在蘇奕彰教授安排下，我們一起到歐洲各主要國家參訪，了解中醫在世界各地的流布特色，也一起到少林寺參加佛醫大會。

中國醫藥大學現在西醫體系龐大，但當年是由三位中醫師（覃勤、陳固、陳恭炎）提出「中國醫藥學院」設校計畫，在教育部醫教會杜聰明院長等人的支持下通過設立。後來學校被教育部接管，改由從美返國的陳立夫出任董事長，約共三十年。

我二〇〇五年就任中醫大校長，偶而還會消遣說學校的校歌中有「上醫醫國，其次醫人」的歌詞，不太像是一所以培育醫師與醫事人才為職志的大學，其實這是中醫傳統所懸的最高目標，上醫要能治未病，醫者仁心不只醫人，更要醫國，歌詞確實符合學校中醫立校仁慎勤廉的精神。昭庚兄在這種氣氛下修業，志向應該是愈來愈遠大了，而且在深陷困窘的學校任教期間，發展出與人為善廣結善緣的精神，做出不少為人稱道的善行。

中醫具有雙元面向，一面是循證醫學，另一面則為文化與儒醫傳統。中西醫兩者雖有不同，但相似之處不少，我以前曾倡議多辦一些有關中西醫會通的論壇，但成效不彰，因為雙方醫界的領導人，並無急迫性來做這些會談。

二〇二二年林昭庚教授因為過去利用屍體解剖與活體斷層掃描，在碩士與博士論文中，所進行的針刺安全深度研究得到肯定，獲選為中研院院士。這表示經脈、針灸作用機轉的基本問題（包括以當代的神經生理知識與針灸臨床證據，重新繪製經脈圖），以及如何在臺灣建立起儒醫傳統的問題，應該有機會再來重新檢討。我要特別祝福這樣一個機會的出現，昭庚兄最適合也最有辦法去釐清這件大事，我們深深的期待。

推薦序

# 上善若水　儒醫風範

中國醫藥大學暨醫療體系董事長、亞洲大學創辦人 蔡長海

立德、立功、立言三不朽，是仁人志士孜孜以求的一種崇高價值；昭庚兄竭盡畢生心力鑽研中醫針灸實證醫學、針刺鎮痛及針刺安全深度等相關研究，尤其在「針灸止痛」科學化領域，締造多項世界紀錄，對促進人類的健康有重大貢獻，深受國際學術界的肯定與推崇，歸然儒宗，名孚中外。

林昭庚院士為中國醫藥大學中醫系第二屆畢業的傑出校友，兼具中、西醫師資格，現任中國醫藥大學董事、講座教授及附設醫院顧問、中華民國中醫師公會全國聯合會榮譽理事長、中國醫藥研究發展基金會董事長；二〇二二年七月七日當選臺灣中央研究院第一位本土中西醫結合新科院士，這不僅是個人至高無上的榮譽，也讓全校師生與有榮

焉，對光大中醫傳統醫學與醫術，更顯意義格外重大！

昭庚兄是出生彰化秀水鄉的農家子弟，我是嘉義布袋漁村長大的孩子，家境背景相似，共同走過艱辛的歲月，面對逆境，展現堅韌的意志力，秉持「草地人」的拚搏精神，力爭上游，也同為中國醫藥大學的校友，長久以來為母校的永續發展、作育英才、回饋社會，建立深厚的情誼。

中西醫學養俱佳的林昭庚院士，更獨創針刺安全臨床研究，自一九七八年起進行解剖屍體探究穴位實際深度、推算安全深度，一九八八年開始更透過電腦斷層掃描人體穴位安全深度，並根據性別及體型差異探究針灸「得氣深度與臨床療效的相關性」，使針灸更有科學根據，安全性大幅提升，深具臨床價值，對提升臺灣中醫針灸走向科學化及現代化，功不可沒。

從大學就同時接受中西醫訓練的林昭庚院士始終相信，中醫與現代醫學兩者間只要能夠有效對話，就能相輔相成；毅然決然承擔起故總統府資政陳立夫先生追求「中西醫學一元化」的重任，以「國際疾病傷害及死因分類標準」（ICD）為藍本，將西醫的「病名」和中醫的「病症」加以對照，前後耗費十五年的時間，邀集中、西醫學者及專家共同參與編纂《中西醫病名對照大辭典》，長達四百萬餘字、共五鉅冊的當代醫學巨著於二〇〇一年問世，讓中西醫首次擁有「共通語言」，由聯合國亞太技術轉讓中心支持的《亞太傳統醫藥》期刊編輯部於二〇〇八年六月出刊，以「壯舉空前，啟迪後學」為《中西醫病名對照大辭典》撰寫書評；目前已成為世界衛生組織（WHO）出版《國際疾病分類第十一版》之中西醫病名對照的重要參考資料。

此外，林昭庚院士擔任美國芝加哥大學及梅約醫學中心於二〇〇八年共同舉辦之美國年度互補及替代醫學學術大會首席演講貴賓並發表專題演講。二〇一四年哈佛大學教授邀請林教授共同編著*Acupuncture for Pain Management*一書，得到廣大迴響，於二〇一八年受到美國醫師公會及哈佛大學邀請，發表「針灸在緊急醫療應用」之專題演講。二〇一八年受*Nature*雜誌之出版集團（Springer Nature出版社）邀請，主編*Experimental Acupuncturology*一書，為全世界目前唯一一本英文實驗針灸學書籍，深受國際學術界的肯定。

林昭庚院士在針灸醫學上傑出成就享譽海內外，經常獲邀赴海外行醫、講學，屢蒙海外多國元首褒獎，二〇一三年起受聘為聯合國教科文組織（UNESCO）之專家學者及諮詢顧問，二〇一七年一月，世界衛生組織在瑞士日內瓦總部召開第一四〇屆執行委員會議，他獲邀為專題演講貴賓，把中醫針灸科學化領域的卓越成就，推向世界舞台發揚光大，為臺灣退出聯合國後，第一位也是唯一獲邀WHO會議的專家學者，的確是臺灣的光榮和驕傲。

人生的境界要由自己創造，昭庚兄藉由過去的生活經驗，總是抱持感恩的心感念幫助過他的人，熱心公益事務，長期贊助弱勢團體，為了培育家境清寒學子，把自己的教授薪水都捐給母校成立獎助學金與校務基金，還設立恩師馬光亞、黃維三獎學金與先令嚴林江泗、先令慈林陳怨獎學金作育英才，以回饋母校的栽培之情，傳揚積極正面能量，讓社會多一點人性關懷的善循環，有益世道人心。

《做人做事做學問》這本傳記，記載林昭庚院士從一個窮苦的學生，努力向上，一路走來的奮鬥過程與成功經驗，讓大家進一步認識這位充滿人文關懷、理想抱負與嚴謹實務的科學家，積極樂觀、熱愛生命、樂於助人的人格特質，他不僅是一位好醫師，造福無數的病患，也是國際知名的學者、醫界的領導人物，成就非凡，亦是啟迪後學、樹立一個積極實踐的優質典範，故樂之為序。

岳生先父翁元章（請參照臺大法律學院講座教授葉俊榮主稿之財團法人臺北市翁元章文教基金會簡介——認識翁元章），於日據時代專攻漢學，開設私塾，岳生曾於二〇一四年三月四日出版《翁元章詩集》。先父曾任職鄉公所，又聘請中醫師開設中藥店（存德堂），由先母主持。故岳生自幼對於中藥之功效早有深刻印象。如今老友林昭庚教授，專攻中醫針灸學，獲得高度成就，備受美國哈佛大學及國際學術界之肯定，並榮獲中央研究院院士，岳生甚感與有榮焉。早期岳生與學生們如陳清秀教授、黃錦堂教授、蔡良文考試委員等諸位賢伉儷聚餐，林昭庚教授由蔡委員介紹自臺中醫學院北上來參加聚會，大家歡聚有年。中醫學是我國數千年來之傳統醫學，對於疾病治療功效卓著，為中華文化精華之一環，近年來中醫逐漸受到國際學術界之肯定，亦可謂遲來之正義，雖不無遺憾，然亦令人相當欣慰。今林院士之自傳《做人做事做學問》，即將問世，其勤於學術研究，為人謙和，待人誠懇，平易近人，又自律甚嚴，足為青年學者學習之典範。故簡略以上，恭逢盛舉。

——前司法院院長 **翁岳生**

林昭庚院士精於中西醫學，神奇的針灸醫術舉世無雙，為人廉厚，樂於助人，這本書道盡他勵志上進的精采人生，也給人無限的省思。

——前中央研究院院長 **翁啟惠**

這本書是勵志向上的個人追憶，也是如何將傳統中醫的知識體系現代化與國際化的見證。林昭庚院士學貫中西醫術，以針灸絕技行醫中外，聞名於世；其仁心淑世的楷模，堪稱當代的「儒醫」。

——中央研究院人文院士 **黃進興**

1980 年榮獲沙烏地阿拉伯最高榮譽「金袍獎」

1980 年為沙國謝赫部長治癒氣喘症，以阿拉伯國宴酬謝

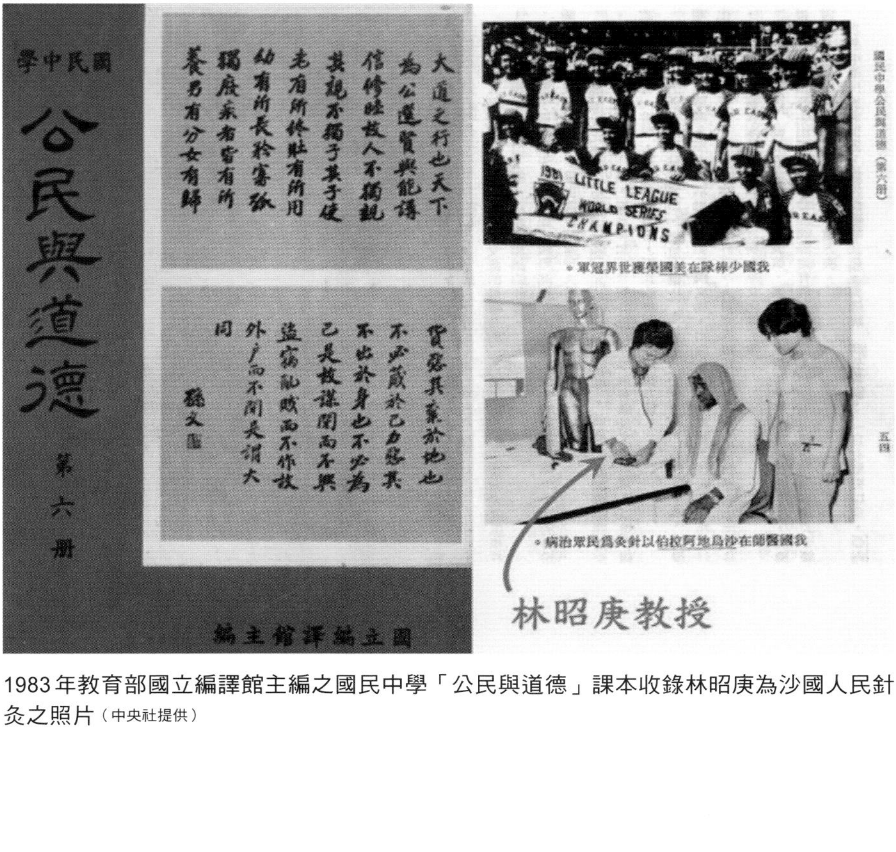


1983 年教育部國立編譯館主編之國民中學「公民與道德」課本收錄林昭庚為沙國人民針灸之照片（中央社提供）

1990 年中美洲薩爾瓦多共和國總統克里斯第雅尼頒發「學術貢獻獎」

1991 年博士班畢業典禮與陳立夫先生合照

1985 年於美國洛杉磯「世界中華醫藥學術大會」獲「世界最傑出針灸醫師」

1993 年李登輝總統頒贈八德獎

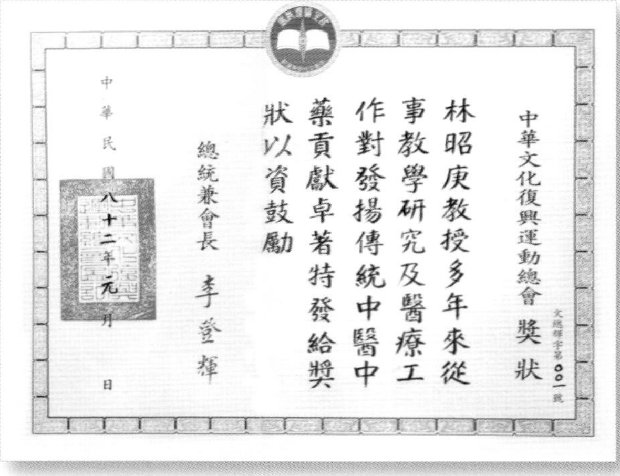

文總輝字第〇〇一號

中華文化復興運動總會 獎狀

林昭庚教授多年來從事教學研究及醫療工作對發揚傳統中醫中藥貢獻卓著特發給獎狀以資鼓勵

總統兼會長 李登輝

中華民國八十二年元月 日

1993 年李登輝總統頒發 001 號總統文化獎

2002年教育部出版《兒童的雜誌》，遴選李鎮源院士、宋瑞樓院士、謝貴雄院長、林昭庚教授等四位影響世界的醫學科學家，名為「杏林群像」專輯，林昭庚教授因其針刺穴位安全深度研究受肯定而入選

2003年榮獲陳水扁總統依褒揚條例題頒「功著杏林」匾額

2003年臺北市長馬英九頒發中醫藥學術貢獻獎

2007 年榮任第 14 屆國際東洋醫學會學術大會會長

2004 年林昭庚受聘為國策顧問，與陳水扁總統合照（林昭庚提供）

2011 年與證嚴上人合影（證嚴法師授予佛教慈濟慈善事業基金會中醫發展特別顧問聘書）

2013 年林昭庚與黃榮村校長（左）前往少林寺參加第三屆中國佛醫高峰論壇（吳嵩山提供）

2014 年林昭庚擔任中國醫藥大學傳承系列講座主講人，與李文華校長（右）合影
（吳嵩山提供）

2014年赴法國巴黎UNESCO總部參加會議，並於ICHNGO FORUM發表演講

2015年與WHO會議主席 JAMES W. GILLAN合影

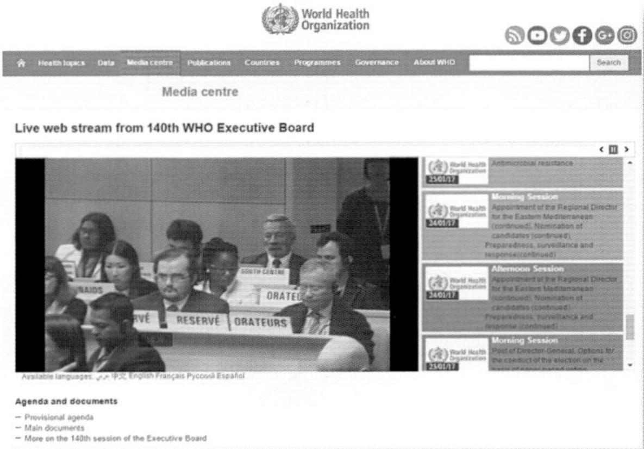


2017年受邀至瑞士日內瓦出席WHO第140屆執行委員會議並發表演講

2017 年榮獲衛生福利部陳時中部長頒發國際醫療貢獻獎

2017 年接任國際東洋醫學會理事長之交接典禮——交議事槌

2021 年國醫節，蔡英文總統頒贈中醫藥貢獻獎

2021 年李羅權院士賢伉儷至林昭庚（中）府上拜訪

2021 年榮獲「外交之友貢獻獎」，吳釗燮部長頒獎表揚

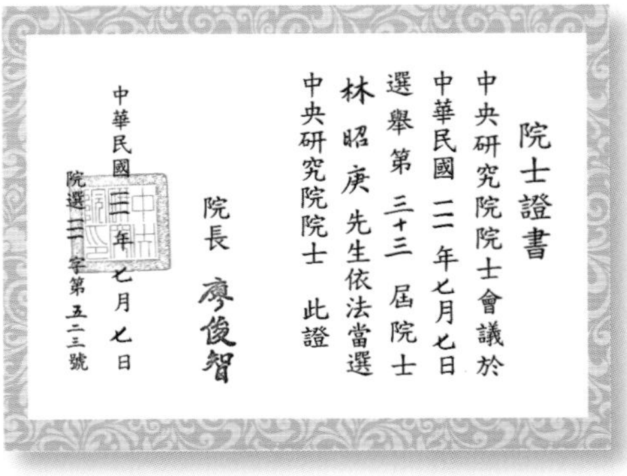

院士證書

中央研究院院士會議於中華民國一一一年七月七日選舉第三十三屆院士林昭庚先生依法當選中央研究院院士 此證

院長 廖俊智

中華民國一一一年七月七日

院選一一一字第五二三號

2022年當選第33屆中央研究院院士獲頒證書

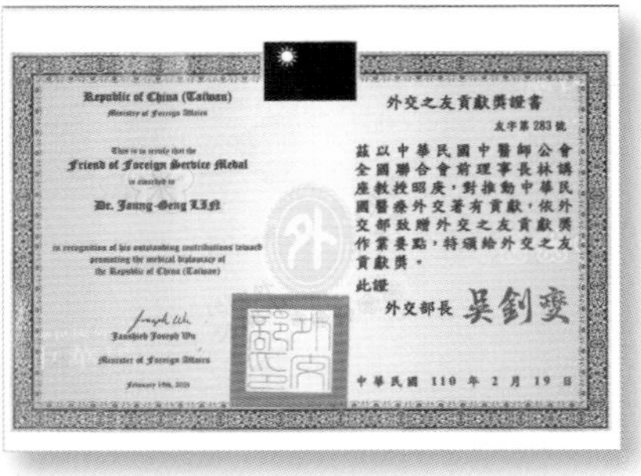

Republic of China (Taiwan)
Ministry of Foreign Affairs

This is to certify that the
Friend of Foreign Service Medal
is awarded to
Dr. Jaung-Geng LIN
in recognition of his outstanding contributions toward promoting the medical diplomacy of the Republic of China (Taiwan)

Jaushieh Joseph Wu
Minister of Foreign Affairs
February 19th, 2021

外交之友貢獻獎證書

友字第283號

茲以中華民國中醫師公會全國聯合會前理事長林講座教授昭庚，對推動中華民國醫療外交著有貢獻，依外交部致贈外交之友貢獻獎作業要點，特頒給外交之友貢獻獎。

此證

外交部長 吳釗燮

中華民國 110 年 2 月 19 日

2021年外交之友貢獻獎證書及獎章

林昭庚（右三）與2022年中央研究院第33屆院士合影（《自由時報》提供）

2022年討論中醫專書製作餐會合影，左起陳潮宗醫師、皮國立教授、林昭庚院士、殷揚智醫師、陳麒方醫師

2022年慶祝當選院士餐敘合影（前排右起：林昭庚、施振榮、林奇宏；後排右起：許中華、陳方佩、龔彥穎）

2023年與翁岳生院長餐敘合影（前排右起：林昭庚、翁岳生賢伉儷、蔡良文；後排右起：黃錦堂賢伉儷、陳清秀賢伉儷）

2023 年與中研院院士李遠哲（中）、蔡長海董事長（左二）、洪明奇校長（右二）、林正介副校長（左一）合影於中國醫藥大學畢業典禮

2023 年與前中央研究院翁啟惠院長（左）合影

2023 年與中央研究院黃進興副院長（左）合影

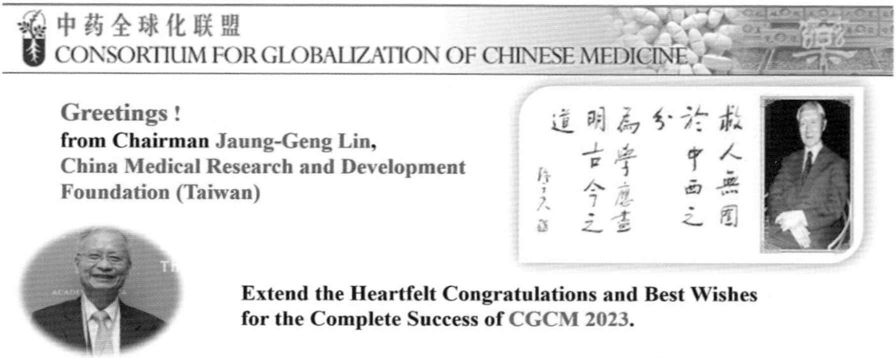

2023年中國醫藥研究發展基金會董事長林昭庚請張恒鴻董事代表該會祝賀中醫藥全球化聯盟（CGCM）研討會圓滿成功

2023年林昭庚主持醫策會中醫專科說明會（東區），與衛生福利部中醫藥司黃怡超司長（右）合影（黃怡超 提供）

2023年林昭庚院士榮獲112年度衛生福利部第二屆玉階獎——特殊貢獻獎

2023 年第 20 屆國際東洋醫學會學術大會擔任主題演講貴賓

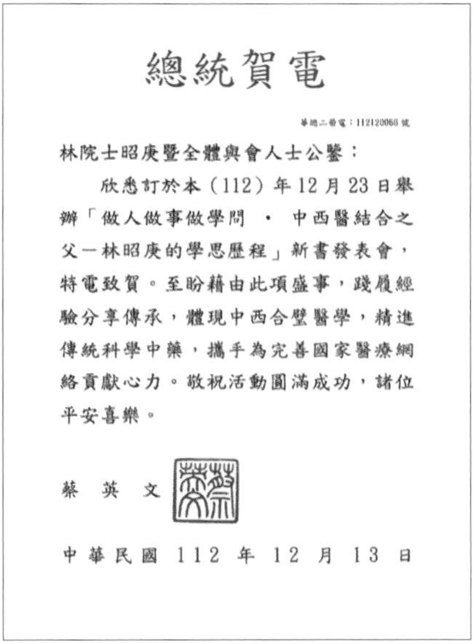
# 總統賀電

華總二榮電：112120068號

林院士昭庚暨全體與會人士公鑒：

欣悉訂於本（112）年12月23日舉辦「做人做事做學問 ‧ 中西醫結合之父－林昭庚的學思歷程」新書發表會，特電致賀。至盼藉由此項盛事，踐履經驗分享傳承，體現中西合璧醫學，精進傳統科學中藥，攜手為完善國家醫療網絡貢獻心力。敬祝活動圓滿成功，諸位平安喜樂。

蔡英文

中華民國 112 年 12 月 13 日

2023年蔡英文總統之賀電

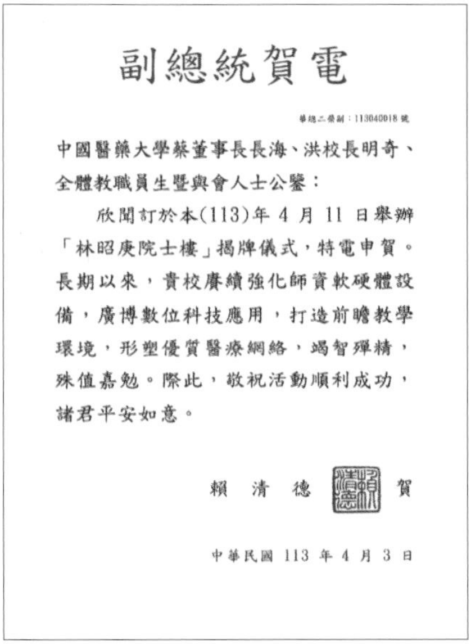
# 副總統賀電

華總二榮副：113040018號

中國醫藥大學蔡董事長長海、洪校長明奇、全體教職員生暨與會人士公鑒：

欣聞訂於本(113)年4月11日舉辦「林昭庚院士樓」揭牌儀式，特電申賀。長期以來，貴校賡續強化師資軟硬體設備，廣博數位科技應用，打造前瞻教學環境，形塑優質醫療網絡，竭智殫精，殊值嘉勉。際此，敬祝活動順利成功，諸君平安如意。

賴清德 賀

中華民國 113 年 4 月 3 日

2024年賴清德副總統之賀電

2024年榮獲「國醫典範獎」，行政院長陳建仁頒發獎牌

2024 年第 94 屆國醫節暨第 16 屆台北國際中醫藥學術論壇貴賓晚宴，林昭庚（右二）與賴清德總統（中）、衛生福利部邱泰源部長（左一）、林宜信教授（右一）及林昭庚學生陳淵渝（左二）合影

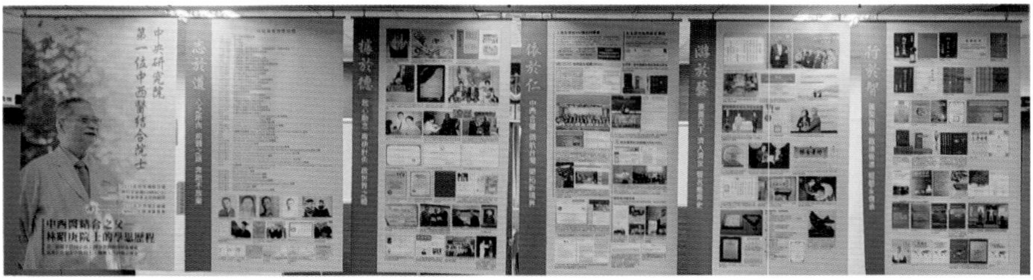

2024 年「林昭庚院士樓」揭牌典禮，中國醫藥大學暨醫療體系董事長蔡長海、洪明奇校長、林昭庚院士、李文華院士、潘玉華院士、陳仲瑄院士、楊秋忠院士、葉錫東院士、李茂盛資政、王添盛前檢察總長、王陸海副校長、沈戊忠董事、孫茂峰董事、鄭隆賓執行長、周德陽院長、顏宏融院長等貴賓共同揭彩，各學院院長偕同仁師生在場觀禮，共同見證喜悅的時刻

自序

# 是感恩，也是傳承

林昭庚

我的一生幾乎都是在奔跑狀態，求學時期和生活奮鬥，工作之後忙著做事，很少有時間想到過往，但偶爾有浮生半日閒回想過去，讓我最懷念的，並非職涯專業稍有成就的名聲，而是那一段刻苦銘心的求學時光。

我出生在農村小康之家，父親崇尚儒學，教導六個孩子本分做人是家訓、好好唸書是責任。十八歲，是我人生的分水嶺，父親中風驟逝，我從無憂無慮落入需要到處打工為三餐奔波的境況。民國六十年代，工作難求，尤其對一個半工半讀的青年，時間和體力是唯一本錢。

今日回顧，那段艱辛的磨練竟然成為生命重新塑造的養分，送報、扛酒瓶、在酒家服侍各色人……種種滋味，成長在溫室中的孩子無緣品嚐，我在受挫中認識人情冷暖、懂得察言觀色；更在恩惠中明白將心比心的溫暖力量。那段期間，我學會堅忍、反省、同理心，我比同齡友伴更早掌握做事方法，以及善用時間兼顧課業。「千金難買少年貧」，一生最大的打擊，成為我一生最大的祝福。

一九九四年，我以《針灸學新論》一書獲得中國中醫科學院（前中醫研究院）一等獎，廈門大學出版社幫我出版學術傳記《針灸英傑——林昭庚博士》，二〇一二年北京大學重新增修再版，完整記錄我與團隊一起完成的各種重大研究發現，用科學實證把中醫針灸帶進國際舞台的成就；第三版更名為《一代巨擘——針刺安全深度之父林昭庚博士》，以第二版為藍本，加入中央社之相關報導，完整記述我的求學歷程、臨床醫學研究，以及《中醫針灸》實證醫學的學術成就及參與社會公益事蹟，由我的母校中國醫藥大學於二〇一九年出版。

超過五百頁厚厚一本學術傳記，一篇篇記錄了我數十年歲月全力以赴的學術成果，偶爾在夜闌人靜時，回想來時路，我自問：「為何一個從農村出來的鄉下孩子能夠做這麼多事情？沒有留學背景的人，為何有那麼多優秀的人物願意加入團隊和我一起奮鬥？我是否有做對一些事？」

檯面上看到的是結果，背後總有一些能夠結合眾人之力，創新中醫針灸精華的原因。我總結自己一生做事做人，大概依循三種準則，一種是儒家忠恕的精神，一種是道家捨得的智慧，一種是佛家利他的境界。

回顧從小家庭教育，父親耳提面命的就是「要踮腳尖的東西不要拿」，這個告誡默化成我一生不與人爭的個性，不爭就能共生，共生就能和眾，一起成就更大的事。父親的儒家中庸及忠恕思想影響我一生，為而不爭、隨緣不執，「恕」字拆開就是「如心」，以己心換他心，凡事換位思考，難事也能迎刃而解。

中醫學理與道家哲學一體二面，學習中醫讓我領悟道家陰與陽，是對立又統一的矛盾概念，「捨得」亦是同樣的概念，要得便需捨，這是做人處世的微妙藝術，存乎於心、相輔相成。

第三種是來自佛法的「利他」思想，凡事都要先想到對方立場，如果自己覺得賺很多，別人都笨到一直吃虧嗎？利他共贏，吸引更多優秀人才一起共事，讓事情往更好的方向發展，利他是成事和快樂的泉源，起於內心的快樂不就是利己嗎？

我一生教學，雖然學生無數，但是能和他們分享人生經驗和做事方法的機會卻很有限。我想，也許在專業以外，透過皮國立教授與陳倩姿女士的訪談和學術書寫，可以傳達我在人生路上遇見許多溫暖的靈魂，他們在我最需要幫助時，無私地伸出雙手。

《做人做事做學問》一書的書名用意，為自己寫，為學術寫，也為臺灣的中西醫結合寫，想留下深刻的心路，未來中西醫結合的前程，定會一棒接一棒為臺灣發光發熱，因為我深信醫者父母心，心之所向，善為依歸，一切的成就都會嘉惠在廣大病人的身上。

在科技日新月異、人工智慧席捲全球的時代，種種新知很快就成為歷史，唯有人性始終如一。我相信，保有良善利他的心，加上努力積極的人生態度，必能創造最大的幸福。這本書，是感恩，也是傳承。

## 目錄

自序　是感恩，也是傳承　林昭庚……33

前章　臺灣本土院士　林昭庚立志成為別人的光……43

林昭庚當選中央研究院第三十三屆院士，為臺灣首位本土中西醫結合院士，他處世為人謙尊而光，一生成就奉獻，不只在臺灣，更照亮世界中醫針灸革命性的醫療。

# 第壹部

# 志於道

第一章　林家祖厝　紅磚屋的世代故事……50

彰化農村純樸人文風貌，父母親的品格教育和期望，在在影響林昭庚的成長及行事作風，成為他日後思想與事業肇始的源頭。

第二章　母親節儉自己　想方設法掙錢貼補家用……63

食指繁浩，丈夫公務員薪水微薄，經常入不敷出，憑著聰敏勤儉，林陳怨用雙手打造全家的後方堡壘。

第三章　聰明調皮好動　成為同學的囡仔王……72
用布巾包課本綁肩頭，赤腳走路上小學，林昭庚成績優秀，國語老師曾在黑板上寫下「良藥苦口利於病……」，永遠記在腦袋裡。

第四章　考上彰化高中　展露學醫人格特質……82
初中三年，全部心力放在課業中。考上省立彰化高中，看到操場邊一個寫出各類行業的立志看板，其中並沒有「醫生」，他內心已悄悄地把「醫生」加了上去。

第五章　一枝草一點露　求生奮鬥一關又一關……100
考上中國醫藥學院，展開膽顫心驚的打工生活，卻能在等車搭車時，拚命背誦中醫藥歌訣，自編河洛語「林氏歌訣」。

第六章　巨人的肩膀　師恩情重長留於心……140
許多恩師貴人點點滴滴的恩惠，讓林昭庚得以乘風而起，探尋更高遠的學術奧義，也成為亦師亦友的職涯夥伴，志同道合的忘年之交。

第七章　服役金門當醫官　內外婦兒科全包辦……160
兩岸單打雙不打時期，林昭庚到金門前線當醫官，能做西醫手術，也可以針灸治療痛症，口耳相傳，每天忙得團團轉。

# 第貳部

# 據於德

第八章　外科醫師入行　針灸博士躍進國際……170

歷經內外婦兒科及北榮針灸科後，展開針刺安全深度研究，四十歲不到，林昭庚已站上國際舞台，成為針灸學新秀。

第九章　沙烏地阿拉伯王國行醫　獲最高榮譽「金袍獎」……186

參與「醫療外交」，以針灸埋針小手術治癒沙國政府高層痼疾，獲頒「金袍獎」。想舉家赴沙國行醫，卻難以如願。

第十章　妻子的任勞任怨　才能一天工作十八個小時……200

妻子陳孟秋身兼總務、會計、人事、公關、管理……，她以家庭為重，犧牲自己的興趣，投注所有心力輔佐先生的事業、教育子女。

第十一章　國科會師生奇遇　針灸在美國根深葉茂……213
一段師生情緣，牽出針灸傑出成就，獲美國參眾兩院表揚，美國總統老布希致贈照片和親筆簽名。

第十二章　落腳萬華開診所　疼惜散赤甘苦人……221
拿到全臺灣第一張中西醫診所開業執照，免費治療貧困人家，一家人登門跪謝。五十八歲結束看診，作育英才勤寫醫書。

第十三章　一生守護中國醫藥大學　寵辱不驚……242
回母校擔任教職，十年教職不領薪，成為大學教育界的傳奇。受陳立夫董事長提攜，交付中西醫結合重責。賭上個人去留，推薦優秀學者進中醫大，與歷任校長相知相惜。

第十四章　三度叩關中研院院士　春暖花開……296
中央研究院生命科學組都是最頂尖的人才，要改變想法非常不容易，需要一大群人的幫忙。中醫是經驗的科學，首次有中醫代表進入中央研究院，對中醫界意義重大。

# 第參部

# 依於仁


第十五章　著書立論　一本本都有精采故事……316

不只獨自磨劍，帶領優秀的團隊，磨利無數的寶劍，四十年寫了二千多萬字，編進六十本著書。為針灸醫學立下千秋萬世的世界觀點，從臺灣走進國際。

第十六章　獲邀世衛WHO演講　探討針灸列入緊急醫療……342

神奇的針灸享譽國際，曾獲邀中國佛醫高峰論壇，在少林寺講授佛針醫理。二〇一七年出席世界針灸學會聯合會（WFAS），在WHO發表演講。

第十七章　為而不爭　帶領中醫開疆闢土……364

坐上全國中醫師龍頭位置，為全體中醫師打拚。擔任國策顧問，建言書集冊收藏總統府。馬兜鈴酸事件，帶領中醫界一連串反撲。

第十八章　情誼綿延　飲水思源心念家鄉……391

不論走多遠人多忙，始終有鄉親鄉情牽繫著，成立鄉親醫療服務專線，設立母校勵學獎學金，捐助寺廟改建，深遠情意永相延續。

## 第肆部

# 游於藝


第十九章　人生如棋局　《易經》理財助人為樂……412

走過一百多個國家，旅遊是工作的延伸。喜歡研究《易經》與哲學，因為講求天人合一的中醫學就在其中。要行善幫助人，就得用心理財才有活水進帳。

第二十章　人生不輕鬆　為了新醫學衝！衝！衝！……424

人生不輕鬆，盡己所能就是精采。能不能成功取決於許多無法掌控的因素，不必執著於預想的結果，有時候努力換來的結果超過預期。

林昭庚大事年表……434

徵引書目……442

前章

# 臺灣本土院士　林昭庚立志成為別人的光

中央研究院（以下簡稱中研院）於二〇二二年七月七日選出臺灣本土院士林昭庚，這是中研院三十三屆以來，首次選出的第一位本土中西醫結合院士。短短幾分鐘的致詞中，林昭庚感謝他的研究團隊和學生，他認為人沒有辦法預測未來，就是要Do my best（盡己所能），一位學者在研究過程中所經歷的辛苦和韌性，才是臺灣本土院士的核心價值。

本土，具有臺灣研究的焦點，更是臺灣土生土長研究精神的盛開花朵。林昭庚的本土是完完整整的「本土」，從小學、初中、高中、大學到臺灣第一位中醫博士，接續四十年的臨床和研究教學生涯都在臺灣完成，放射的光芒超越臺灣，更開創全球中醫針灸革命性的醫療成果。

## 其文炳也　好友為林昭庚卜的卦

人生很多境遇或許命中注定，但學術成就難以用命中注定作為詮釋，要有初心、要有努力、要有堅持，最後自然會有命定。在中研院還未公布新科院士的前幾天，林昭庚向一位好友談及此事，雖有期待但也隨緣，「得之我幸、不得我命」。這位對《易經》有興趣的朋友，私下為這件事卜了一卦，卜出的卦寫在紙上，用信封密封起來，當然沒有跟林昭庚提起卜卦的事，知道七月七日中研院會公布新科院士的名單，這位朋友在前一天用掛號將此密封的卜卦結果寄給林昭庚，好讓對《易經》很有研究的他親自揭曉經文的奧祕。

朋友替林昭庚卜出的卦是〈革卦〉第五爻：「大人虎變，未占有孚。象曰，大人虎變，其文炳也。」[1]就這麼奧妙，用白話文說，就是林昭庚的學術成就像老虎的斑紋那樣的鮮明，大家都看見如此斑斕的紋彩（其文炳也），當天，中研院第三十三屆的新科院士名單揭曉，林昭庚名列其上。

是巧合也好，但從林昭庚四十年來的臨床和研究教學，的確是「其文炳也」，遠者近者都感受到他的成就手采。他帶領優秀的團隊，四十年來撰寫二千多萬字，編進六十本著作，平均不到一年完成一本。如編寫《中西醫病名對照大辭典》，整整耗時九年，他不為自己，而是為針灸醫學與中西醫結合事業，立下一個從臺灣出發的世界性觀點，讓臺灣走向國際。

## 畢生投入針灸研究　締造多項世界紀錄

在學術研究方面，林昭庚是全球研究以屍體解剖，及活體結合電腦斷層掃描研究針刺穴位安全深度第一人，使針灸更具有科學根據，安全性大幅提升，對於促進人類的健康有重大貢獻，在國際上被稱譽為「針刺安全深度之父」。

二〇〇八年，更領導團隊勘誤世界衛生組織（WHO）出版之《西太平洋地區

ＷＨＯ標準針灸穴位》（*WHO Standard Acupuncture Point Locations in the Western Pacific Region*）的標準穴位圖五處穴道，二〇一三年起受聘為聯合國教科文組織（UNESCO）[2]專家學者及諮詢顧問，並多次參與ＷＨＯ會議，最近一次演講為二〇一七年於瑞士日內瓦總部第一四〇屆世界衛生組織年會，發表「針灸列入緊急醫療的可行性及重要性」專題演講，是臺灣退出聯合國後學者進入ＷＨＯ及ＵＮＥＳＣＯ演講第一人。

林昭庚在針灸止痛科學領域，締造多項世界紀錄，畢生投入中醫針灸研究成果豐碩，迄今於國內外發表期刊論文四百六十六篇（刊登於ＳＣＩ（Science Citation Index）期刊之論文有二百七十篇），依據二〇一七年ＳＣＩ期刊的論文分析，他在中醫針灸研究世界排名第四，華人世界排序第一，二〇二一年史丹佛大學發布「全球前二%頂尖科學家榜單」（World's Top 2% Scientists 2020），林院士為全球Complementary & Alternative Medicine（CAM）領域的一一六四九名學者中，名列全球第二十四名（前〇．二%），是頂尖中的頂尖，實屬臺灣之光。[3]

## 臺灣的真山真水 他的人生堅持和膽識

每一個數字都是千錘百鍊的結晶、每一項成就背後都有無數心血，但對林昭庚而言，達標的快樂短暫，真正的喜悅，是研究路上苦樂參半的過程、是和神隊友一起乘風破浪，更是利人就是利己的人生體悟。

林昭庚一路走來受到許多貴人點點滴滴的恩惠，他立志成為別人的光。受儒家信仰父親林江泗的影響，林昭庚一生道路很自然的踏上儒家學術思想核心：「志於道，據於德，依於仁，游於藝」之路，[4] 這十二個字是他立己立人的寫照。

從彰化鄉下的窮小子，變成哈佛大學教科書的作者，林昭庚把中醫針灸科學帶向國際，更成為臺灣首位中醫院士，完整的「本土」歷練路上，是臺灣的真山真水、是小草在疾風中的堅持，更是不計代價毀譽的膽識，他的人生故事就是「天行健，君子以自強不息」的具體實踐。

1 這句話的意思，其實代表問卦者將會獲得成功與榮耀，意思是「九五以中正居尊，當其推行變革之時，既顯其德，又見其威，天下無不信從。」引自黃壽祺、張善文，《周易譯注》（上海：上海古籍出版社，二〇一八年），卷七，頁五四八。

2 聯合國教科文組織，是聯合國專門機構之一，全名為「聯合國教育、科學及文化組織」（United Nations Education Scientific and Cultural Organization, UNESCO）。一九四五年成立，該組織致力於各國國民的教育、科學、文化合作及交流，以促進國際和平及人類福祉為最高目的。

3 吳嵩山編著，《無遠弗屆：中國醫藥大學重要研究成果選輯2019-2022》（臺中：中國醫藥大學，二〇二二年），頁三五~三六。

4 引自《論語．述而篇》，國學大師錢穆解釋，此句為孔門論學之最高體悟，大意是學習之方向與心境有定向，待人接物有所遵循，即便是「游」與「藝」，也都不偏離「道」的本質，此即學術人生之拓展。這裡的「道」，就是中醫學。引自宋．朱熹，《四書集注．論語集注．述而》（臺北：漢京文化事業有限公司，一九八七年），頁九四。以及錢穆，《孔子與論語》（臺北：聯經出版事業公司，一九七四年），頁九〇。

# 第壹部

# 志於道

第一章

# 林家祖厝 紅磚屋的世代故事

濁水溪，臺灣最長的大河，夾著巨量沙泥千百年日夜奔流，從彰化二水鼻子頭出山後，河中激滾的砂石似乎累了，在一大段緩坡安撫下，生土生地的安居了下來。這一片新生機，上天獨鍾、日月精華淬煉，平疇綠野百川暢流，成為子民世世代代安居的彰化平原。

為了灌溉這片肥沃土地，早在三百年前就展開臺灣最大的水利工程建設，在人定勝天的努力下，一段段一區區的灌溉系統在彰化平原的土地上流串活水，彰化成為臺灣的穀倉。[1]

## 取名「昭庚」是父親對臺灣的心情

農業時代，這塊土地上的兒女生計和水圳、水稻緊緊相連，在廣袤的彰化平原上，仰天敬地、代代繁衍，多少代的臺灣人在這裡安頓成家、生養育兒，創造一代比一代更美好的故事！

一九四七年歲末，彰化秀水一間紅磚矮屋傳出響亮嬰啼聲，林江泗太太林陳怨為他生下第四個孩子，家中又增添男娃丁，充滿新生之喜。

那一年是昭和二十二年，也是臺灣光復第二年，改朝換代的巨變為所有的人帶來衝擊，念舊的林江泗難捨日治時代之過往，卻也對臺灣光復懷著殷望，如此心情錯綜複雜，於是為他的兒子取名為「昭庚」，昭是昭和的舊情，也象徵著明亮，庚是兒子在農曆庚日落地，也是迎接臺灣光復的一種心境，林江泗藉由對兒子的命名，留下跨越時代的記憶。

從出生到考取中國醫藥學院，有將近二十年的時間，林昭庚都是在秀水度過，彰化農村純樸的生活風貌、父母親的品格教育和期望，在在影響他的成長及行事作風，成為他日後思想與事業肇始的源頭。

## 林家世代務農　父親林江泗喜歡讀書

秀水，彰化縣的一個小鄉，地形東西狹南北長，濁水溪灌溉系統八堡圳穿村繞行，沃野良田蘊育出綠色米鄉。[2]水土豐美的地理條件，讓秀水的開發可溯源到荷據時期[3]，歷經明鄭清朝移民開闢耕耘，數百年來成為典型的純樸農村，逐漸依人口聚落集結成十四個村庄。金陵村位在秀水狹長地形的尾端，從番花路拐進巷內，錯落著閩式房舍，其中一戶屋旁有棵龍眼老樹的紅磚屋就是林昭庚的祖厝。

林昭庚父親——林江泗先生

林家世代務農，家道小康。林昭庚的父親林江泗生於一九一五年，從小聰穎特別喜歡讀書，就讀秀水公學校（今日的陝西國小）時深得日本老師的疼愛。林江泗十二歲時父親林添丁過世，對這個家庭是莫大的打擊，尤其是林江泗正面臨小學畢業，渴望再繼續升學，父親的過世意味著他的人生可能落入農家子弟的宿命。

日治時代，農家子弟在受過基本公學校教育後大都回家務農，孩子就是家中的生產力，但是自幼愛讀書的林江泗不願意認命，無奈家貧，就算母親答應他繼續升學，也無力供應學費和日常支出。就在絕望之際，貴人出現，公學校的日本老師伸出援手贊助學費，更幫忙張羅制服、書本等必備用品，各處能借的、能用的都派上用場，林江泗終於穿戴一身借來的衣物如願升學。

## 父親熱心鄉里　成為排糾解紛公道伯

那時林江泗希望早一點出來工作幫助家計，故選擇就讀當年彰化縣唯一的彰化商工補習學校，三年制商業教育畢業，以優秀的成績進入日人經營的八堡水利組，二十三歲回故鄉結婚，轉職到秀水庄役場（現為秀水鄉公所），擔任庶務會計工作，一做就是十年。

一九四五年臺灣光復，戰後初期的臺灣，社會戒嚴動盪百廢待舉，[4]另一方面也充滿了機會和希望。林江泗是日治時代的公務人員，在衡量形勢後，他改行從商，選擇和友人共同經營大成碾米廠。

四、五十年代的鄉下，讀書人不多，有政商經歷和見識的人更少，林江泗個性熱心，為人誠懇，凡事不計較，自然而然成為鄉親排難解紛的公道伯。林昭庚回憶，當年家裡氛圍就好像是現在的調解委員會和急難救助中心，庄內若逢吵架，雙方常常央請父親調解主持，付不出肥料錢的鄉親，也來找父親幫忙想辦法，鄉親眼疾需要到員林看診，也因為求個方便而住到家中來。

農民靠雙手看天吃飯，生活大都困苦，碰上家中有人病倒，於貧病交迫之下，立即就可以把一家子生活拖入絕境。鄉下沒有醫生，生了病不是沒錢看醫生就是捨不得花錢，因而延誤了病情，林江泗在自身並不寬裕的狀況下，盡力伸出援手，熱心救助貧病。

林昭庚從小就很會讀書，回憶起父親總是鼓勵自己：「阿庚，你要好好唸書，將來做個好醫生，照顧散赤人（貧窮的人）。」父親也時常告誡他，「充實學習所得來的東西是自己永遠擁有的，別人給的東西隨時會被拿走。」從小眼見耳聞，父親熱忱待人的身影默化成林昭庚心中一片風景。

林江泗「急人之所急」的精神受到鄉里敬重，一九五〇年被推舉為秀水鄉第三屆代表會主席，這也啟動了他再度返回秀水服務的契機。

## 坐上父親的吉普車　是多麼地令人欽羨

臺灣光復初期的混亂逐漸平息後，地方建設急需人才，林江泗擁有水利工作及庶務會計經歷，是不可多得的即戰力人才。一九五一年，他再度回到故鄉任職彰化農田水利會監事員，一九五七年再轉任秀水工作站站長，隔年擔任埔鹽工作站站長。

水，是農業的命脈，水能載舟也能覆舟，自古治水就是官方施政的重點。濁水溪沖積出的彰化平原，為克服排水和灌溉配水的需要，早在清代（一七〇九年）就開始建造水利系統，一七一九年完成的施厝圳（日後的八堡圳）是清代臺灣最大的水利工程，帶動臺灣農業史上第一次的綠色革命。日治時期臺灣總督府積極改善農業環境，治水工程持續進行，設立八堡水利組專管單位，光復後更改名稱為八堡圳水利站。

水利站的工作包括擬訂灌溉實施前之配水計畫、操作水路分水、調節水量、處理水利糾紛、取締盜水及破壞水利設施……等。林江泗主持秀水工作站時表現優異，受到長官肯定提拔，一九六一年後榮升到水利總會，擔任彰化農田水利會財產股及事務股股長（相當於今日的總務長）。為了方便巡視各地水利狀況，當時水利會總務長配有公務吉普車，公務車每天會到家中接送林江泗上下班。

民國五十年代吉普車可是威權和地位象徵，吉普車揚塵駛過鄉間不是很寬廣的馬路上，鄉人聽見遠遠的喇叭聲，都會很自動地退站到馬路的邊緣，目迎目送吉普車的絕塵遠去，還會竊竊私語，坐在吉普車上的是誰？他的官位如何？林昭庚童年時偶爾也會坐上吉普車和父親一起出門，小小心靈上都會閃過一種很過癮得意的念頭，其實是一種難以形容的興奮，在那個家家戶戶連單車都少見的年代，能坐上父親的吉普車，是多麼地令人欽羡。

## 父親就職履歷表 七十年後才親眼看到

在林昭庚記憶中，父親個性溫和誠懇、樂善好施，對有需要幫忙的鄉人總是毫不猶豫伸出雙手，大家都叫他為「樹奶泗」（樹奶，臺語橡皮筋之意），就是可伸縮有彈性的意思，也許這和林江泗求學過程受到日本師長的協助有關，他終身感念這個扭轉人生的恩情，更推己及人。他處世不貪不取、全力以赴的精神，落實在孩子的身教上，「需要踮腳尖才拿得到的東西，不要去強拿」，這句他時常告誡下一代的話，成為林昭庚一生奉行的座右銘。

林昭庚十八歲時父親辭世，父子緣淺一直是他心中的遺憾。七十年後，林昭庚回鄉尋根，走進秀水鄉公所，才親眼看到父親林江泗當年進入秀水工作站的自傳和履歷表。林江泗的自傳字跡工整、用詞典雅簡要。在「志趣」一欄，他寫上「讀書」；「宗教信仰」下的空格則被填上「儒教」。這是六十年前彰化農村，一位讀書人對孔孟儒家信仰的剖心相見。

林昭庚瞬間明白了何以父親從小嚴格督促孩子讀書，「儒學」是父親的中心思想，是父親胸懷仁義、立己待人的教導，讓他能夠從農村站起來，滿懷志氣走出去。泛黃的履歷表上是父親端整的鋼筆字：「出生家道小康農家，年幼孤十二歲喪父，由慈母苦心養育。」一

他想像父親聚精會神、一筆一字在家中餐桌寫履歷謀職的心情，那年他十歲，最小的弟弟林中平才五歲，八口之家生計繫在這一張薄薄的履歷表上，低頭望著父親熟悉的字體，昔日點點滴滴在記憶裡鮮明起來。

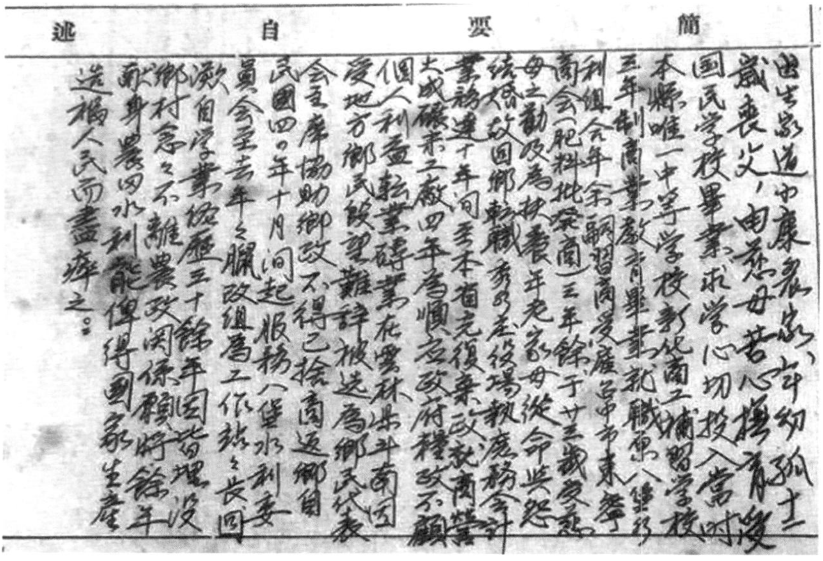

簡要自述

出生家道中康農家，年幼孤十二
歲喪父，由慈母苦心撫育後
國民学校畢業，求学心切，投入當時
本鄉唯一中等学校新化商工補習学校
三年制商業教育畢業，就職於 [illegible]
利組合年余，歷習商更應台中市東勢
商会（肥料批發商）三年餘，于廿三歲受慈
母之勸及為扶養年老家母從命與 [illegible]
結婚，致回鄉就職務於產役場執處務會計
業務達十年間，至本省光復棄政就商營
大成礦業工廠四年為順應政府糧政不顧
個人利益轉業碾業在雲林縣斗南創
受地方鄉民殷望難辭被選為鄉民代表
会主席協助鄉政不得已捨商返鄉自
民國四〇年十月間起服務八堡水利委
員会至去年之縣政組為工作站之長因
激自学業經歷三十餘年因管理設
鄉村息息不離農政關係頗將餘年
獻身農田水利能使得國家生產
造福人民而盡瘁之。

林昭庚父親——林江泗親筆自傳

## 批發枝仔冰　利用暑假在庄內沿街叫賣

彰化農田水利會是半官方機構，站長、事務股長等職位受到地方尊重，但公務員薪水要維持一家八口的生計，供小孩唸大學仍是沉重的壓力。林江泗為官清廉，薪水收入外，就靠家中幾分農地和太太林陳怨種菜、養豬、養雞賺取微薄補貼，寒暑假或是農忙季節，較大的孩子都需要幫忙農事。

春耕，大孩子要下田用雙腳踩平田土；冬天油菜籽成熟全家動員收割；豬母生小豬時，家中幾個兄弟姊妹都充當產婆協助，按摩的、拉小豬仔的，生出來的豬仔就趕快抱到屋內保溫，以免凍傷難養。林昭庚回憶，很感恩家中那隻很會生的豬母，一胎多隻豬仔，能夠賣得好價錢來繳小孩的註冊費。

等到稍微長大一些，小學四、五年級時，小昭庚開始動腦筋設法為自己增加收入。他研究了各種方式，發現賣冰利潤最好，於是利用暑假批發枝仔冰在庄仔內沿街叫賣。早期的冰桶是水銀玻璃內層，冰桶本身就很重，再加上冰棒，揹在身上頂著夏天大太陽愈走愈重，一趟下來全身大汗淋漓。賣剩的拿回家分弟妹吃，冰融化滴下來的糖水也捨不得浪費，必須全都舔乾淨。閩南語俗話說：「生意囝歹生。」生長在公務員和農家的小孩，卻有一顆做生意的頭腦，從小即展現用靈活手法來改變現狀的旺盛企圖心。

在大姐林素珠眼裡，這個弟弟從小就是最會踩到父親紅線的過動兒。就以布袋戲來說，別人是看戲，林昭庚則是迷戲。三、四十年代的臺灣，社會的娛樂非常有限，農村碰上酬神、建醮、謝平安等節日時，有鑼鼓絲竹、故事精采又移動方便的布袋戲便成為表演主流，搬個椅寮到廟口看戲，大人、小孩都為之著迷，布袋戲是當代的平民娛樂，人人愛看。但是，注重孩子課業的父親卻不這麼想，愛看戲的林昭庚常常被父親盯上，免不了要受到一陣責備。

## 惹怒溫文的父親　被裝進布袋中教訓

瘋布袋戲外，林昭庚從小愛游泳，但在那個年代，只要住家附近有水域的地方，溺水意外時有所聞，玩水絕對是犯父母大忌，只要知道孩子去玩水，輕則罰跪、重者一陣狠打。但玩水的樂趣常常讓他忘記父母的叨唸，身為孩子頭的他經常帶一票人去圳溝，一群小孩只有他敢從放水的閘門上跳下去水裡，也因此泳技出眾。不過，有時候鄰人看到去向林父通風報信，回家少不了一陣責罰。

還有一次，具體理由已不復記憶，林昭庚因為調皮，徹底惹怒向來溫文的父親，他被爸爸裝進布袋中，揹著往一戶有養大狼狗的人家前去，揚言要丟去餵狼狗。在布袋裡的他又急又怕，一路聽到媽媽追在後面，一邊喊：「好ㄚ啦！好ㄚ啦！放伊下來啦！」一等到被放下來，小昭庚雙腳一著地，又立刻跑得不見人影。說起這段往事時，在一旁的大姐林素珠還是笑個不停。

相較於大兒子林安仁的沉穩持重，林江泗對這個聰敏、精力無限的孩子，管教更費心思，「不是大好就是大壞」，他心裡想，不能讓這孩子走錯路。於是，他剛柔並濟，嚴格管教外，也時時讓兒子感受到做父親的寄望，鼓勵林昭庚好好唸書，將來照顧體弱的小弟。久而久之，父親的託付和信賴激起他的責任感。

從小，林昭庚看哥哥姐姐每天帶著書本、便當上學，總是羨慕不已，總算也盼到了自己上小學的日子。早早好幾天，他就向姐姐借布巾、書本，學習綁成書包繫在肩上，滿心歡喜的模擬上學的步伐，迫不急待地等著開學的日子。

1 此指興建於一七一九年的八堡圳，由施世榜籌款所建。該圳主要工程是在濁水溪中游構築陂（堤壩）截斷河川以聚集用水，同時開圳（渠道）導流，形成圳渠灌溉之網絡。很具開創性的論文是顧雅文，〈八堡圳與彰化平原人文自然環境之互動歷程〉（臺北：國立臺灣大學歷史學研究所碩士論文，二〇〇〇年）。另外，可參考陳鴻圖，《臺灣水利史》（臺北：五南書局，二〇〇九年）。

2 目前有關該地最完整的地方志著作就是許煌麟編纂的《秀水鄉志》（二〇一四年），可惜未正式出版，但可以在秀水鄉公所的網頁上找到全志內容，引自：https://town.chcg.gov.tw/hsiushui/07other/main.aspx?main_id=16193，擷取時間：二〇二三年九月二十八日。

3 林恭敬、林金源，《秀水曾厝風華》（彰化：彰化縣文化局，二〇一五年）。

4 臺灣曾在「二二八事件」爆發時短暫宣布戒嚴，但真正長時段的戒嚴，則是時任中華民國臺灣省政府主席兼臺灣警備總司令陳誠，於一九四九年五月十九日頒布。一直到一九八七年時，才由當時中華民國總統兼中國國民黨主席蔣經國宣布解除戒嚴令。參考陳世昌，《戰後70年臺灣史》（臺北：時報文化出版公司，二〇一五年），頁七九～八〇。

第二章

# 母親節儉自己 想方設法掙錢貼補家用

林昭庚外祖父陳飛鵬是埔鹽鄉大地主，英年早逝，年輕的妻子帶著幼女陳怨回到娘家，之後改嫁秀水曾厝村。陳怨小小年紀就負起了照顧弟弟和家務的工作，她勤快俐落，深得鄰里讚賞。

## 父親林江泗 二十三歲娶陳怨為妻

七歲時，陳怨進入陝西公學校，慢慢地她注意到班上有一個成績優秀的同學特別

林昭庚父親——林江泗先生畫像

林昭庚母親——林陳怨女士

得到日本老師的疼愛，這位名叫林江泗的男同學在她眼裡有些奇怪，明明自己也很窮，卻老是把東西分給更困乏的同學。那時候，她不知道這叫慷慨，更不知道再過幾年，她將成為他的新娘。

二十三歲，媒人來提親，陳怨嫁給了小學同班同學林江泗。

林江泗是村裡少數國小畢業後再繼續升學的讀書人，商校畢業後他在外面公、商界歷練多年，舉止穿著早已脫離莊稼人的土氣，彼時回鄉擔任秀水庄役場庶務會計，在村民眼中是個知書達禮受到尊重的士紳，陳怨滿懷青春少女的喜悅嫁給青梅竹馬的同學。

然而，新婚的甜蜜時光不長。很快的她發現雖然先生是公務員，但是家中農事忙活一樣沒少。結婚同一年，她懷孕了，隔年為林家生下長男林安仁，往後十三年中三男三女，六個孩子陸續報到。食指繁浩，丈夫公務員薪水微薄，經常入不敷出，在生活壓力下，林陳怨堅韌、善於變通的性格逐漸顯露。

## 養豬當學費　批售雜貨補貼家用

林昭庚印象中，父母吵架大部分都是為了錢。

父親慷慨肚量大，親友有困難，就算自己手頭不方便也會幫忙向外周轉應急，等發薪水日再還給人家。常常，薪水袋交到太太手裡時已所剩不多，經濟問題經常成為夫妻吵架的導火線。

氣歸氣，林陳怨並沒有坐困愁城，她持家精打細算、善於開源。後院養雞，雞生的蛋要用來孵小雞出售，孵不出小雞的蛋雖然臭掉，仍然煮熟為小孩加菜；房屋旁邊蓋出豬舍，她細心照顧母豬，一早起床先準備豬食，清晨剁豬菜的扣扣聲是林家最熟悉的晨間節奏。

這條母豬是林家重要的生財工具，每年，孩子的大半學費要靠牠生出的小豬仔來貼補。彷彿回報女主人，母豬很爭氣，一胎總是生好幾隻豬仔。小豬長到要賣之際，在約好豬販來抓豬前一天，林陳怨會想辦法讓小豬吃撐，為的是增加重量多賣一些錢。林昭庚記得有一次，小販識破母親的技倆，「怎麼吃成這樣？明天再來」，小販撂下話就走人，留下母親為多浪費了一天的食物懊惱不已。

## 打罵管教孩子　棒下出孝子

林陳怨身型瘦小、個性急，六個孩子相繼出生，弟弟林岳輝（原名林中平）體弱時常生病，八口之家讓女主人白天幾無片刻休息，農忙時節每個孩子都要幫忙，林陳怨的優先順序是幫忙家務比讀書重要，孩子要做完分內工作才准去寫功課。

好動的林昭庚常在外惹事打架，遇到有人來告狀，她可沒時間問是非，先教訓再說。有一次林昭庚落跑，媽媽手中棍子像飛鏢般射出正中背部，跑步中的林昭庚整個人撲倒，但一想到被媽媽逮到後果更慘，也顧不得疼痛，爬起來先逃命。

林陳怨管教孩子從不講愛的教育那一套，該罵該打清楚明白，六個兄弟姐妹長大都事母至孝。從事教育工作多年，林昭庚對標榜孩子不能打不可罵的管教方式有相當意見，他認為理性管教搭配適度體罰，更能確實達到要求。小時候，母親落在他身上的棍子從沒少過，但在他的心中媽媽的話永遠是第一順位。

## 變賣田產　大林開創磚窯事業

一九六七年林江泗猝逝，家中頓失經濟來源，此時中興大學經濟系畢業的大哥林安仁已經結婚且在銀行工作，長兄如父，他毅然扛起家計。學經濟的林安仁衡量情勢，「弟妹大部分尚在求學，家中還有長路要走，需要有穩定的收入來源。」

林安仁想起父親一位開磚窯廠的朋友，當年這位友人在事業上碰到困難求助，父親出錢出力，並向親友籌錢助其度過難關。林安仁評估當時磚塊仍是建築業重要材料，市場需求旺盛，如果得到專業幫助，將更有信心。父親友人獲悉林家困境，答應協助，再一次，林江泗的樂善助人庇蔭全家。

林陳怨信賴長子的能力，她變賣田產，加上家中積蓄及銀行貸款悉數交給林安仁，在父親友人協助下，林家投入磚窯廠經營，考慮到土地成本及人力容易取得，陳林怨帶著一家大小搬到嘉義大林。林安仁記得當時他揹負了三十萬元貸款，利息是十八%，弟妹的學費全靠借貸，林昭庚就讀醫學院，學費繳完後，生活費也只好自己想辦法了。

五十年代末，國小老師月薪平均大約六百元左右，三十萬元是天文數字，母親離開農村求生存的決心和膽量，讓林昭庚吃驚又佩服，他更欽佩大哥謀定而動、創業冒險精神，當時林昭庚醫學院寒暑假，若沒有留在臺中工作，就回家當磚窯工人搬磚塊賺學費。

為了貼補家用，林陳怨精打細算每一分開銷，俗話說一個錢打二十四個結，有一段時間，她批發日常用品販賣，買賣鐵面無私，大哥三個兒子想吃糖果都要付錢跟阿嬤買，她也攢下錢借給更需要應急的人，賺一些微薄利息貼補家用。

林陳怨從不記帳，她腦袋像是一個小電腦，每一筆進出清楚明白，所有人都知道和她爭辯是無用的。林昭庚相信自己節儉和善於理財的習慣來自母親的遺傳和啟發，只要能讓母親歡喜的事，林昭庚會毫不遲疑地去做。

## 孝敬媽媽 買車雇司機載她環島

醫學院畢業，林昭庚拿出十萬元交給母親，這筆錢是他大學期間半工半讀，送報、酒家打工存下的。林陳怨接過兒子的錢哭了起來，她百感交集，既自責無力供孩子唸書，更欣慰孩子有能力顧家。

工作多年後，林昭庚小有積蓄，有一次回到鄉下，母親說起七叔公兒子買了一部車載著七叔公到處去玩，他聽出口氣中的羡慕。當時母親和兄嫂同住，在銀行工作的大哥林安仁一份薪水除去家用，幾乎全數用來償還磚窯廠貸款利息，大嫂楊玉梅沒有怨言，對婆婆生活起居照顧悉心盡力，在外奔忙的林昭庚每念及此，心中充滿感激。長嫂如母，林昭庚對大嫂敬重有加，有能力後，過年必準備紅包恭敬奉上祝福，至今不曾中斷。

為了讓母親開心，亦是向兄嫂表達事母至孝的感激，林昭庚購買一部賓士車、僱請司機，再拿出六萬元請大哥大嫂陪伴媽媽環島旅行一星期，一路從臺北往東繞花蓮、臺東回家，他深知母親好勝、愛面子個性，他要讓媽媽開心，在故鄉走路有風。

臺灣諺語說：「查某人菜籽命」[1]，比喻女人的命運如油麻菜籽般隨風落土成長，堅強而認命。一個一九一五年出生的女子，成長在偏鄉中的偏鄉，人生歷經戰亂、動盪，憑著聰敏勤儉，她用雙手打造全家的後方堡壘。日升日落，母豬懷孕、小雞破殼、稻禾成熟……，讓家裡每一個人溫飽是她生活唯一目標。她的快樂很簡單，當村內親友稱羨她的兒女成就、孝順時，她滿足肯定了自己的價值。

一九八七年，林昭庚的母親七十二歲往生，由於林母生前熱心鄰里事務，經常幫忙排難解紛，尤其是在過去醫療資源不足的鄉下，她有一個應付日常狀況的百寶箱，裡面的中西藥品當然是兒子貼心準備的，從小傷風到幫忙找醫師都能得到安心幫忙。林母過世出殯，靈車從大林出發回到秀水，鄉親感念不捨，沿途設案祭拜。

林昭庚從小「聽媽媽的話」，終身大事的對象，尊重媽媽的意見；異國發展工作，因媽媽反對而放棄，媽媽的願望他不計代價完成，他終身感恩代他侍奉母親的兄嫂。這以現代眼光來看，似乎不合時宜，但是「孝為百善之先」，他說：「如果這一點都做不到，後面的善行全是空談。」充分體現林昭庚做人的基本態度。

---

1 嘉義縣水上鄉塗溝村曾舉辦「油麻菜籽節」，呂炎坤指出，油麻菜花可做為綠肥培養地利，還可烹飪食用，是一道美味佳餚，它的生命力強，不管土地多貧脊都能存活，所以有句諺語「查某人菜籽命」也就是形容早期傳統婦女就像油麻菜籽一樣堅強，很能適應環境。參考〈油麻菜籽節，塗頂溝展現生命力〉，《聯合報》，二〇〇一年一月七日，18版。

第三章

# 聰明調皮好動　成為同學的囡仔王

就讀小學，是林昭庚探索家以外世界的第一步，陝西國小，是他接受正規教育的開端。在那個年代，讀書就有翻身的機會，要脫貧離窮，要光耀門楣，唯有一路往上讀，還得有奮進的學習心，才能一一過關，才能出人頭地。

林昭庚的求學過程，曾經是頑皮的小孩，曾經是受挫的青少年，曾經是全鄉的第一位醫學生，所有的成長歷程都鋪陳了一個柔韌的人格特質，柔得有同情同理之心，韌得有不屈不撓之性。

## 赤腳走路上小學　布巾包課本綁肩頭

陝西國小最初是秀水公學校陝西分教場，在一九二九年創校，八年後獨立為陝西公學校，日治時代留下來的木造校舍素樸通風，一排教室前面就是操場，僅容二人站立的木造升旗台上，一九四五年太陽旗降下、青天白日旗升起。[1]朝代更迭是大人的事，小孩只負責無憂打鬧、散播笑聲。

秀水鄉十四村共有三所國小，鄰村的陝西國小是離家最近的小學，說最近，單趟也要走上半個小時。每天早上，小昭庚把課本用布巾包好，揹在肩上或綁在腰上，赤腳出門。鄰居對林母說：「你家的阿庚起腳就跑，很少看到他用走路的。」

不知這樣的話是在稱讚還是另有藏話，但對林昭庚而言一點都不在意，在他小小心裡，總認為用跑的就能很快去到他想去的地方，走路慢吞吞的，太浪費時間了。他每天上學都是用跑的，為了要跑得快，他的布包大都綁掛在背上，跑著跑著，包包鬆開，課本散落一地，但人已跑過頭了，只好再轉回頭去撿。

林昭庚上學的路，出家門巷口轉上番花路，穿過庄內街道從金陵村往陝西村[2]方向去，出了村外一路水稻田迤邐，那是素顏的秀水，清麗脫俗，沿路兩旁磚厝、香蕉樹、芭樂樹錯落，一簇簇高大的桂竹被彰化平原的季風吹得沙沙作響。

快到學校前得要經過一大片雜亂的墳場，此時，大人們平日繪聲繪影的鬼故事頓時鮮活，他總是目光盯住校門圍牆旁的整排鳳凰木、屏息拔腿狂奔。這段上學之路的驚悚每天上演，直至上大學，才因另一樁的「撞鬼」故事而完全擺脫童年陰影。

## 無法孵化的烤蛋　成為加菜佳餚

林家八口食指浩繁，平日餐桌上難有肉類食物，林昭庚記憶中，大概只有初一、十五或年節拜拜才有一點魚肉，但媽媽總是會想盡辦法為家人張羅，不浪費一滴食物。最令他印象深刻的，莫過於媽媽從灶爐灰燼中拿出來的神奇雞蛋。這烤熟的蛋香中帶臭，有時候還會吃到小雞或是羽毛。

雞蛋在孵化過程中挑出未受精或胎死腹中的蛋是重要工作，這些俗稱「嘸型」的蛋萬一破裂，臭雞蛋味道能讓聞者奪門而出。當時唯一的方法就是把蛋拿到陽光下或燈下透光檢視。這些被挑出的壞蛋林母毫不浪費，整顆放入灶爐焐熟給孩子當點心，烤熟的小雞胚胎已經完全殺菌成為腐食蛋白來源。夜晚，媽媽在燈下高舉一顆顆雞蛋檢視的身影，成為林昭庚心中定格的風景。

小學階段的林昭庚調皮好動消耗大量精力，他總是覺得餓想吃東西。沒有零用錢自有辦法，不管在學校或是家中，他都有各種找到解饞的辦法。

民國四十幾年是嬰兒潮年代，小學一班大概都超過五十人，[3]那個時候普遍是功課好又聽話的乖小孩當班長，成績好又愛玩的孩子就成為囡仔王，課後小昭庚後面總是跟著一票同學，因為他們知道跟著他就有東西吃，「老大」會罩他們。

## 數學作業給同學抄　差別待遇有糖果吃

林昭庚成績好，班上有些功課跟不上的同學會跟他抄作業，尤其是數學作業，對這些需要支援的同學，小昭庚可不是一視同仁，他會分級照顧，貧困的「小弟」一律免費，愛怎麼抄就怎麼抄，抄得不對還立即指正；但對家中有「資源」的同學就另眼相對，會要求付一些「好處」來交換，所謂的好處，彼此都心知肚明。

講到好處，他有位同學林森林（後改名林永明）家裡開雜貨店，林昭庚每過一陣子就會先去這位同學家的店裡「點餐」要吃哪些糖果餅乾，同學也很有默契地點點頭，沒過幾天，同學要去他家寫作業時，也「順便」將糖果餅乾帶過去。次數多了，同學母親開始起疑，因為兒子並不愛吃零食，卻裝滿口袋老往林昭庚家裡跑。有一次林母跟來，發現原來是帶給林昭庚吃，就擰著林昭庚的臉頰罵他「你這個夭鬼囝（愛吃鬼）」，從那次之後，林昭庚改變策略，叫同學糖果改帶到學校去。

國小時光，除了學校時間外，林昭庚大部時間在村內外衝進衝出，帶著一票同學到水圳游泳、玩彈珠、搧尪仔標、看布袋戲，到了小學五、六年級，象棋意外地走進他的視線。

## 迷上象棋成高手　種下步步為營保將帥

陝西村陝西國小旁邊那座烏面將軍廟，據信是供奉明鄭時期隨軍來臺的陝西籍大將軍馬信，廟附近的柑仔店常有老人家聚集下象棋。小學五年級某一天，下課後沒事，林昭庚閒著，就站在旁邊看人下棋，看著看著，居然看出興趣來。之後，放學後沒事看人下棋成為他的樂趣之一。熱鬧看久了也就看出門道，有一次看得忘神，在人家移動棋子時，脫口喊出：「啊！這下去會死。」童言無忌，卻也讓下棋的人刮目相看。有時候，他居然也幫落居下風的一方反敗為勝，這一來惹惱不少棋士，不過，他的棋力也逐漸贏得村裡下棋老人家的佩服。讓林昭庚頗為得意的是，他看棋能預想後面七步左右的棋局變化，有時，他喊出「結束了」時，攻守雙方都還一頭霧水。

下象棋最重認清形勢、判斷局面，攻守有據減少犯錯是致勝關鍵，捍衛將帥存亡是棋局唯一目的。有人說，開局不難，難在中局舉步維艱、進退兩難，殘局更難，選擇有限，一步差錯前功盡棄。人生即如變幻莫測的棋局，行軍走馬步步為營，還需要識時務、懂得放棄、懂得人心。迷上需要專注攻守變化的棋局，終於讓動個不停的個性慢慢沉穩下來，象棋成為他一輩子熱愛的休閒活動。棋盤三維空間培養出林昭庚遇事多看幾步的邏輯思維，在其人生路上，處處可見棋局中縱橫翱翔的影子。

## 班導自掏腰包　金柑仔糖的溫暖記憶

民國四十年代，也就是林昭庚讀小學時期，臺灣仍為農業社會，物資缺乏，今天隨手可得的糖果、餅乾是當時無法想像的，尤其是農村小孩，能吃到一顆糖果就是世界上最幸福的事了。

那時候，最受小朋友歡迎的糖果是金柑糖或是柑仔糖，一種有紅、黃、橘、綠等顏色的糖果球，有如西瓜一般的白色相間條紋，表面再沾滾上細粒的糖霜。[4]小昭庚總是一顆糖含在嘴巴裡久久，要說話時用舌頭把糖果推到旁邊，一邊的腮幫子鼓起來，那甜蜜蜜的感覺留在口中，就是捨不得吃完，糖果的滋味深留記憶當中。

當時張萬和校長的太太是林昭庚的班級導師，為了鼓勵孩子用功讀書，老師常自掏腰包買金柑仔糖和文具筆記，學生行為上有好表現也能獲得糖果獎勵，這些對林昭庚而言是很容易得到的獎賞，金柑仔糖記憶連結的是小學師長的用心言教和身教，當他成為人師，更明白在那個生活艱困年代師長溫暖的用心。

## 數學老師家訪 化解父親打罵教

陝西國小是附近幾個村的小學，村民二代或三代同是校友的情形很普遍，林昭庚和父母都同是國小校友，上下代都是陝西國小學生，老師和家長互動頻繁，走進村內做家庭訪問像是拜訪朋友一樣自然。

小學五、六年級的數學老師黃源榮教學認真，總能用有趣的比喻引起學生的數學興趣，林昭庚原本數學科就好，因為黃老師的教學就更愛上數學課。課堂外，黃老師也很關心學生，經常到學區村內做家庭訪問。有一次老師來到家裡，正好撞上他調皮慘被父親修理一幕，在老師眼中一向保有優等生形象的林昭庚覺得很丟臉，恨不得找個地洞鑽進去，但是黃老師把他拉到一旁，輕聲為他求情，告訴父親聰明的孩子不必要靠打罵，請父親以後不要再打了。

那一刻，老師關愛的眼神如春風吹拂進林昭庚的心裡，小小心靈突然有一種懵懂的決心，「以後我當老師也要像黃老師這樣。」當時的他並不知道，日後他將桃李天下、提攜後進，成為學生眼中慈父嚴師。老師關愛眼神蘊含強大的力量，那一天的傍晚，黃老師在他心中悄悄地埋下一顆良師的種子。

另外一位對林昭庚有深遠影響的是國語老師林慶義，林老師有好脾氣，對著班上吵鬧的學生仍能不動氣的鼓勵教導，國語老師曾在黑板上寫下二句話「良藥苦口利於病、忠言逆耳利於行」，並仔細地為學生解說意思，當時林昭庚心中對這二句話特別有感覺，他仔細地抄在筆記上、複誦記在腦袋裡。未來，這二句話和師長們身教典範，對他的人生產生深遠的影響。

然而，對林昭庚影響最深的還是他的媽媽林陳怨，在林昭庚人生關鍵時刻，母親的言語、期盼總是左右了決定。

1 有關該校歷史，可參考郭茂桐等編，《陝西情歡喜心攜手迎千禧：彰化縣秀水鄉陝西國民小學創校七十周年校慶紀念專輯》（彰化：彰化縣秀水鄉陝西國民小學，二〇〇〇年）。

2 陝西村位於秀水鄉最南邊，原名陝西庄，居民以林姓最多，約佔百分之六十，其餘為張、吳、李姓人家，分別各佔百分之十三左右，村民多以務農維生。相傳明末清初，鄭成功據守臺灣，有一位陝西省籍的部將姓烏單名面，率領軍隊和同鄉人士由鹿港進駐當地，陝西國小旁邊還有一座「烏面將軍廟」，證實這邊幾乎多為陝西省的移民。引自顏文門、陳錫龍專訪，〈彰化有個陝西村，千迴百轉找到「根」！〉，《聯合報》，一九七八年四月二十七日，第3版。

3 根據統計資料，一九五七年前後的資料，臺灣的出生率之高，竟高居世界第二、三名，可見當時孩童之多，這是今日「少子化」的臺灣所無法想像的。參考呂立，〈人口增加太迅速，節制生育有必要〉，《聯合報》，一九五八年十二月十四日，第5版。

4 老一輩對該糖果的具體描述是：「小時候到『柑仔店』買『金柑糖』，五毛錢就好幾顆，老闆從玻璃罐裡抓幾顆放進紙袋，糖果球有紅、黃、橘、綠等顏色，上面有像西瓜一樣的白色相間條紋，外面黏滿白糖，一大顆塞進嘴裡，可以快樂好久。」參考許玉娟，〈懷舊柑仔店，老人之家推著走〉，《聯合報》，二〇一一年九月二十七日，B2版。

第四章

# 考上彰化高中 展露學醫人格特質

四十年代臺灣，國小升初中是要參加考試的，有公立初中的聯招，也有私立初中的獨招，但一般統稱為「初中聯考」。[1]當時省立彰化中學（以下簡稱彰中）是「三三制」的完全中學，有初中部和高中部。省立彰化中學是所有彰化地區成績優秀孩子的夢想首選，六月驪歌唱完就是考季來臨，彰化縣各個小學都會選出最具實力的學生報考彰中，林昭庚是師長評估最被看好的其中之一，他自己也充滿信心。

八月，放榜那天，黃源榮老師前來家中通知成績，面對第一志願落榜，林昭庚難以置信，「要怎麼面對父親？父親生氣了怎麼辦？」他心思都在父親身上。

向來林昭庚以聰明、機靈膽大著稱，是學校演講比賽第一名的風雲人物，他對自己的落榜感到羞愧抬不起頭，看到這個平素自信好動的兒子垂頭喪氣，林江泗也不忍苛責，「沒有關係，北斗中學也不錯。」但是一抬頭，他在父親眼中讀到失望。就在那一刻，調皮好玩的童年剎時遠離。好勝好強的少年林昭庚在心中堅定地對自己許諾，「再三年，我要拿回今天失去的省彰中。」

## 每天通學來回四小時 一定要反敗為勝

初中是通學生活。每天早上天剛透亮，林昭庚就從家裡騎單車到花壇，再轉搭公路局巴士到北斗。以今日自行開車，從花壇火車站到北斗中學[2]車程大約需要四十分鐘，在當年，道路彎彎繞繞、公路局速度緩慢，林昭庚一天花在路上的時間來回將近四個小時，這些時間他點滴不浪費。他心中有堅定的目標。

美國福特汽車創辦人老福特有一句至理名言，「據我觀察，大部分人都是在別人荒廢的時間裡嶄露頭角的。」在那沒有手機、沒有低頭族的年代，通車學生族不是喧

1963年北斗國中（北斗初中）畢業紀念冊照片。（北斗國中提供）

囂熱鬧，就是閉目補眠。

林昭庚把這段時間用來複習當天功課。課堂上他專注認真聽課、記錄，一有疑難即刻問老師或和同學討論，解決問題。複習和背誦英文或文史科目就在通車的二個小時內完成，回到家已是晚上七、八點，吃完媽媽為他留的晚餐，洗澡後就上床，他很少需要為課業熬夜，總是今日事今日畢。他心中展開一方反敗為勝的棋譜，意志堅定按著擬好的戰略推進，這是一個人的棋局，沒有退路。

## 喜愛看布袋戲　崇拜英雄人格

少年的心堅定要反敗為勝，他從歷史故事中提煉方法，仿效勾踐臥薪嚐膽的精神。初中三年，林昭庚日以繼夜，心力時間全部放課業中，日子過得單純紮實。但是，對於進入叛逆時期的青少年來說，再怎麼堅定的意志，也需要有放鬆的調劑，最好是一場華麗的冒險。

考試落敗雖磨平了林昭庚驕傲的稜角，喜愛布袋戲裡「撫刀夜吟嘯、雄心日千里」的英雄崇拜熱情沒有絲毫減退。當時電影絕少，戲院大都是布袋戲和舞臺劇輪演，全臺灣戲院都會在結束前五分鐘打開大門和側門，提早準備疏散人群，也睜一眼閉一眼讓在外面的孩子進去看戲尾過過癮。

時間若湊巧，林昭庚會利用放學後到花壇戲院看最後五分鐘，時間多一些，他就靠在牆上從別人挖好的小洞偷看，有時候也招來更多小孩擠在一起，洞愈挖愈大，最後驚動戲院的人出來打罵趕人。這英雄崇拜也成為他的為人風格，在他中國醫藥大學研究所好友張德玉眼裡，林昭庚有拔刀相助的英雄氣概，就算是不認識的人物，他也會出手幫忙。

## 若沒考上彰化高中　就回家種田

和學象棋一樣，布袋戲從小看著看著，林昭庚就把那河洛話口白的腔調以及耍戲偶的技巧學起來了，閒來會賣弄一番表演給朋友或同學看，博得滿堂彩。林昭庚對布袋戲的興趣也奠定了他後來學中醫時自創河洛語歌訣的基礎，將十二經脈循環理論，及「四君子湯」的《湯頭歌訣》都編成朗朗上口的歌訣。

看布袋戲、到北斗市場廟口吃肉圓是林昭庚初中時期少數允許自己的娛樂，三年時光對林昭庚感覺既快速又漫長，他日夜砥礪，把讀書當攻城的車馬砲，成績也始終名列前茅。

終於，報考高中的日子在盼望中來到。當時省立高中沒有聯招，但入學考試都是同一天，父親林江泗希望兒子打安全牌，報考員林中學，員中在當時是彰化地區僅次於彰中的第二名學校，大哥林安仁也就讀員中。林昭庚苦讀三年就是為這一天，他堅持報考彰化中學。

這個決定是孤注一擲的冒險，彰中有自己的初中部，外面學生考上的機會少之又少，報考者所冒的風險，就是挑戰失敗便沒學校可唸。拗不過兒子的堅持，林江泗無可奈何，撂下一句話：「好吧！沒有考上就回家種田。」

口頭上雖然這樣說，林江泗還是在考試前夕帶著兒子去虔誠祈願，請求神明保佑讓林昭庚能順利考取彰中。

## 魁星點狀元　考上彰化高中

現代的玉陵宮在番花路旁，四周都是稻田，向右走通往學校，向左走通往村內。玉陵宮在當年雖是寄附在廣西巷舊活動中心，卻是林江泗心目中無可取代的精神堡壘。

臺灣的廟宇供奉的主神以媽祖香火最興盛，讀書人則視文昌帝君及相傳是文曲星轉世的魁星爺為守護神。相傳文昌帝君執掌人間「祿籍」（學業運勢），名列金榜與否則掌握在魁星帝君手裡，所以民間有句話叫「魁星點狀元」。

玉陵宮正殿主神一手握筆一手拿令牌，正是專管考試的魁星爺，這尊神像及廟中器物據秀水文史工作者田野調查，是當年隨著移民從唐山過臺灣，已有上百年歷史。[3]金陵村民注重下一代教育，玉陵宮香火鼎盛，每年魁星大帝聖誕七月七日做大拜拜、演戲，年終收兵做平安戲謝神。

一生好學的林江泗自詡為孔子的信徒，對崇拜魁星爺並無違和，玉陵宮承載他對每一個小孩鯉躍龍門的期望。這裡離林家走路只有數分鐘之遙，林江泗視玉陵宮魁星爺是守護神、是傾吐心事的對象，六個孩子每逢考試，最重要的是帶到玉陵宮祈求魁星爺保佑眷顧。

林家六個孩子也沒讓父親失望，個個在人生重要戰役中順利過關。大哥林安仁國立中興大學經濟系畢業，和彭懷南是大學同班同學。當時的秀水鄉下，大部分孩子只唸到國小畢業，少數有升學的大都就讀秀水農校，林江泗主張長子去考員林中學，未來準備考大學。

父親這一念，讓林安仁得以上國立中興大學、進入彰化銀行，捧上那個時代人人羨慕的金飯碗。在父親猝逝、家庭遭逢巨大變故時，林安仁有能力和膽識尋求新機、開創事業，擔起父職照顧母親及弟妹。對父親的遠見和栽培，林安仁一生感念，父母親過世多年，他每天必向父母相片恭敬行三個禮再出門的習慣維持至今。

林安仁在彰化銀行臺北總行以稽核處長退休，大姐素珠和二姐瑞珠俱是臺北女子師範[4]畢業，服務教育界，妹妹林玲珠則是郵政特考後進入郵局服務，弟弟林岳輝

1966年彰化中學畢業紀念冊照片。

（彰化高中提供）

明治工專畢業，任職台塑企業。兄弟姐妹手足間感情緊密，時常聚會吃飯，林昭庚總是大方請客，這是他對於家人、家庭和手足情誼的眷戀，過往受兄姊照顧，現在必將湧泉以報。

高中入學考試放榜這天，林江泗在家中接到省彰中錄取成績單，連日來沉重壓在心頭的擔憂一掃而空，開心、欣慰溢於言表，他像小時候般一把抱起兒子親了又親久久不放，全家人一同感染喜悅，歡喜了好幾天，林昭庚用三年苦讀行動實踐了對魁星爺的承諾。

進入夢寐以求的省立彰化中學，林昭庚心滿意足，繡有學校名字的卡其制服，連休假日也捨不得換下來。少年十五、二十時正是血氣方剛之時，彰化中學開放自由的學風，讓他動靜自如的個性盡情展露，往後一生的人格特質逐漸清晰，學醫之路也在此時確定方向。

## 快跑上學　被校長拎上摩托車載一程

上了高中，他依然騎著單車出門再換火車通學，這回換上行火車往北走，到彰化火車站後，步行到學校大概要花半個鐘頭。走路的速度對林昭庚來說太慢，他作風不改，每天揹著大書包跑步到校。有一次，他正跑著，突然有人從背後抓住他的衣領，回頭一看，赫然是校長大人，原來是彰中校長翁慨看到穿著彰中制服的學生在路上狂奔，心生疼惜，當下把林昭庚拎上摩托車後座載一程，一路有同學驚呼，心想這樣的「待遇」，一定是校長的兒子。

翁慨校長以辦學嚴格出名，平常學生遠遠看到校長的模糊身影，都主動繞道躲開，就是不想和校長直接面對碰頭，以免身上制服有一點小缺失，或大盤帽戴歪、變形都得挨一陣訓誡。這次，他居然能坐上校長的摩托車，這輛車在當時無人不識，正是《羅馬假期》電影中，美國記者葛雷哥萊畢克載著優雅俏麗的安娜公主奧黛麗赫本的Vespa機車。那一次，雖然受到同學注目，拉風至極，但他心裡想的還是不坐為妙，此後林昭庚快跑上學的路上，還得分神「注意」校長是否有在後頭。

## 考試特別努力　以免上了白榜沒面子

省立彰化中學在日治時代末期一九四二年建校，稱為臺中州立彰化中學，光復後改為省立彰化中學，翁慨是國民政府來臺的第一任校長，[5]辦學極為認真，有其一套獨創的方法管理學校，林昭庚記憶深刻的是翁校長設立紅白榜單公布欄，激勵學生榮譽感，每回考試各科全部及格的學生就會被列入紅榜，兩科以上不及格則名列白榜，為了爭取把名字留在紅榜上，或從白榜中移出，自然每回考試都特別努力。

高中課業上林昭庚很平均，數學則是當時特別喜歡上的課，說是喜歡上數學課，倒不如說是喜歡上黃振龍老師的課，黃老師是鹿港人，講解擅長用深入淺出的比喻，學生很快聽懂了解。林昭庚在課堂專心聽課，學習起來事半功倍，對善於利用時間、講究效率的個性自然如魚得水，黃老師一口濃濃的鹿港腔是他日後回憶高中生活的鮮明線索。

除了數學科，歷史、地理也是林昭庚非常有感的科目，從歷史課本，他讀到什麼是「進步」，什麼是弱肉強食，從東方到西方各國的經濟、政治、宗教、文學、哲學、藝術等領域深深引發他探索的興趣，而地理是歷史之母，地理地質會影響歷史，二者相綜相錯不能單一視之。

## 恩師蔡長啟　引領彰中足球風氣

彰化中學早期是性別單一的學校，校園一群理得近乎光頭的男生、沒有女生，校風剛陽運動風氣興盛，當年足球更是強項，幾乎是踢遍中部無敵手。從小就以跑步代替走路、身手靈活的林昭庚，在足球場如魚得水，在學校時間不在教室就是在足球場，引導林昭庚愛上足球的是體育老師蔡長啟。[6]

體育課從操場跑三圈開始，體力充沛的蔡長啟通常會帶著隊伍跑，一面緊盯、鼓勵，老師帶頭操練，學生自然不能打混摸魚。有時他帶學生「跑山」——繞行八卦山，帶完一趟，還可以繼續帶下一班跑另一趟，學生偷懶，他會用拳頭輕撞學生肚子，喊「再跑！」林昭庚記得有一次，被蔡老師叫出隊伍，「林昭庚過來！」他以為犯了錯，嚇得要死，蔡老師用手撞一下他的肚子，要他拿出運動精神，「再跑！不能跑最後一名！」

學生對體育課愛之、怕之，私下給老師取了「矮仔蔡」暱稱，喊著老師的綽號，彼此間彷彿就有了心照不宣的同盟關係。

足球是彰中學生最風靡的運動，蔡長啟就是運動明星。中午吃飽飯後，林昭庚常到操場看蔡長啟帶著球隊踢球，此時操場擠滿學生，林昭庚同班好友梁啟銘是足球隊員，大家爭看蔡長啟和梁啟銘全場奔馳的漂亮身手，當年風靡彰中球場的梁啟銘後來任職中央研究院基因體研究中心特聘研究員，對臺灣基因專利有很大的貢獻。

蔡長啟終身未娶，視學生如自己的孩子，時常接濟有運動才能但家境貧窮的學生，也很會和學生搏感情，在擔任學校訓導主任時，全校學生名字都喊得出來，學生如追偶像明星的愛戴他。

蔡長啟陸續擔任教育部體育司長、臺灣體育運動大學校長，一生奉獻教育，其認真、勤學、關懷學生的身影成為林昭庚一生典範，在他的影響下，林昭庚也養成終身運動的習慣。

## 校園那面志向大看板　竟然沒有醫生

彰中運動場的看台用水泥砌成十二個醒目大字，大紅色的標語寫著：「抬頭、挺胸、齊步、活潑、愉快、樂觀」；操場對面另一個大看板，明白告訴學生，「我們要立志做偉大的科學家、工程師、文化鬥士、邊疆屯墾員、小學老師」。

操場旁有一整排高大的榕樹順著人行道延伸，林昭庚坐在樹下望向那排偉大的志向大看板時，總會想著「未來，我會成為什麼樣的人？」每當這個時候，他的心裡就浮上父親林江泗的叮嚀眼神。

日治時代，臺灣人最好的職業就是醫生，社會地位高更能經濟無憂慮。鄉下地方若能出一個醫生，更是光宗耀祖的大事。林江泗對這個從小聰明調皮的孩子特別有所期待，尤其在么兒林中平出生後。林昭庚幼弟小他五歲，從小體弱備受家人呵護，初中一度休學。父親總是交代林昭庚：「阿庚，你以後做醫生，可以照顧小弟，也能照顧庄仔內的散赤（窮苦）人。」

雖然彰化高中那塊大看板上沒有出現「醫生」兩個字，在林昭庚的內心已悄悄地加了上去。「未來，我會成為醫生嗎？」一陣風吹來，老榕樹迎風搖晃，似乎點頭回應：「是的，是的。」

## 時光荏苒 半世紀歲月校園巡禮

二〇二二年七月二十五日，彰化高中喜氣洋洋舉辦「林昭庚院士慶賀茶會」，祝賀彰中傑出校友林昭庚榮獲中央研究院院士。慶賀茶會由王延煌校長主持，彰中五十五級的熱心校友和地方人士雲集，包括黃秀芳立委、彰化縣洪榮章副縣長、彰化市林世賢市長、北斗家商陳沛郎校長（彰中校友）、彰化女中陳香妘校長以及北斗國中郭佳文校長（彰中校友）等地方首長、民意代表和各界來賓共襄盛舉。

從青春少年到滿頭白髮，半世紀歲月，重視歷史的林昭庚，慷慨捐款母校，指定作為彰中校史出書經費用途、催生校友教育基金會，在擔任臺北市校友會理事長期間，號召校友共同健全彰中校友會組織和制度，他關心回饋母校的熱心，自始如一。

茶會後，在彰中校友教育基金會董事長鐘德禮，以及校友會總幹事葉論昶、中興

2022年彰化高中舉辦林昭庚院士慶賀茶會。（彰中校友會提供）

2022年北斗初中暨彰化高中校友恭賀晚宴，左起：周至明、陳家源、王明祥、曹永奎、陳茂仁、林昭庚（右三）、鐘德禮、傅瑞碩。（陳家源提供）

2022年彰化縣北斗國中校長郭佳文（左三）歡迎校友林昭庚（右四）、鐘德禮（右三）、鄭政峯（右二）等人。（北斗國中提供）

2022年北斗國中校長郭佳文為校友林昭庚、鄭政峯、鐘德禮等人，介紹已被登錄為歷史建築的禮堂。（北斗國中提供）

大學副校長鄭政峯等人陪同下，展開求學尋根之旅，受到北斗國中校長郭佳文及學校行政團隊熱烈歡迎，帶領參觀校園。看到昔日禮堂被指定為歷史建築，樹齡超過二百年的老榕，感慨歲月如梭，轉眼間五十多年已經過去。

此次回到北斗國中，再度聯絡傑出校友發起校友會，在現任郭佳文校長積極奔走聯繫下，北斗中學校友會於二〇二三年八月成立（創會會長林昭庚）。一行人校園巡禮，百年老榕樹挺立如昔，迎風輕搖，似乎讚許點頭：「如是，如是。」

1　民國五十七年（一九六八）開始，臺灣國民義務教育由六年延長至九年，在此之前，小學畢業後欲升學至初中的學子都必須參與聯合招考，而民國五十六年（一九六七）的考試則被稱為末代初中聯考。當時要考上初中就很不容易，因為以臺北市為例，能夠順利考上初中的學子也只有該年小學畢業生的百分之五四．五；而另外百分之四五．五是連初中都考不上的，這種情況在九年國民義務教育施行後才有顯著轉變。引自何凡，〈提高國民品質一大步〉，《聯合報》，一九六七年七月十日，第9版。

2 有關北斗小學、中學的歷史，可參考張哲郎總纂、張素玢等撰稿，《北斗鎮志》（彰化縣：北斗鎮公所，一九九七年），頁三四八～三七一。

3 關於「魁星爺」有一個令人同情的傳說，據說祂生為凡人的時候，曾經參加殿前的考試，皇帝看祂的長相奇醜無比，竟取消了祂的入試資格，結果祂在灰心之下投海自殺。玉皇大帝憐惜祂的才華，派鰲魚接引到西天。自此，魁星爺就主管文運科甲登第，自古以來即普遍受到文人學子的奉祀。引自華，〈神像藝術：魁星爺〉，《聯合報》，一九七七年五月十二日，第9版。

4 根據研究，戰後臺灣許多就學的女性，都會夢想進入一九六〇、一九七〇年代的「女師專」（1964-1979）。所謂「女師專」，指的就是臺北女子師範專科學校（自二〇〇五年起，更名為臺北市立教育大學）。在物資匱乏的時代裡，考入該校已甚為不易，入學後，其管教之嚴格，更是不在話下，因此造就許多傑出的女性教育人才。臺北女子師範專科學校的前身「臺灣省立臺北女子師範學校」（1945-1964），是戰後第一所女子師範學校。以上文字，引用自https://women.nmth.gov.tw/?p=1966，擷取時間：二〇二三年十月五日。

5 翁慨辦學自有一套辦法，他擔任校長十八年之久，辦學認真，績效甚佳，管理甚嚴，令當時的學生印象深刻。

6 許光麃、葉永宗，〈大愛無私以身作則的完美主義者——蔡長啟〉，《臺灣百年體育人物誌》十一輯（二〇一六年），頁一一二～一三九。

## 第五章

# 一枝草一點露 求生奮鬥一關又一關

一九六七年對林家是悲喜交集的一年，一家之主離世悲痛，和兒子考上醫學院喜訊同時到來。

元月隆冬，寒冷異常，清晨院子地上竟然到處結霜，好像有人刻意灑了一地白粉。氣溫遽降是老天收人的時刻，命運偷襲了林江泗，一生為別人撐傘、為善助人的好心地被老天忽略，溫熱的心被冷冷的天掩覆了。腦中風閃躲不及，林江泗五十三歲闔眼離世，來不及留下一句話就不告而別。

## 考上醫學院　父親無緣分享喜悅

一九六七年八月，大學聯考放榜，林昭庚考上中國醫藥學院，這正是林江泗最想聽到看到的佳訊，卻無緣分享兒子從醫的起步，這張榜單離林江泗好遠，也近得可以想像他得意笑容從穹蒼傳來：「林家終於有人當醫生，行醫濟世了。」此刻林昭庚的心情是複雜的，未來學醫的費用已不能再靠家裡接濟，放榜的剎那間，未來醫學院的生活已在心中盤算。

林昭庚考上醫學院的消息，在鄰里間傳開。在當年考上大學如科考中舉，考上醫學院更是鄉里同慶，有人當醫生，人親土親，街坊鄰居也能受惠。那個年代考上大學很難，原因有二，其一、學校太少。一九六六年臺灣公立大學九所、私立院校十二家，十個手指頭來回二遍就數完，考上是祖上積德；其二、精銳拚場。臺灣九年國民義務教育一九六八年才開始，在此之前初中很少，小學畢業後僅少數人能繼續升學，能幸運考進初中的人，又只有一小部分能上高中。高中職畢業就已是高學歷了，若再更上一層樓考上大學者，則更屬難能可貴。[1]

## 沒有懸念　踏上中醫之路

當年參加大學聯考者，要不家庭經濟條件好，或是有政府補助學費的公教家庭。考上大學就能翻轉階級，青年學子視考場如戰場。大學名額僧多粥少，落榜生重考風氣興盛，一試再試、三試者大有人在，大都市補習街林立，大型補習班學生動輒二、三萬人。

彼時大學聯招分成甲組理工、乙組文史、丙組醫學院與農學院、丁組法商學院共四組，先填志願後考試、再依分數分發。林江泗指望兒子能當醫生照顧體弱幼弟，醫學院成為林昭庚的優先志願。當年丙組志願只有臺大醫學院、高雄醫學院（現為高雄醫學大學）、中國醫藥學院、臺北醫學院（現為臺北醫學大學）四所學校（中山醫學大學當時為中山牙醫專科學校）。若說考大學是一堆人拚命想擠進一個窄門，林昭庚要擠的是窄門中的窄門，有錢人靠補習，沒錢靠自己，林昭庚從未補習過，也沒錢買專攻聯考的參考書。

中國醫藥學院於一九五八年建校（二〇〇三年改制為中國醫藥大學）。當時，三位當代著名的中醫師覃勤（1906-1981）[2]、陳固（1893-1989）、陳恭炎（1912-1991）[3]，有感於有數千年傳統的中醫學日漸沒落，因而創辦中醫學校，希望能以西醫的科學方法提升中醫藥學、培養中西醫學兼備的人才，因此中醫系相當於中西醫雙主修，課程包括中、西醫基礎和臨床，七年級一樣需到各大西醫院實習，中醫實習反而只能安排在寒暑假到教授的診所學習。[4]

## 輕狂不起來　窮學生的無奈和盤算

大學生活是享受自由奔放的時代；對林昭庚而言，日子卻像被迫站上高速跑步機，為求站穩，不得不拚全力往前跑。

掙脫出只有大考小考的高中沉悶日子，脫韁之馬躍進社團活動百花爭放的大學校園，不免目眩神迷。新鮮，是一種生澀、不知所措的幸福感。帶著這種突然被解放的幸福，那個年代的大一新鮮人莫不忙碌探索、體驗各種新奇事物，課業以外，社團、舞會、郊遊等活動塞滿空隙，大肆享受過去辛勤苦讀的回報。當時University等於「由你玩四年」。

這種屬於新鮮人的歡愉，林昭庚也是年輕人，自然也想「輕狂」，但是擺在眼前的事有如燃眉之急。從收到醫學院註冊通知單那天，林昭庚拿著繳費通知單盤點自身處境。醫學院學費昂貴，要讀七年，但父親離世後，家裡投資磚廠舉債三十萬，長兄林安仁的薪水撫養媽媽和子女都很拮据，還要支付貸款的利息。「要不要再重考一般大學？」林昭庚心想以他的成績，一般的國立大學沒問題，學費可以省下大半。

窗外，天藍、白雲如絮，小時候和爸爸一起坐吉普車的風光、考上彰中爸爸抱著他猛親的歡喜……浮出記憶，他想起爸爸希望他做醫生照顧幼弟、幫助窮人的叮嚀，心中升起一股勇氣和決心，「要繼續往前走，讓它成功是唯一的前途。」似乎，他看到父親欣慰嘉許的笑容。在心裡，他和父親約定：「請放心，我一定會順利畢業。」

## 大一通車上學　早早出門晚晚歸

中國醫藥學院位於臺中市北區，距離臺中火車站約四公里左右。大學要住校嗎？

林昭庚權衡利弊，住校花錢、通車花時間，他必須省下每一分錢，錢才是攸關他能否讀完醫學院的關鍵。

大學一年級林昭庚決定通車上學。每天往返花壇和臺中。清晨五點多，他騎上父親留下一台俗稱「二八仔」的腳踏車出門前往花壇火車站。

「二八仔」這種車因車輪直徑二十八英寸而得名，特點是車架大、前槓和後架可載人和載貨，在五、六十年代是家戶必備的交通和運輸工具。臺灣早年偶像電影常見畫面，女主角坐在腳踏車前座大槓上、秀髮隨風飛起，男生奮力踩的大都是這種車款，這樣浪漫的想法，對林昭庚而言是天方夜譚。還好父親留下這輛腳踏車，伴隨他清貧的大學生涯，每踩一下踏板，往前衝勁的力量都來自父親的叮嚀。

從金陵村祖厝騎上番花路，要經過陝西國小、兩座墓仔埔，大約半小時到花壇街上的花壇火車站，換搭火車經彰化到臺中，火車站到學校約四公里左右，林昭庚沒有第二輛腳踏車，學生公車月票能省則省，這一段路，他再度發揮運動員精神，每天跑步到學校。晚上視下課時間，回到家的時間都在晚上七點到九點不等。

當時火車慢又常誤點，每天花在等火車、路途的時間大約四到五小時，日復一日。照例，這些時間林昭庚沒浪費，回到家前，今日功課今日畢。國中時從花壇搭公路局客運到北斗的記憶和此時處境相疊，當時是抱著臥薪嚐膽的決心，渴望敗部復活；今日，他相信人說的「一枝草一點露」，人窮到一定的程度、老天爺會幫忙，「人助天助」。

## 夜歸經墳場　驚嚇一團黑影迎面靠近

通車一年，林昭庚經歷的窘迫冷暖點滴於心。

林昭庚的大姐林素珠老師，聊到這個全家最會唸書的弟弟，除了調皮外，會笑說：「惡人無膽，他小時候最怕鬼。」

小學，林昭庚每天上學要經過墳場，國中、高中騎單車到花壇也避不開墓地，通過這些地方，他摒氣、目光直視前方，口中默唸觀世音菩薩，腳下如裝風火輪拚全速通過，尤其夜晚時分。

大學通車，終於有一晚，他碰上考驗。

是晚，他回到花壇車站已經晚上八點多。濛濛雨下，空氣中籠罩著薄霧，空曠處樹影幢幢，番花路上空曠無人。林昭庚比往常更奮力踩腳踏車，到了接近墳場，視線中突然出現一個晃動的身影慢慢靠近。「這麼晚了還有人？」念頭一起，腳下無力癱軟在地，黑影來到他面前停了下來，林昭庚感到心臟劇烈搏動，他閉眼雙手緊按胸口，心想，這次死定了。

「你唔按襇嘸？（你還好吧？）」黑影說話了，原來是穿著蓑衣的農夫。迷濛夜雨中，蓑衣撐出的高大身影隨著牛車行進時的左右搖動，讓林昭庚以為撞鬼了。驚嚇後的虛軟遍布全身，牽起車子，他慢慢騎回家。

還有一次，他夜晚騎車中突然看到一堆黑影出現，視線不明下，他衝到黑影前再也無力前進，連人帶車往路旁栽進一簇堆肥中，起來後一身臭，卻也心情放輕鬆了。

經過這二次疑似「遇鬼」事件，他堅定相信，人死如燈滅，這世界上沒有鬼。也因為如此信念，日後他在臺北榮民總醫院（簡稱臺北榮總或北榮）能夠靜定獨自一人面對大體解剖，埋首研究穴位安全深度。

## 偶搭平快車返家　與列車長捉迷藏

那些年往返臺中、花壇的通車歲月，也讓林昭庚看到執行公務的人在法與情的分際。

大學第一年林昭庚每天從臺中火車站跑到中國醫藥學院，放學回家再跑一次。用跑的，除了個性急外，另外一個原因是要趕上火車班次。慢車、普通車沒趕上開走了，下一班普通車就是半小時以後的事了，因為普通車的票價最便宜。

有時，火車沒趕上，林昭庚會偷偷改搭一班比較晚到的對號快車，到彰化火車站去接駁原本的普通車。平快車票價和普通車學生票有一段差距，當時坐的大部分是社會人士，查票員一眼就能分辨乘客的種類。

「查票員一看到像我這種猴囝仔就知道沒有資格，雖然我沒有坐在座位上，只是站著，但他就會來查票，我就沒錢。」林昭庚常和查票的列車長玩你來我走的把戲，遠遠看到查票就往反方向走，火車速度快，只要捱到站，跳下車就逃票成功。

## 好心站長 讓窮學生省下票錢吃飯

一回，查票與逃票二者正面遭遇，躲無可躲。林昭庚出示學生票解釋錯過班次，上車是為要趕去彰化接慢車回花壇，查票員職責所在不能放人，到達彰化站，把逃票人交給站長，要求補票。

「我沒錢補票，站長一直罵我，慢車來了，我就說：『你不要再罵我了，車來了，我要趕快上車，不然晚上你這裡要借我住。』」林昭庚展開拖延戰術。當時火車尚未電氣化，啟動靠站務員揮舞紅旗指揮，站長有權力控制開車時間。

眼前學生沒錢補票、下一班火車又來了，這僵局讓站長很頭大，最後一刻大手一揮，示意他趕快上車。這事件過後，也許內部有討論，查票員看到林昭庚不會再要求查票，等於默許了這學生坐霸王車。

常言「人在公門好修行」。臺灣媒體時常會出現某某匿名人士寄一筆錢給臺鐵的新聞，說是當年坐霸王車逃票，今日加倍奉還。當年時空背景，窮苦家庭孩子能唸書不容易，臺鐵員工執法之手一揮，讓窮學生省下票錢和罰款，多吃一頓飯的溫暖，密藏當事人心中，成為善的循環。往後，林昭庚廣對弱勢者伸出雙手、回饋家鄉、設獎學金鼓勵清寒學子等種種善舉，回溯前因，鐵路局查票員和站長，這些貴人在他心中種下第一顆種子。

## 等車搭車　拚命背誦中醫藥歌訣

通車第一年，在騎腳踏車、搭火車、跑步的緊湊時間中度日。林昭庚每天清晨五點左右出門，下完課立刻趕火車，回到家已是晚上八點左右，吃完晚飯洗個澡就準備上床，隔天再重複一次。中醫系課業繁重，更多的是方藥、典籍要記要讀，時間從哪裡擠出來？

初、高中在通車時的讀書經驗積累，讓林昭庚再擴充自身讀書計畫。惡劣環境逼出運用時間潛能，他像擠檸檬汁般，擰出每一滴時間。等車、搭車時候他預習或複習書本，跑步時候邊跑邊在腦袋中回想複習、背誦中醫藥歌賦。

中醫藥歌賦是中國歷代醫者的智慧結晶，內容涵蓋人體器官部位、經絡時辰、對應藥材等，例如《針灸歌賦》、《藥性賦》、《湯頭歌訣》、《脈訣》等都是中醫教學和臨床特色。這些歌賦言簡意賅，重點突出，朗朗上口，是中醫初學者的入門讀物。[5]當時中醫學系還要必修「中國醫藥歌賦」六學分，相當受到重視，另外還有「中國通史」、「中國現代史」和「中國醫學史」等必修科目共十學分，可見當時課業之繁重，古典文化與歷史的訓練都較現代的中醫系更為紮實。[6]

林昭庚把這些歌賦寫在小卡片上隨身攜帶，行走跑步等車時就在腦海裡不停歇地反覆背誦，「人生氣血晝夜行，終日並寅到肺經，卯往大腸、辰在胃，巳刻為脾、午入心……。」[7]到後來，他竟能把中西醫的典籍和經脈穴位、穴道循行自行編排歌訣，記成筆記，這些「林氏歌訣」方便易記，一時成為同學們愛用的筆記，相傳至今。而他一口河洛語文雅暢順，濃濃古風讓聽者莫不深刻。

## 通學弄壞身體　母親下達休學令

林昭庚誦〈子午流注〉

大一新鮮人生活就在時間緊迫、身心過勞中結束。暑假來臨，林昭庚通盤檢討這一年得失。因長期睡眠不足又過度勞累，身體弄壞了，這一年跟同學也幾無課後往來互動，一下課他就匆匆趕火車，甚至是還沒下課就在準備要走人，老師有時候晚下課也只能先離開，錯過普通車又得搭霸王車的焦慮日日掛心。

第一年過後，媽媽發現這樣不行，勸他不要讀了：「這樣（通勤）七年哪受得了？」在母親的心中，身體的健康比讀書更重要，有身體就有出路，無健康就算當上皇帝也不長久。這是母親疼愛孩子的觀念，林昭庚聽進媽媽的話，但要他放棄學業可不行，他左思右想，一定可以找出「兩全其美」的辦法，如果要繼續讀下去，他需要改變生活方式，搬到臺中去住，打工賺生活費。

高中畢業那年，一考完大學，他就曾去彰化市一家飯店工作，是工讀生打雜工作，客人沒吃完的菜餚，飯店會讓他打包帶回家。打工他不陌生，但是在臺中生活，住宿的地方要先解決。

就在此時，國小同學林德欽的爸爸找上門來。

林德欽聰明會唸書，和林昭庚是小學死黨。初中他考上省彰中，卻是留級兩次，高中考上臺中二中。林昭庚要升大二時，林德欽還在唸高三。當時林德欽住在臺中市練武路關帝廟，在鐵路局上班的林父擔心孩子愛玩，邀請林昭庚搬去與兒子同住，幫忙補習課業，說好宮廟膳房的費用由林父支付。

## 打工換住宿 住進臺中市關帝廟

沒想到煩惱許久的住宿問題突然迎刃而解，林昭庚心中再度浮起「一枝草一點露」的諺語；不過，思及同學父親也是領薪水的公務員，他不想欠下人情，再去找來同班同學陳新志同住，談妥用打雜方式換取非常低價的住宿。關帝廟成為他大學時期的第一間宿舍。

過去有很長一段時期，臺灣宮廟格局中大都設有菜園和膳房，菜園可供自給自足，膳房主要提供修行人居住。那個年代沒有什麼進香團，膳房除了偶爾接待外地來的香客外，有許多準備考試的學生會短期租借，除了寺廟裡清幽容易安靜唸書外，住進廟裡與神同行，臨時抱佛腳也更有底氣。

位於臺中市東區的關帝廟建於一九五二年，主祀關聖帝君，當時為臺中市規模最宏偉的關帝廟。宮廟到學校騎腳踏車大約十分鐘，住宿的膳房安靜清幽，他與林德欽就住隔壁間互相照應。多年後，這兩個好友各自成就一片天，一位成為馳名國際的中醫巨擘，另一位則是製造業的成功企業家。此時，這二人如「落難」公子暫棲寺廟，等待命運轉盤下一回的落點。

終於，林昭庚擺脫了多年來騎車、搭車、跑步生活，有更多可運用的時間。解決住宿問題，接下來是打工賺取生活費。他盤算發現清晨跟傍晚可以各安排一份工作。

過去通車的時間，清晨四、五點到八點，傍晚五點下課到晚上八、九點返回彰化住處前的這段時間也可以再接一份工作。他的想法務實，要繼續唸書就需要先賺錢，活下去之後才能考慮到讀書課業。大一完全沒有錢的日子太苦了，按照林昭庚的說法是「窮到快要被鬼抓去」。他要擺脫沒錢買車票、尊嚴踩在腳下的日子。

## 貴人相助　謀得清晨送報工作

練武路在臺中市東區，附近南京路有軍營及許多眷區住著俗稱「老芋仔」的退伍軍人，國民政府來臺，這一帶成為陸軍大本營，通稱「干城營區」。[8]清晨，林昭庚早起做完廟裡打掃工作就外出閒逛，街道人車稀落，時間還早，得以細讀街景。這附近軍營圍牆延綿、整齊挨次排站的有鐵路局宿舍、眷區宿舍與低矮民宅，往街巷裡鑽，數不清的狹窄巷弄彎曲如迷宮，房子像是有機體，隨著人流恣意延伸。

這一區發展得早，日治時期設臺中州時，這一帶通稱「干城町」，干城橋通是今天的成功路，再往西連結臺中火車站，是當年的城中心。位處城中區邊緣，加上大批陸軍團進駐，具規模的第四市場也在這裡，掙錢機會多，是出外人落腳臺中第一站。

街道尚未甦醒，火車站內人聲鼎沸如朝市。地上一疊疊報紙，《中央日報》、《中國時報》、《聯合報》涇渭分明，送報生老的少的低頭折報動作俐落。林昭庚驚奇的觀察眼前景象，送報生把折成長條狀報紙放進袋子，迅速騎上腳踏車衝出去。他注意到有一班送報紙火車從臺北出發，早上五點零四分到臺中，在上午八點前要完成工作，心裡浮現一個念頭：「這事我可以做。」

一九八八年報禁開放之前，臺灣社會通稱三大報時代，報紙是一般人吸收外界資訊的主要來源，等早報是許多人一天的開始。

當時《中央日報》是黨報，沒有讓一般人派送，其他報紙則有派報員，林昭庚找到火車站旁一間貼著應徵派報員條子的小店，老闆是面容黝黑的中年歐吉桑。

「多少錢都沒關係，請讓我做。」林昭庚的目標是先求有，他表明自己是中國醫藥學院學生，八點才上課，這班五點零四分到的報紙，請求老闆讓他送報。

老闆看了他一下，大聲說：「啊！你現在來，我哪有什麼辦法！」回說以後有人不送再找他來送。

「啊是喔……可是我這個時間只能送報紙，還是你有辦法再幫我找找看有沒有什麼工作？」林昭庚不放棄，再磨：「歐吉桑，拜託一下啦！再幫我找找，我現在在唸書，沒有錢，住在練武路的關帝廟……。」

老闆的太太在裡面聽到對話，走了出來對先生說：「喂！你那個練武路到精武路最近的就給他送啦，原來你自己送的那段就給他送！」老闆娘注視林昭庚，眼神和善。林昭庚心裡感激一連聲說：「歐吉桑歐吉桑，我幫你去送，你給我多少錢都沒關係，我有飯吃就好！」林昭庚獲得工作，說好隔天就上工。

自助而後人助，林昭庚再逢貴人，求生奮鬥又過一關。日後回頭年輕時光，他體悟農村子弟就像是路邊的野花，經歷了日曬雨淋，卻能靠自己的力量生存下來，必能比溫室裡的花朵更耐風雨。

## 找到工作不簡單　能送報就心存感謝

清晨五點，天微明，臺中火車站出口處側邊有一群人蹲著低頭忙碌，手上飛快地收摺一綑綑由早班火車送來的報紙，搶時間似地，數量拿足了就各自出發，林昭庚加入了送報生的行列。

林昭庚早把父親的腳踏車從彰化秀水騎到臺中，這輛日治時代的老爺車少說也有二十年歷史，從初中陪他到大學，是他可靠的老友，「真勇，都不會壞，只偶爾落鏈。」騎著父親的腳踏車，他有一份安心的牢靠。

每個送報生都有固定的路線，林昭庚送的路線和份數，是派報老闆讓給他的，鄰近火車站以練武路為主軸的干城路線，訂戶大都是眷村或公家宿舍，一戶挨一戶很集中，想來是老闆自己可以兼著賺的輕鬆路線，因林昭庚的懇求感動老闆娘，才獲得這份送報的工作。

當時臺灣社會人浮於事，能找到一份微薄薪水的工作就不簡單，許多人為了感謝老闆給工作，逢年過節還會送禮給老闆。當時固定工作不容易找，送報紙可是搶手的兼差工作，竟然就這麼輕易落到林昭庚手上！

## 報紙丟進庭院 掉進水溝挨罵

這天底下還是有個真理，一個人的積極心念總會奇妙地引起周遭的共振。老闆和老闆娘的惻隱之心被不放棄的懇求觸動，感受到了眼前這個讀醫學院的年輕人迫切需要這份工作，以今日的話來說就是吸引力法則。

第一天上工，因為需要確認訂戶地址，腳踏車不停的上上下下，一百多份報紙就讓林昭庚累到抬不起腳來。他觀察到精武路、練武路一帶住戶很多是外省退伍老兵，眷區宿舍外有圍牆，如果直接將報紙丟過牆，可以節省很多時間，很快地他練就腳不沾地、抽出報紙一家家丟的流暢動作，內心為自己的快、準而沾沾自喜，老闆也非常的賞識。

自以為聰明的偷吃步終於招來麻煩。有一天，他如常丟報，突然一個老芋仔跳出來，一手抓住車手把又罵又打，這才赫然發現原來圍牆內有小水溝，多次報紙丟進水溝，撈出來濕大半，人家已經忍他很久了，這一天特地埋伏等他。

林昭庚心裡大喊冤枉，「我怎麼會知道裡頭有水溝？你沒說，我就一直丟啊！」他開口想辯駁，突然父親的話跳出來搖紅旗：「凡事以不辯為上策」。最後，出口的話變成一再道歉賠不是，他坦承錯誤也確實改進，於是花雙倍的時間來完成工作，如此持續一年的送報收入，是林昭庚主要的吃飯錢。

## 吃自助餐　只買飯免費澆湯汁

「吃飽」這件事是林昭庚上大學後每天要盤算的問題，早晚兼差，體力消耗量大，飯要三碗才吃得飽，口袋裡的錢有限，他得精打細算。林昭庚深知肚子一餓什麼事也做不了，吃飽比較重要，至於有沒有菜是其次，沒錢時他只叫白飯，再舀一些盤子中的肉汁、菜湯淋在白飯上，加些味道。

學校附近小自助餐廳林立，不少老闆是從中南部到都市打拚，同是辛苦人，看是窮學生會睜一眼閉一眼，林昭庚也不好意思天天舀湯撈菜，他自己訂表一家家輪流換著吃。有時自助餐老闆看他沒錢點菜，會主動舀一些菜進他的碗裡，讓他銘感五內；有時也會被吼：「啊！你都不點菜！一直在那邊舀湯汁，是在舀什麼意思？」

美國社會心理學家馬斯洛（Abraham Harold Maslow, 1908-1970）著名的人類需求五層次中，溫飽是最基本需求。每天需要為生活搏鬥的人，吃飯這件事，最能感受人情溫度。

人在困境時所受到的溫暖或屈辱銘刻於心，林昭庚回顧來時路才明白挫折和苦難都是化了妝的祝福。一路行來他接受到的溫暖善行涓滴成河，日後他捐錢學校、設置獎學金、回饋故鄉，乃至獲得一九九三年全國好人好事代表排序第一，都是這條暖流澆灌的綠蔭美地。

## 為了賺更多錢　獨闖臺中酒廠求職

大二只有一份打工沒辦法撐住生活，看來必須再找一份工作，林昭庚善加運用原本傍晚通車的空檔，因為現在不用再通車了，可以把時間用在賺錢。他先鎖定家教，那是較容易找到的工作，很快地，他發現家教收入太少，對生活費所需是杯水車薪，於是騎驢找馬繼續找。

多方探聽，知道南臺中一家酒廠有送酒的搬運工作，體力活工資較高。高中畢業及大一寒暑假，林昭庚就曾在嘉義大林磚窯廠搬運磚頭，這家磚窯是家裡與人合夥開設的，每天工作十個鐘頭以上，有了這樣的經驗，林昭庚自忖到酒廠打工一定沒問題，自己一定做得來。急需賺錢的驅動力足以催出大無畏的憨膽，不經任何人介紹或引見，他獨自一人直接走入臺中酒廠求職。

位在臺中市南區復興路上的臺中（舊）酒廠，前身是「大正製酒株式會社臺中酒工場」。一八九五年的《馬關條約》使臺灣成為日本殖民地，日人發現臺灣氣候宜人、林木蓊鬱，是流著奶與蜜之地。政治底定，農林業等經濟活動接力上場，大正五年（一九一六年）日籍釀酒商赤司初太郎（1874-1944）在這裡設立了酒廠，以生產清酒、米酒為主。[9]

隨著第二次世界大戰結束，日本人離開臺灣，接管的臺灣省政府改其名為「臺灣省公賣局第五酒廠」，一九五八年臺灣省公賣局再改名「臺中酒廠」。細膩的清酒退場，換上甘醇豐厚的黃酒、紹興酒系列，屬於華夏文化的滋味於是開展。一九七〇年生產出更高品質的花雕酒，酒香馥郁芬芳的華麗花雕，適時為臺灣即將迎來的酒國文化拉開序幕。

臺中酒廠距離火車站不遠，廠區寬闊、煙囪高聳，一幢幢紅磚倉庫座落各處。林昭庚走進酒廠辦公室，他不詢問，先觀察。諾大空間辦公桌一排排井然有序，他眼睛雪亮，直接走到最後面，找看起來像是主管、廠長的人問有沒有工作機會。得到的是預料中的答案：「沒有缺工，酒廠所有工作都是分配好的。」

林昭庚再度使出哀兵姿態，低聲拜託關照，窮學生困境再度讓有分配權柄的人動了惻隱之心。林昭庚雖已忘記那位主管的名字，至今日每當回想，都還記得那位主管在沉吟許久後問：「搬酒工作可以做？」當下，那欣喜和感恩的心情油然而生，又有一份工作可以餬口了。

臺灣有很長一段時間酒類由政府專賣，民間私釀是違法行為，賣酒場所需要向臺灣省菸酒公賣局申請零售商牌照。林昭庚每天在特定時段隨卡車出去，送的酒主要有紅露酒、紅標米酒、啤酒、紹興、高粱等，送的場所只有兩種，酒家和雜貨店。

## 吃苦當吃補　扛酒打工叫「阿明」

早年酒都是用長頸闊身玻璃矸仔裝，十二支酒矸一組，重量可觀，林昭庚一次下貨可搬兩組二十四支到雜貨店內，酒家存放酒的地方大都在頂樓加蓋的鐵皮屋，樓梯狹窄悶熱，肩上二十四支酒瓶重量壓出一身汗水，林昭庚常常在「腿軟皮皮剉」狀況下完成送貨工作。

大二是瘋狂打工時期，林昭庚像無頭蒼蠅一樣到處鑽地尋找各種工作機會，最終獲得送報紙和送酒工作，過著兩種身分的生活。

清晨五點開始騎車挨家挨戶送報，八點回到學校課堂上學，華燈初上坐上卡車四處送酒。「為什麼這樣辛苦？」有時候他會自問。出於一種自我保護的療癒心理，林昭庚想像有二個夥伴共同打拚，一個是就讀醫學院的林昭庚同學，另一個是吃苦當吃補的基層勞工，他希望這個流汗的夥伴也有光明前途，為他取名「阿明」。當時的工作沒有扣所得稅，大家都領現金，沒有人在意這個臨時工本名是什麼，好記又好叫的「阿明」成為林昭庚江湖打工的小名。

回想送報送酒之初，與送報老闆和老闆娘、酒廠主管們素昧平生，而他們卻願意給予林昭庚工作機會，而他也不問薪水報酬、認真把交付的每樣事務做好。雇主們也沒有因為他僅僅是個學生就苛扣工資，有時收到的工資比預期還多。這些歷程雖然辛苦，但當時的他很珍惜這些工作機會，點滴都讓他銘感五內，把一路上遇到的恩人都放進貴人名單。

二〇一三年，林昭庚再度回到臺中酒廠。物換星移，臺中酒廠已遷廠，原址在二〇〇二年改名「文化部臺中文化創意產業園區」。

二〇一三年，林昭庚受聘為聯合國教科文組織非物質文化遺產之專家學者及諮詢顧問，應文化部邀請前去演講「中醫針灸談養生」。十一月二十二日，當年的酒廠搬運工，則以演講貴賓的身分被迎進演講廳。

走過花木扶疏、典雅時尚的文創園區，林昭庚依稀看到昔日的「阿明」腳步輕快的身影。時光交錯，記憶難抹，西裝筆挺的林昭庚望向穿著短褲白汗衫的阿明，心中百感交集。與過去之我合一，或許是生命中最美好的時刻。

## 大三下課後 到酒家當打雜小弟

一九六八年，就在升上大二的林昭庚奮力為生活打拚之際，臺灣也在政經安定下逐步由農業轉向工商社會，[10]初級加工業展開、九年國民義務教育實施、十大建設工程實施在即，美軍越戰開打，臺灣成為補給站，社會充滿蓬勃活力。[11]

春江水暖鴨先知，靈活生意人早已嗅出遍地商機。酒善助興，白天會議室難以溝通的問題，到了晚上幾杯黃湯下肚全都成為生死之交，有酒，生意就好談。

六〇年代臺灣都會新型態酒家興起，日治時代士紳上酒家附庸風雅，這個時期臺灣暴發戶或當朝新貴冒出頭，酒家比拚豪華排場、如雲美女、精緻酒家菜，那卡西樂團與酒女是基本消費，舉凡生意人應酬、黑白二道喬事等都上酒家。

臺中的中山路、中正路一帶霓虹燈五光十色、夜夜笙歌。當時臺中規模大的酒家有白宮、鳳麟、皇后、南園、松鶴樓、小蘇州等，其中以號稱樓層能容納五百多位客人的鳳麟大酒家最豪華氣派，是臺中市第一大酒家。[12]林昭庚工作勤快得人緣，大二結束，酒廠主管把他推薦給他常送貨的鳳麟酒家，大三開學，阿明成為酒家打雜小弟。

如果要林昭庚對過去兩年大學生活之擔憂分類的話，絕大多數可以分在同一個標題下：「我賺的錢夠用嗎？」他精打細算每一分錢出入，無法參加學校任何的課外活動，課本能借就借，三餐以吃得飽為目標。就在逐漸身疲力竭之際，命運自有機巧安排。

## 懂得觀顏察色　升為酒家領檯

當年在酒家前檯服務的工作通稱「小弟」和「boy」，以工作性質論，小弟是跑腿打雜的機動部隊，得隨時回應客人或小姐的需求，例如「阿明！去買瓜子」、「阿明！去買雞腳」，這個時候，他就得快手快腳完成任務。他買東西會為客人過濾品質、絕不在金錢上頭動腦筋，腳程也比別人快，又快又好的阿明拿的小費比別人多。

跑腿打雜之外，掃地清廁所也是小弟的工作，酒客不勝酒力，嘔吐穢物從房間到廁所很常見，此時小弟就要眼明手快展現善後技巧，迅速復原場地。

林昭庚在酒家廁所掃出心得，多年後診所開業極忙碌，有一天他發現診所廁所馬桶卡上一層黃垢，負責的小姐回報刷不掉。「這還不簡單，會這樣是代表平常妳們沒清乾淨，我是這方面的專家，掃廁所我比誰都在行。」林昭庚交代小姐買「會冒煙的鹽酸」，親自示範洗廁所動作，不到一分鐘廁所內外潔白如新，所有人都對老闆熟練的動作大感驚奇。

要讓部屬服氣不是靠一張嘴巴，林昭庚日後在許多工作崗位備受尊重，究其因，這段半工半讀歲月，讓他提前在社會基層及大染缸中打滾，練就了臨機應變的思考及人情練達。

機靈又辦事牢靠的阿明很快受到賞識升級boy，boy的工作就是領檯，負責帶客人、點菜、安排小姐陪酒。這工作以看懂客人眼色、達成客人願望決勝負，也就是隨時得察顏觀色、機巧應變。

酒家雖有菜單，但客人常會問boy推薦菜色，點菜是酒家利潤的關鍵。林昭庚於是私下把客人分級，國外來的大老闆或是日本人，他會推薦龍蝦、紅蟳、鮑魚等高級菜餚，如果是住在臺灣的日本主管，他就龍蝦換大蝦，高貴不貴。若是臺灣生意人帶客戶或日本客人來談生意，他知道臺灣人通常比較省，不待吩咐，用螺肉蒜、蝦、一般的蒸魚上場，經濟實惠，「我要幫他省錢，他以後才會常常來找我領檯嘛！」貼心的阿明總能為老闆、客人博得雙贏。

臺灣的生意人喜歡找阿明，點菜時有面子，結帳時不會被帳單驚嚇，阿明會辦事，以後就是：「阿明！菜單都給你開！」林昭庚是天生的生意仔。

## 有同理心　酒家小姐們視為自己人

在酒家工作，進來的客人晴雨難料，得有能縮能伸應付突發狀況的本領。鳳麟酒家全國第二大規模，小姐上百位，一間間包廂任君選擇，生意好時全樓客滿，小姐不夠，每一攤都叫不到小姐，抓狂的客人就會一直拍手叫boy過去想辦法。

有些客人認為酒家不給面子，當場飆三字經，拿酒直面潑來，一面咒罵：「小姐沒來，你來衝三小？（你來有什麼用）」一碰到這種情況，阿明也只好連聲答應：「拍謝，我趕緊去叫小姐！」更有些客人故意惡作劇尿在啤酒裡，看著酒家女不知情喝下去取樂，酒家客人形形色色，這裡正所謂人云：「世路難行錢做馬，愁城難解酒為兵」之處。難行的世路、難解的鬱悶，全到這裡將進酒、與爾同消萬古愁，來的人就是大爺。

酒家是銷金窟，對事業衝刺的老闆們、江湖風雲險惡的大哥們，鳳麟是舒壓的溫柔鄉，小姐們是曲意承歡的解憂花。日本大老闆更懂風月，看上哪位小姐，會在boy手心撓一下示意對哪位小姐印象不錯。此時boy就要想辦法安排坐檯，老闆想再進一步帶出場，但每個小姐有其個性，小姐不同意時，遊說也是boy的工作。

在那個社會保守的時代，酒家是貧窮人家女孩走投無路時的選擇，背後通常揹負家庭重擔，或是父母雙亡、或是手足重病或是犧牲自己成全弟妹唸書。阿明常看到初入行的女孩躲在角落垂淚，哭上一個月、兩個月、甚至半年都有。同是窮困出身，阿明能以同理心了解小姐們的處境，他時常安慰傷心人，也教她們說簡單日語，讓她們不怕面對日本人，酒家小姐們視阿明為自己人，願意掏心傾訴。

掌握點菜利潤和安撫小姐，阿明總是有方法完成任務，優異業績連酒家老闆都注意到了。

## 酒家老闆惜才　勉勵醫學院別放棄

鳳麟酒家老闆人稱「仲卿」，面貌魁梧、行事霸氣，是當時中部山線、海線大哥級面前能說得上話的人物。酒家經營以客為尊，黑白二道都不能得罪，服務第一線的boy最是重要。仲卿向來對辦事得力的boy出手大方，他觀察阿明處事機靈妥當，三個月就破格從小弟升遷為boy。阿明擔心得罪人受排擠而推辭，老闆特地召集所有人宣布：「這是我的決定。」

老闆賞識是一種成就感，況且boy收入大幅提升，而且阿明伶俐勤快，大家喜歡他。在鳳麟酒家大部分時間，日子可說過得如魚得水。商社老闆會幫他帶上一盒日本的水蜜桃、櫻桃這些當時一般人吃不到的進口水果，到後來，日本人、省議員、地方議員都知道要找阿明，因為阿明總是可以完成任務。不過，也不是天天風和日麗，江湖風雲不時在酒家上演。

這一天，兩個黑社會幫派在包廂喬事，阿明注意到今天氣氛凝重，進出間他小心侍候不敢多言。就在一回他進去、菜剛放下，突然，雙方嘩地全站起來，唰、唰、唰亮出好幾把武士刀，門迅速被關上，一群人乒乒砰砰打起來，房間內椅子亂飛。阿明沒見過這種陣仗，嚇到腿軟四處找藏身。不知過了多久，輸的一方扶著傷兵離開了，打贏一方大哥掀桌出氣，這才發現縮成一顆球躲在桌子下的阿明，「喂！無代誌啊，可以起來咯～」

這個差點淪為刀下亡魂事件，讓阿明開始思索離開酒家是非之地。老闆仲卿愛才，除了給予豐厚獎金外，擔心年輕人沉溺酒醉金迷，有機會就和他說，「江湖路嘸了時（沒有盡頭）」，醫學院的學業不能放棄。

## 學費已夠　退出酒家回歸校園生活

在鳳麟酒家，林昭庚遍嚐時下最高檔的酒家菜盛筵、獲得免費住處，一個月所領薪水和當時已在小學任教的大姐相比，足足高出三倍之多，再加上小費就是六倍以上了，足夠讓他讀完七年醫學院都不必再為錢煩惱，甚至還有餘力存錢。於是大四結束，他退出酒家回歸正常的校園生活。酒家二年打工，他從單純農村青年迅速成熟社會化，深刻眼見錦衣玉食、紙醉金迷背後，許多被命運擺弄、身不由己的悲苦靈魂。一個還沒出社會的學生，能在龍蛇雜處複雜環境左右逢源，他一定做對了什麼事！

在酒家的工作經驗讓林昭庚發現，同理心是開門的鑰匙。接到任務，他先換位思考：「老闆叫我做這些到底是為什麼？他在想什麼？有沒有更創新的方法把事做得更好？」對老闆交代的工作，他使命必達。

「要讓別人欣賞你，很簡單，最基本的是老闆交代什麼、你就做什麼，把它做好；第二點，你做不到的事情、你已做了哪些努力都要跟老闆回報。」按林昭庚的標準，做好老闆交代的事是基本工，更有創見的用心則是加分。

秉持著這樣的工作態度，除了大二那年滿街找工作外，林昭庚一生再也沒有主動求過任何職位，無論在什麼崗位林昭庚都受到上司信任和倚重。日後，這位來自鄉下的窮學生因緣際會回到大學母校擔任董事，成為董事長陳立夫先生（1900-2001）身邊倚重的左右手，參與了學校許多重大變革計畫，關鍵在於他認真的做事態度決定一切。

今日，每看到學生不珍惜學習時間，年輕人工作態度散漫，林昭庚覺得惋惜，但也沒放棄苦口婆心，在每一次的演講只要有機會就以自己少年貧困為例子勉勵學生。

## 日本精神人格者 醫術打從心裡佩服

「千金難買少年貧」，擺脫如影隨形的生活壓力，林昭庚彷若從閉氣許久的水底浮出水面，他抓住每一分能學習的時間。大五、大六開始到醫院協助臨床工作，某一日他看到仁愛醫院擴大實習教學訊息，他趕忙前去應徵。

仁愛醫院一九四七年從大陸東北瀋陽遷臺，在臺中的柳川畔落地生根。一九九六年擴建成綜合型醫院，是當時全臺灣擁有第一部電梯的醫院，新穎醫院轟動一時，新院落成同時增聘人才，林昭庚以優異成績獲得錄取，在這裡遇見西醫生涯的啟蒙貴人廖泉生院長。[13]

在仁愛醫院二年西醫助理工作，林昭庚學看X光片、內科診斷、各科跟診、和廖泉生進開刀房當助手，沉浸在醫學實戰環境，他把自己變成一塊海綿。

當時仁愛醫院的皮膚科、外科是全院最強的科別，廖泉生視林昭庚如嫡傳弟子，「他教我開刀、皮膚科、內科，」林昭庚回憶道：「是位有日本精神的『人格者』。」廖泉生待人客氣溫厚、做事情認真負責，對屬下盡量教、盡量傳授做人處世態度，讓林昭庚打從心裡佩服。

上課以外時間，林昭庚就來仁愛醫院跟著院長。日久，院長對他放心，晚上要應酬交代一句：「誒，交給你了。」然後就出門，顯示他非常信任林昭庚。因為偶爾需要成為院長的分身，院長當然要放幾招武功絕學給弟子。

林昭庚說，那時候沒有偽藥、類藥說法，廖泉生是很頂尖的皮膚科醫師，更是一位藥學專家，「廖院長自行調配cortisol（可體松，類固醇藥膏），高錳酸鉀、水楊酸都自己泡，藥廠出來的濃度只有一種，但他能自己把它調好比例、做成藥膏或外用藥水，以符合不同需求。」仁愛醫院以皮膚科聞名，關鍵就在可體松的百分比調配。由於在仁愛醫院二年的實習，加上八〇二陸軍總醫院實習，林昭庚西醫所學更充實，日後林昭庚中西醫診所開業，皮膚科患者特別多，林昭庚回憶恩師，更是滿心感謝。

畢業二十多年後，林昭庚擔任勞保委員，以委員身分來到仁愛醫院，廖泉生院長接待一行人時認出當年身旁得力的實習生，考核場合不宜敘舊，師徒二人互相交換眼神，一切盡在不言中。

## 貼身跟診兩位大院長　細心觀察學習

林昭庚在大學時選擇中西醫雙主修，但中醫系學生要找西醫實習醫院非常困難。當時中國醫藥學院還沒有附設醫院，林昭庚是來自鄉下窮學生，欠缺人脈、關係，實習就得靠自己想辦法。除了在仁愛醫院工作外，他還需要有其他醫院的實習經歷。

當時臺中市的大醫院，有臺中、澄清、順天及仁愛四家，除了臺中醫院外，其他都是私立醫院，中醫系學生要到西醫院實習，有如八仙過海，要各顯神通。

偶然機會，他發現臺中市二家私人大醫院，澄清醫院的院長林敬義和順天醫院的院長陳天機都是學校董事，心下大喜，雖然心裡毫無把握，不放棄任何一個可能機會的個性，讓他決定要直接至醫院拜訪，「試就有希望，如果連試都沒試，如何敲開機會之門？」他這樣鼓勵自己。

在風浪中掌舵的船長怎會拒絕一個積極主動、躍躍欲試的年輕人？林昭庚順利得到貼身跟診二位大院長的好運，他把握每一次機會細心觀察學習。

澄清醫院是當時臺中市最大的私人外科醫院，林敬義看門診極為細心和有耐心，他印象深刻的是林敬義醫師白袍的二個口袋，一個放聽診器，另一個則是一本小筆記，在病房院內走動時，二者隨時派上用場。林敬義對待患者親和幽默，三言二語就能讓患者鬆開眉頭，他最為佩服的是林敬義四兩撥千斤的對應機智，在林敬義身上他看到仁醫的風範，未來要如何和患者溝通，他心中有了標竿。[14]

另外一間西醫實習的醫院是位在臺中一中附近的順天醫院，擁有一百床的順天醫院是臺中北區規模最大的醫院，民國五、六十年代以糖尿病及癌症馳名於中部地區，來自鄰近縣市的病患絡繹不絕。人稱「天機仙」的陳天機是位教育家和研究型的長者，一九六六年創辦中臺醫專（後改制為中臺科技大學），在醫學界舉足輕重。在貼身跟診中，陳天機對教育的熱誠和追求真理的研究精神，在林昭庚心中輕輕放下一顆種子。

踏出校門後，林昭庚與二位恩師緣分再續，成為亦師亦友的忘年之交。和林敬義同為中國醫藥學院董事會的董事，和陳天機則維繫著深厚情誼，好交情延續至第二代。

林昭庚在學生時期遇見許多中、西醫學的好老師，並從他們的專業、認真和從容的治學及處世態度中獲得許多啟發，恩師們所埋下的種子，靜靜等待風土陽光發芽成長。

1 根據統計，當年大學聯考，全臺考生共五萬四千多名，預計錄取兩萬一千名左右。不著撰者，〈大專院校聯招新生，今起三天分組放榜〉，《聯合報》，一九六七年八月十四日，第2版。

2 陳潮宗，《近現代臺灣中醫史名人傳錄》（臺北：知音出版社，二〇二二年），頁一一五～一二三。

3 陳潮宗，《近現代臺灣中醫史名人傳錄》，頁四一～四七。

4 吳嵩山編著，《中國醫藥大學六十年發展史》（臺中：中國醫藥大學，二〇一八年），頁八～一五。

5 現代中醫還不斷強調歌訣的價值，並認為許多名醫初學都是以閱讀歌訣為始。參考方文賢等編著，《中醫入門必讀歌訣》（北京：中國中醫藥出版社，一九九九年），前言部分。最常被記誦的，就是清．汪昂著，張瑞璋重編，《湯頭歌訣》（臺北：立得出版社，一九九一年）。有關這個現象的歷史成因，可參考梁其姿，〈明清中國的醫學入門與普及化〉，《法國漢學．第八輯》（北京：中華書店，二〇〇三年），頁一六〇～一六九。

6 中國醫藥學院，《中國醫藥學院概況》（臺中：中國醫藥學院，一九七四年），頁四九～五八。

7 此歌訣為「子午流注」，後由中國醫藥大學「教育部高等教育深耕計畫」協助製作成果，置於「立夫中醫藥博物館」之「河洛話中醫藥歌訣——線上語音教材」，網址：https://lifuapp.cmu.edu.tw/voice1.html，搜尋日期：一一二年十一月五日。

8 此地舊名石頭灘仔，為今臺中市東區干城、文化、成功、練武四里，日治時代稱為「干城町」，其地名由來為當地到處都遍布石頭，因而得名。不著撰者，〈臺中市西、東區的奇怪庄名〉，《聯合報》，一九九八年五月二十六日，第39版。

9 林良哲等撰文，《臺中酒廠專輯》（臺中：臺中市政府，二〇〇一年），頁二～四六。

10 一九六四年臺灣工業生產值超過農業生產，臺灣正式轉型至工業社會。參考高淑媛，《臺灣工業史》（臺北：五南出版社，二〇一六年），頁二三二～二六〇。

11 根據洪紹洋研究，一九七〇年代初期以石油危機的背景為契機，一九七三年擔任行政院院長的蔣經國宣布以五年的時間推動「十大建設」，希望促進國內需求帶動經濟復甦。在「十大建設」中，一貫性鋼鐵廠、石油化學工業和大造船廠等建設，促使臺灣工業由輕工業為主的結構，轉型至具備重化工業生產能力。參考洪紹洋，〈戰後臺灣工業化發展之個案研究：以一九五〇年以後的臺灣機械公司為例〉，收於田島俊雄、朱蔭貴、加島潤、松村史穗編，《海峽兩岸近現代經濟研究》（東京：東京大學社會科學研究所，二〇一一年），頁一〇七～一三九。

12 當時酒家文化興盛，為迎接耶誕節，臺中各酒店都推出夜晚十一時宵夜場，由「酒國名花」舉行歌唱大會串，這些「花」指的是當時表演歌唱的紅牌，例如鳳麟酒家知名的文蘭、麗惠等人（可能是藝名），即應邀演出。引自楊遠，〈耶誕一場宵夜，酒國名花獻藝〉，《經濟日報》，一九六八年十二月二十六日，第6版。

13 《乘願藥師如來：廖泉生回憶錄》一書，詳細記載廖泉生醫師在滿洲醫科大學受教育、在奉天開設「仁愛醫院」及回臺的情形。參考許雪姬，〈日治時期臺灣人的海外活動：在「滿州」的臺灣醫生〉，《臺灣史研究》十一卷二期（二〇〇四年十二月），頁一～七六。

14 可參考林敬義著，《天容海色本澄清：澄清醫院總裁．林敬義回憶錄》（臺中：林高德，二〇〇四年），頁二一〇～二二四。梁妃儀等著，《臺灣中部醫療人物誌》（臺中：中國醫藥大學，二〇〇九年），頁八七～一一〇。

第六章

# 巨人的肩膀　師恩情重長留於心

「每個人都是獨一無二的」，這句話對授課解惑的老師來說體會最深，有些學生主動扣問、問題緊追不捨，師生特別緣深。大部分的人終其一生和老師的關係止於課堂，畢業後走出校門天涯各一方，有些幸運兒在日後人生，師生成為亦師亦友的職涯夥伴、志同道合的忘年之交。

多年後，林昭庚已為人師，他慢慢明白，自己的人生故事其實根植於多年來許多恩師貴人點點滴滴的恩惠，站在巨人肩膀上的穩固基礎讓他得以乘風而起，探尋更高遠的學術奧義。

## 方中民

### 「沒有方校長　就沒有今天的我」

二〇二一年十二月二十九日，林昭庚從學校出門，要前往東海大學路思義教堂（The Luce Chapel）參加方中民校長的告別式。穿過中國醫藥大學前廳，林昭庚停下腳步，回望這所方校長愛如己出、用心至深的學校。思念中，花木深處彷若看到方校長溫文的身影。

二個月前，老校長方中民歡慶九十四歲生日，林昭庚特地前往祝賀，國際針灸泰斗站在老師身邊，彎腰躬身、溫言細語，神情恭敬像個小學生。林昭庚提到中國醫藥大學前校長方中民，結尾總會加上一句：「沒有方校長，就沒有今天的我。」

這句話要從林昭庚的母校中國醫藥學院說起。

一九五八年，中國醫藥學院創立，希望透過學習西洋現代科學方法促進中醫現代化，進而培育中西醫學兼備的人才。雖然辦校初衷是希望能中西醫學並用，但數年過

2020年方中民前校長與林昭庚兩位杏壇泰斗曾彼此互贈墨寶、著書留念。（吳嵩山提供）

2020年林昭庚翻開泛黃的書頁，細數那些塵封已久的校園往事。（吳嵩山提供）

去學校資源逐漸出現傾斜，出現畢業學生只考西醫執照，幾乎無人走中醫之路，於是校方向教育部提出申請，一九六六年增設「中醫科」，一九七一年立法院修改《大學法》，遂正式有「中醫系」之名。[1]

## 中醫科擬不修西醫　學生群起抗議校方

中國醫藥學院當年創校之初學校財務困難，校舍陽春簡陋，當校方向教育部遞出設立中醫系申請，沒想到很快就收到招生核准。萬事莫如招生重要，因為學生很快就要招進來了，但中醫系的學分、課表、師資卻無法一時就位，林昭庚記得有段時期，學生上課可說是一團混亂。當時校方有意讓中醫獨立出來，不再修習西醫，此舉遭到中醫系學生強烈反對，學生搬出立校宗旨就是要推動中西醫一元化、中醫現代化，要求中西醫合班上課等權益，中醫系學生和校方展開拉鋸抗爭。

林昭庚是中醫系第二屆班代表，和第一屆班代表蔡金水聯手打前鋒，並召集一批熱心學弟妹並肩作戰，當時被抗爭遊說的對象就是方中民校長。

四十歲的方中民是臺灣大學病理學教授，一九六八年被借調到中國醫藥學院，他改善師資、推動制度，為學校開源節流，經費困難沒有難倒他，中醫系學生的抗爭是他最感到頭痛的問題。

## 高瞻遠矚　開辦中醫系學生雙主修

中醫系的班代表及學生經常到校長辦公室與方中民討論，最終，方中民被學生的熱誠說服，他堅定支持「中西醫合一」的建校初衷，他思慮細密規劃制度、想方設法解決中西醫學系修課的問題，從臺灣大學聘請教授利用週六、日前來上課、爭取開辦中醫系學生雙主修、中西醫系合班上課等措施，這個制度改變了無數人的生命軌跡，更因為具有西醫實證基礎，臺灣中醫人才日後能夠與科學對話躍進國際化舞台。[2]

「飲水思源，所有從中國醫藥大學中醫系畢業的學生，傑出成就都要歸功於方校長。」林昭庚認為，學校開辦中西醫雙主修，學生才有機會取得中醫和西醫執照，「我也才會有資格到榮民總醫院針灸科，當時榮總是不承認中醫的，所以我是登錄西醫執照，執行中醫針灸業務，『沒有方校長，就沒有今天的我！』」

「還有一件事也鮮為人知」，林昭庚說，早年國防部根本不清楚中醫系就讀內容，中醫系最初比照一般大學生服預官役，經方中民校長四處奔走，最後透過有力人士安排親往國防部面見黃杰（1902-1995）部長替學生請願，終於讓中醫畢業生比照西醫生擔任軍醫官。

方中民以被借調的身分從臺灣大學來到中國醫藥學院，面對的是一個處於篳路藍縷開創期的新局面，不但校務經緯萬端，經費也捉襟見肘，面對中醫系的制度抗爭，他知道這關係著學校設立的初心，更牽動多少中醫系學生的前途。雖然只是被借調代管之位，但方校長無「過客」心態，他治校積極，對學生有助益之事更是主動爭取，勇於任事風範長存。林昭庚表示，方中民校長是中醫系學生的貴人。

畢業後，林昭庚因緣際會進入母校任職，成為方中民的部屬、同仁，再同為學校董事會的董事，師生情緣深厚。但是，人生從來不是只有直線前進、一個答案。

## 選賢與能　支持蔡長海擔任董事長

二〇〇一年二月，中國醫藥學院董事長陳立夫過世，學校需要補選董事長。當年林昭庚五十四歲正值壯年，在兩岸及國際中醫界學術成就亮眼，經常受邀出國講學治病，同時也是中醫師公會全聯會理事長，工作橫跨產官學界，還開診所，忙得不可開交。他深受前董事長陳立夫信任。某日，澄清醫院院長恩師林敬義打電話給林昭庚，問道：「昭庚，你有要選董事長嗎？」

「不選！」林昭庚回答，並表達支持老師選董事長，林敬義轉而請託他幫忙遊說中醫體系董事的票，支持方中民校長。林昭庚回覆老師，方校長任內把學校從財務泥淖中拉出來，爭取開辦中醫系學生中西醫雙主修，於中醫系有大恩。

然而，當時擔任中國醫藥學院附屬醫院院長的蔡長海，是深獲董事長陳立夫賞識和栽培的人才，尤其那時由蔡長海負責的學校擴建工程，能力和表現超出眾人的想像，高度格局已現。那一年，蔡長海剛五十出頭，「心細、膽識足且大公無私」，足以帶領中國醫藥學院邁向新世紀。在以中國醫藥學院及附設醫院發展為優先的種種因素考慮下，最後林昭庚轉而主動支持他心目中能帶領中國醫藥體系邁向二十一世紀的人選。

雖然方中民不以為意，多年後坦然提起董事長選舉一事，也認同學生當年的觀點。他告訴林昭庚，支持蔡長海董事長是對的，當他知道蔡長海有意擔任董事長，自己也認為他是可以擔負起重責大任的領導人，相當支持此事。

往後每年教師節，只要人在臺灣，林昭庚再忙也要抽空去探望校長，在方校長晚年時，林昭庚更按照臺灣習俗，恭恭敬敬雙手奉上紅包，祝福老師身體健康，師生緣長達半世紀。

望著手裡的訃聞，照片裡的方校長戴著棕色貝雷帽，臉上是慣常溫溫的笑容，一旁親筆書法字：「凡事包容相信，凡事盼望忍耐。」哲人已遠，風範長存，林昭庚虔敬地送最敬愛的師長最後一程。

## 黃維三

### 看到老師神奇的針刺治療　立志認真學會

林昭庚喜歡數學、生物，高一時，發現歷史、地理竟然更有樂趣，但那個年代考大學「有前途」才重要，「興趣」這件事不在考慮範圍。擠進醫學院後，林昭庚驚訝中醫文獻比國文課本還深奧，首先要破關的居然是生僻拗口、艱澀難懂的古籍，中醫課讓林昭庚頭痛不已。

相較西醫課程的邏輯分明，在他眼裡，中醫古代典籍充滿可疑，「陰陽五行是科學嗎？靠辨證論治就能醫病？」中西醫巨大反差在他腦袋對撞，不知道背誦無法科學證明的口訣要做什麼？[3]他對未來感到迷茫、困惑，直到遇見黃維三教授。

黃維三是個山東漢子，方型臉上架著一幅方型眼鏡，下巴留著一撮鬍子，語氣溫和，神態從容，國學底子深厚，偶爾會穿長袍來上課，在學生眼中，活脫就是古書中人物。

來臺灣之前，黃維三已從天津中國國醫學院（天津中醫藥大學前身）畢業，到臺灣後再讀師範學院史地學系（現為師範大學歷史系），後來考取中醫特考而成為中醫師，在中國醫藥學院教「針灸科學」和「難經」。黃維三精通針灸，最讓林昭庚佩服的是他能一邊畫穴道圖一面講解，圖畫得生動，解說精微深入，「一個穴道能說上二個小時，沒有深厚根基是辨不到的。」課堂上時間有限，往往只能講述理論，學生有心，也可以到老師家實作和跟診臨床。[4]

就像古書中人物的黃維三教授。

黃維三教授也啟迪了林昭庚對古文獻和典籍的關注，更引起他注意到針刺安全的問題。黃維三對中醫古籍很有研究，他和同為山東出身的歷史學者呂實強（1926-2011）是好朋友，呂不相信中醫，唯獨身體不舒服時，願意讓黃維三扎上兩針來調理一番。

當時中國醫藥學院上課缺乏現代教材，很多都是古書，艱澀難懂，又缺乏與現代臨床文字的結合，黃維三認為整理中醫典籍實為刻不容緩之工作，故倡行採取分工合作制，整理中醫歷代典籍文獻，並以之作為每個科目的教材。當時擬定臺灣中醫藥教材編輯由歷屆校長和黃維三帶頭擔任主持人，林昭庚則為協同主持人，所以林昭庚一直保持對傳統中醫藥典籍文獻歷史的關注，形成他學術生涯中很重要的人文關懷。[5]

## 針灸課先學製針　把鋼線磨成刺針

在實務技術方面，林昭庚一開始想學針灸是因為一根針可以用很多次（當年都是這樣）、成本較低，而且藥很貴，他天真以為，如果用針就能治病，哪還需要用藥呢？針刺技術真是最方便、迅速且省錢的治病方式。

練好針刺指法和手法是學習針灸基本功，黃維三的實作課從製針開始。今日購物網上各式各樣「扎針包」目不暇給，五十年前的學生，上針灸課先學製針，要把鋼線磨細、磨均，磨成細尖的刺針。針成，以針刺紙，從一張開始，逐漸增加張數、厚度，二十張、三十張，訓練手勁及穩定度。之後，再用「練針球」練習扎針。

練針球是包著石頭的棉線球，石頭代表骨頭，外面纏繞一層層的棉線代表肌肉組織，棉線中穿插橡皮筋象徵血管，用練針球模擬扎針手感。達到熟練程度後，黃維三要求學生先從自己身上練針。林昭庚心靈手巧，很快就能掌握技巧。大三大四寒暑假，林昭庚向酒店老闆請假，上臺北青田街黃維三診所實習，假期結束回到酒店，那裡多的是需要醒酒止痛的練習對象。

六十年代的青田街是公教人員住宅區，日式建築林立，巷弄靜謐清幽，黃維三的診所經常門庭若市，林昭庚是老師身邊端盤子幫忙的助手。有一天，門外一陣騷動，抬進來一位腰背坐骨神經痛至無法行走的中年男子，黃維三讓病患趴靠牆壁，迅速下針扎環跳、陽陵、委中等穴，針下同時，患者暈了過去，在場人大驚，站在一旁的林昭庚感覺老師一定聽得到他的心跳聲。只見黃維三不慌不忙再針膻中穴，一會兒患者甦醒，竟然能自行走路離開。林昭庚看得口瞪目呆，親身體會了典籍「暈針必效」記載，他在心中立志：「這麼神奇的針刺治療，我一定要學會。」6

## 感謝師恩　設立「黃維三教授獎學金」

古代名師孟子把「得天下英才而教育之」視為人生三樂中的一樂，或許是英才難得的感嘆吧！為人師者對得意門生莫不盡力提攜，傾囊相授。一九九三年，林昭庚完成《新針灸大成》，出版前夕請老師寫序，沒想到黃維三拿到稿子大驚：「你怎麼可以寫這個？不行、不行，這個還不能出版。」

老師的話林昭庚不敢違拗，心中叫苦：「我召集一批人、嘔心瀝血七年，現在不能出版」，他頭痛不已。一日過一日，林昭庚不敢問也不敢催，終於，一年後，黃維三笑容滿面交給他校正稿：「你可以出書了！」一千多頁的稿本，填滿密密麻麻指正、眉批，「這一年，你老師連吃飯、上廁所都帶著這本。」一旁的師母笑說老師連睡覺都抱著稿子。捧著沉甸甸手稿，林昭庚只感到臉燙胸口熱，口裡卻說不出話來。林昭庚珍藏著老師親筆校正手稿，恩師手澤記憶輕輕附著其上。

黃維三著作等身，《針灸科學》為針灸教科書的經典之作，並翻譯英文版，把臺灣針灸研究成果帶向國際，他擔任林昭庚博士論文〈電腦斷層掃描照相術探討人體胸背部各穴位安全深度之研究〉指導教授，師徒同樣熱愛實證研究，分工合作整理中醫典籍。

熱愛史地的黃維三曾經說，其一生的二件大事是重新整理「針灸大成」和「針灸醫學史」。林昭庚陸續完成《針灸醫學史》、《新針灸大成》出版，[7]黃維三非常高興：「這是我最想做的事，此生無憾了。」

一代中醫宗師黃維三視林昭庚為衣缽傳人，廈門大學為林昭庚出書《針灸英傑——林昭庚》，黃維三親自為書寫序。[8]他晚年交代兒子，在他的告別式上，希望由林昭庚為他講述生平。

林昭庚感念恩師帶他進入針灸精微殿堂，黃維三從中國醫藥大學退休前，林昭庚特地為老師設立「黃維三教授獎學金」，鼓勵學生讀中醫，並積極學習發揚光大，用以紀念臺灣針灸史上正式教育的啟蒙者。

## 馬光亞

### 一代宗師對病患細心客氣　提攜後進不藏私

往往人的處境無法安身，才會跋山涉水、越界過海謀求足以立命之所。

馬光亞是近代中醫內科名醫肝病權威。少年時跟著外祖父學習中醫，二十四歲臨床看診，後因共產黨清算，三十八歲來到臺灣。不料，隔年卻因白色恐怖被指為共產黨而入獄，二年後平反出獄，從此「專於臨床事業，不參加任何社會活動，不伺候於公卿之門，不奔走於形勢之途。」他在臺北同德堂及順天中醫診所看診，隱身人海，日日讀書詩畫書法，歲月靜好。

身處大時代兒女，命運無法由自己決定，但真才實學之人，布衣陋巷難掩其華，機緣到了，寂靜春天也終究應運騷動熱鬧起來。

一九七三年外交部駐非大使廖仲琴因昏厥送醫，醫生以腦中風治療無效，持續昏迷二十天，醫院宣告不治，馬光亞診斷為熱入心包所造成的昏迷，並非中風，他使用溫病處方治療，廖大使不久便甦醒過來，一個多月後竟痊癒。[9]如同奇蹟一般的醫術立刻如野火燎原般，傳遍外交部及行政各部會，政商名流爭相邀請出診，馬光亞在南昌街上海同德堂應診，病患絡繹不絕。

中國醫藥學院創辦人之一覃勤是馬光亞的老師，同德堂自然也成為學生實習的地方，林昭庚大三暑假北上中醫實習，在這裡遇上了他中醫內科的啟蒙老師。學識淵博、言行舉止散發出中國傳統文人的溫文儒雅，是林昭庚對馬老師的第一印象，「一個享有盛名的醫師居然對病患這樣細心客氣」，相處之下，發現馬老師提攜後進不藏私，得來不易的臨床經驗及好用的處方，大方傳給上進的同道或學生。[10]

馬光亞教授（左）與林昭庚合照。

## 視馬光亞如師如父 師徒成為同事

林昭庚跟在老師身旁學習「辨證論治」之法，更見識了一位醫者虛懷若谷、謙沖自牧的風範，心中充滿孺慕之情；而馬光亞看這個年輕學生，上進、善問，對中醫內科學理領悟力高、反應快，特別是能舉一反三，有得英才而教之的歡喜，也就特別親近。

馬光亞喜愛收集古方，遇好的方子便編成歌訣背誦。有一回，林昭庚看到老師把藥方編成歌訣唸，覺得很新鮮，當下也用河洛語秀一段「子午流注歌」，「你也會啊！」馬光亞沒想到年輕學生也會背，而且還用河洛語，押韻又好聽，既驚又喜。從此師徒常互相唱和，老師一句北京官話，徒弟接上一句河洛語，有時林昭庚會唸一段自編的中西典籍及穴道循行歌訣，再解釋給老師聽其中之意，歌訣成為師徒之間的遊戲與默契。

一九七五年馬光亞受聘到中國醫藥學院任教，講授「溫病學」，這一年馬光亞六十二歲。二十年裡馬光亞先後擔任中國醫學研究所所長及中國醫藥學院副院長，林昭庚亦在一九八二年起任職中國醫藥大學研究所所長，師徒成為同事，後又同為中國醫療體系董事，林昭庚視馬光亞如師如父，情誼深厚。[11]

## 紀念恩師　設立「馬光亞獎學金」

馬光亞除了醫德兼備，在文學藝術造詣自成一家，隨筆勾畫彩墨人物生動活潑，詩詞意境淡泊高雅，一九八八年馬光亞拿到林昭庚編著《新針灸大成》非常高興，當下提筆祝賀，在宣紙上寫下：「物競無分西與東，救人吾道有殊功，金針去病增年壽，豈遜飛梭入太空。」足見對弟子在中醫科學化成就的讚譽。

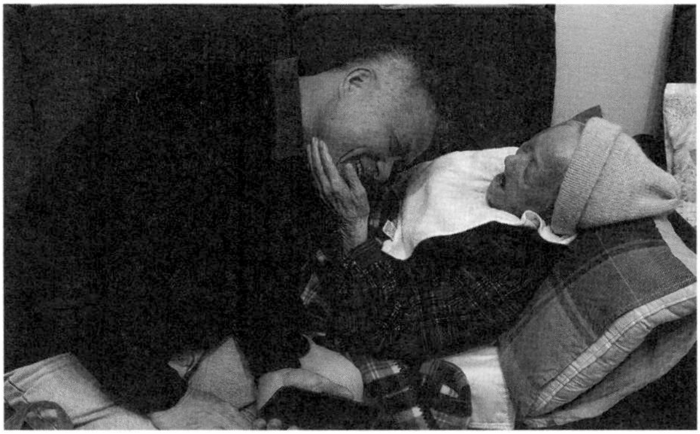

2023年林昭庚前往探訪師母（馬光亞之妻，96歲）。（吳嵩山提供）

林昭庚回憶，馬光亞過世前一週，師徒兩人一起搭車到中國醫藥大學開董事會，閒談中老師突然對他說這輩子很滿足，隨時可以走，「老師說這話時語氣平靜欣慰，身體也沒有任何異狀。」一週後，馬光亞在診療桌等待病患時安詳而逝，時年九十一歲。至今，每年農曆新年，林昭庚都會前去探望師母，數十年如一日。

馬光亞生性淡泊，晚年深居簡出，生前交代家人，身後事一切從簡，「如果一定要有人說一下生平，就找我的學生林昭庚。」馬光亞是前總統馬英九的叔公，告別式上馬英九特地前來致意。

林昭庚感念恩師，在二〇〇三年設立「馬光亞獎學金」，希望年輕一代的中醫學子能認識這位終身勤學不輟、寬厚待人的一代宗師。

回望醫學院七年，林昭庚經常覺得自己是非常幸運的人，身旁的老師盡是當代專業精湛、風采器識卓越的中西醫界高手，恩師們的品格和身教，讓他一生受用。

林昭庚把感念師恩和父母養育之恩化為行動，在中國醫藥大學先後設立黃維三教授獎學金、馬光亞教授中醫教育基金會獎助金，以及林昭庚博士令先嚴林江泗令先慈林陳㚥獎學金，除了獎勵清寒優秀學子、回饋母校的栽培外，他用獎學金來懷念此生敬愛的人，他相信，只要世上還有人記住名字，他們的歷史和精神就能永生。

1 中國醫藥學院，《中國醫藥學院概況》，頁四九。

2 陳聰榮，〈中國醫藥學院中醫學系簡史〉，《新醫潮》第四期（一九七四年），頁七～八。

3 近代中國中西醫的衝撞與匯通，導致傳統中醫的理論被質疑，這個趨勢一直延續到當代中醫界，在西（醫）強中（醫）弱的發展態勢下，中醫理論的虛無化更加明顯，常常讓初學中醫者感到迷惘，其來龍去脈與反思，一般性可參考趙洪鈞，《近代中西醫論爭史》（石家莊：中西醫結合研究會河北分會，一九八三年）；鄧鐵濤、程之范主編，《中國醫學通史：近代卷》（北京：人民衛生出版社，一九九九年）；鄧鐵濤主編，《中醫近代史》（廣州：廣東高等教育出版社，一九九九年）。

4 其生平可參考陳潮宗，〈中醫學傳承奮鬥不懈的實踐教育家——黃維三教授〉，《中醫藥研究論叢》二十四卷一期（二〇二一年），頁七七～八六。以及陳潮宗，《近現代臺灣中醫史名人傳錄》，頁二一九～二三一。

5 謝福德等著，徐維儂主編，《臺灣中醫口述歷史IV》（臺北：中華傳統醫學會等聯合出版，二〇二一年），頁二二五～二二六。

6 有關黃維三的針灸技術，可參考張永賢、林昭庚、李育臣，〈針灸大師黃維三教授學術特點探略〉，《北市中醫會刊》六十七期（二〇一二年），頁四～一三。

7 陸續完成有林昭庚，《新針灸大成》（臺中：中國醫藥學院針灸研究中心，一九八八年）；林昭庚，《針灸大成新解（上、下冊）》（臺北：國立中國醫藥研究所，一九九三年）；以及林昭庚、鄢良，《針灸醫學史》（北京：中國中醫藥出版社，一九九五年）。

8 葉海濤、李良松編著，《針灸英傑——林昭庚博士》（廈門：廈門大學，一九九四年）。

9 有關馬光亞的學術與生平，可參考李璧如、林昭庚，〈馬光亞教授中醫學術之淵源、成就與貢獻〉，《中醫藥研究論叢》九卷二期（二〇〇六年），頁一～一八。另外可以輔助參考張文康主編，《中醫臨床家——馬光亞》（北京：中國中醫藥出版社，二〇〇一年）。

10 有關馬光亞的臨症思想與醫案，可參考馬光亞，《臺北臨床三十年（正續集合訂本）》（臺北：知音出版社，二〇一一年）。

11 陳潮宗，《近現代臺灣中醫史名人傳錄》，頁一三三～一四五。

第七章

# 服役金門當醫官 內外婦兒科全包辦

一九七三年林昭庚大學畢業，分發至陸軍步兵第十九師擔任醫官，該師素以驍勇強悍聞名，有「虎師」之稱。果然，入伍不久接獲通知，部隊即將移防金門料羅灣。那時的金門屬於「戰地前線」，最接近大陸，再加上當時金門砲戰仍持續進行「單打雙不打」，在部隊移防前，林昭庚已知道金門在八二三砲戰後，依然是砲聲隆隆的戰地，母親特別帶他去家鄉的廟宇拜拜，保佑他能平安回到臺灣。

一九五八年八月二十三日爆發臺海戰役，史稱「八二三砲戰」，十月初，解放軍宣布放棄封鎖，改為「單打雙不打」（逢單日砲擊，雙日不砲擊），直到一九七九年一月一日和美國建交才正式宣布停止砲擊。[1]

## 部隊移防金門　與平安符一起跨海上前線

想到要去金門戰地部隊當醫官，許多的想像情景浮上腦海，沒上過前線但也看過戰爭片的電影，一顆砲彈咻一聲射過來，阿兵哥受傷了，戰地醫官是要在槍林彈雨中搶救傷兵。林昭庚結束這些想像，給自己的內心說了話：「就上前線吧！當做畢業後的實習機會。」

話是這樣說，心裡還是卡卡的，金門就是金門，砲彈是不長眼睛的，母親的擔心是必然的，就把母親求來的平安符帶在身上，與平安符一起跨海上金門前線去。

金門島東西兩端較寬闊，中間段狹窄，從地圖上看起來就像一支狗骨頭，也有人說是一只蝴蝶結。「料羅灣」位於金門島南方，險要與美麗並存，它扼守臺灣海峽，從明朝到近代，三百多年間發生多次武裝海戰，民風樸實強悍；而它的美，一如詩人楊牧作品〈料羅灣的漁舟〉形容，「在烈日下，它平靜而神祕，我在吉普車上看到它如貓咪的眼，如銅鏡，如神話，如時間的奧祕……。」但是，林昭庚在這裡一開始，根本無暇欣賞美景，大部分時間他在軍中小診所中忙個不停。[2]

## 進駐料羅灣醫療站　診所建在地下坑道上

這是林昭庚第一次離開臺灣本島，金門樹木茂密、街道安靜井然有序，空氣中帶有無法辨識的氣味，可能燒木材或柴油的微弱氣味，是海風？還是沒有散去的煙硝味？一落腳，林昭庚迫不急待想展開探索小島風情。

很快地，林昭庚明白這想法根本太天真，一到軍方醫療站報到，原負責的醫官簡單交接後幾天就退伍回臺灣去了。門診每日開門，林昭庚只能硬著頭皮新手上陣，搭配二、三名男性助手，風風火火展開軍醫生活。

料羅灣醫療站是一棟灰白的水泥平房，空間不大，裡頭候診區、診療室、藥局等，麻雀雖小倒也五臟俱全。軍醫工作包括日常看診、居家往診，受傷嚴重或重病患者就後送到金門尚義醫院。碰到發生意外傷亡，也需要兼法醫工作協助驗屍。醫療站就建在地下坑道出口的地面上，下班或休息就直接下坑道寢室，有人來敲門或急診，醫師就得從坑道現身前去開門。地下坑道是當年戰地金門為達到「保存戰力於地下，發揚火力於地上」的時代奇觀。

## 打坑道挖戰壕　治療意外受傷阿兵哥

孫子兵法云：「善守者，藏於九地之下。」金門在一九五八年「八二三砲戰」後，為了躲避砲火開始建造坑道，便利運輸小艇進出掩蔽，不但軍方開挖坑道，民間也挖民防坑道，十餘年間軍民聯手打造「地下金門」預備死守金門，坑道是金門的歷史奇蹟，物換星移，如今的金門「地下坑道」已成為金門馳名國際的觀光景點。

當時金門地下工事進行如火如荼，阿兵哥每天清晨四、五點就要下坑道打石頭挖戰壕，非常辛苦且容易意外受傷。[3]動個小手術可以請病假休息好幾天，若是再懇求醫師開個發炎證明，再繼續放假。林昭庚總是能審情度理，在做得到的範圍盡量與人為善。

料羅灣軍營只有這一家醫療站，軍方為了塑造軍民一家形象，當地民眾到軍方醫療院所看病拿藥全部免費，求診者以意外受傷或感冒等居多，也有拉肚子或中毒者，還有腳板長「雞眼」的阿兵哥等，小小診所醫護每天忙得團團轉。林昭庚回憶當年，動割包皮手術的阿兵哥亦不少，除了環境及個人衛生條件差導致發炎外，也有不少人是想逃避辛苦的坑道工事，動手術就成為請假休息的光明正大理由。

## 遠方傳來幾聲砲響　軍民習以為常

林昭庚在金門服役期間，冷戰仍然持續著，八二三砲戰後，共軍在一九五八年十月二十五日宣布「單打雙不打」，此後成為雙方一種不成文的默契，藉由砲彈夾帶的大量宣傳單，向雙方軍民進行政治宣傳，且不打飛機場、碼頭、船隻和居民住宅，這一種戲劇性的作戰形式，可說是古今戰爭史上的奇觀。

所謂砲宣彈就是將炸彈中心的火藥挖出，再放入印有雙方言論的宣傳單打到對岸，進行心理戰。這種宣傳彈的殺傷力雖然不如充填火藥的實彈，但在田野的空中爆炸之後的碎片及砲彈底座，仍會因為位置與方向的偏離，穿破百姓的瓦房，損傷人命。林昭庚在金門服役時已經是兩岸冷戰末段，偶爾遠方傳來幾聲砲響，當地民眾習以為常，作息如常，倒是金門人利用砲彈鍛鍊成鋼刀利刃的創意，讓他讚佩不已。

一九七九年元月，美國正式和中華民國（臺灣）斷交，轉而和中華人民共和國建交，並宣布正式停止砲擊，[4]按照大陸學者報導，從一九五八年到一九七八年，金門島的落彈數量，約近一百萬枚，共軍投入大量的物質與人力，金門人利用砲彈造就金門菜刀，也算是因禍得福，創造另類戰爭奇蹟。

## 老百姓看診免費　醫療站經常患者滿滿

在熟悉了醫療站作息後，林昭庚利用假日遍覽戰地小島風光，戰地的老百姓大都從事漁撈或農耕，生活非常清苦，醫官身分讓他備受禮遇，也更有機會體悟父親要他為貧困窮苦的人免費治病的期望。

民國五、六十年代，醫生是稀有資源，尤其外島更是稀缺，當年狀況是只要稍微和醫療有沾上邊的科系，通通都被推上第一線，例如獸醫、藥師，甚至連生物系的也行。林昭庚看診，中、西醫療法雙管齊下，內、外、兒科一統包辦，甚至連婦產科也看，能做西醫手術，也可以針灸治療痛症，他的病人包括軍官、阿兵哥、民眾，更有遠從其他地方慕名而來的求診者，大家對這位新來的年輕醫官肯定有加，口耳相傳下，醫療站經常人滿為患，每天忙得團團轉。

金門民風素樸敦厚，對醫師相當尊重，雖然看診全部免費，但前來的病患卻很少空手而來，「他們家中有什麼就帶什麼，黃魚、白帶魚、土魠魚、貢糖」，林昭庚從病人眼神中讀到信賴，首次感受到身為醫者的尊嚴和成就感，他笑著說，這一年，他愛上不同口感的金門貢糖，養成一輩子愛吃甜點的習慣。

## 林醫官退伍　官兵民眾帶禮物提來相送

一九七五年春季，林昭庚準備退伍前夕，突然傳來總統蔣中正（1887-1975）過世消息，在當年是國家重大事件，臺灣視為國喪，社會停止一切娛樂活動，電視節目彩色變黑白，舉國追思。軍方擔心對岸中國趁亂開打，更是繃緊神經備戰，所有醫護站接獲防衛司令口頭密令，「一旦開戰，搶救傷患棄重救輕」。

林昭庚明白，戰地醫療資源有限補給困難，需要保持戰力，這道命令是不得已的輕重權衡，但內心仍然震撼不已，「醫師救人是天職，要如何決定他人的生死？」當時心中的忐忑和糾結至今回想依舊不安。幸好，原本擔心的事沒有發生，他比預期晚了一些時間，順利退伍。

林醫官要退伍消息傳開，阿兵哥和民眾離情依依。離開診所那天早上，林昭庚拎起收拾好的行李，對這個住了一年的坑道房間輕輕說聲謝謝，大步走出醫療站。

踏出診所那一刻，他被眼前的景象嚇住了，四周擠滿官兵和民眾，大家帶著禮物趕來相送，人人手上拿著、提著、抱著各種禮物，有金門高粱酒，各式印上「仁心仁術」、「惠我良多」、「懸壺濟世」的金門磁器、花瓶，還有一包包他愛吃的金門貢糖等等，面對眼前一張張熱情素樸的笑臉，他心情激動、眼眶發熱，一一握手致謝，心中所裝滿的感動和身為醫者的榮耀感，成為一生中最難忘的一幕。至於眼前琳瑯滿目的禮物，林昭庚請同袍幫忙分批帶回臺灣，花了好幾個月才寄完。

1 「八二三戰役」是國軍與共軍在大陸沿海地區發生的第一次陸、海、空軍種聯合作戰，共軍方面則認為是「一江山島戰役」才是三軍聯合作戰之始。參考張世瑛等編，《中華民國政府遷臺初期重要史料彙編——臺海危機（二）》（臺北：國史館，二〇一四年十一月），頁三四六。史料部分可參考唐淑芬主編，《八二三戰役文獻專輯》（南投：臺灣省文獻委員會；臺北：國防部史政編譯局，一九九四年）。

2 有關當時金門的戰地生活與文化，可參考宋怡明（Michael Szonyi）著，黃煜文、陳湘陽譯，《前線島嶼——冷戰下的金門》（臺北：臺大出版中心，二〇一六年）。另一本重要的參考著作，則是江柏煒，《冷戰金門：世界史與地域史的交織》（金門：金門國家公園管理處，二〇一八年）。

3 將金門軍事設施分為十二類，坑道僅是其一。參考江柏煒、劉華嶽，〈金門「世界冷戰紀念地」：軍事地景的保存與活化芻議〉，收錄於江柏煒、劉華嶽、林美吟主編，《金門都市計畫國際研討會論文集》（金門：金門縣政府，二〇〇八年），頁九〇～九二。

4 最初美國卡特總統於一九七八年十二月十六日，宣布與中華民國斷交、廢約，並自臺灣撤軍，隔年元月一日與中國建交，對臺灣的國際地位及國內政治情勢產生深遠的影響。可參考林孝庭，《蔣經國的台灣時代：中華民國與冷戰下的台灣》（臺北：遠足文化，二〇二一年），特別是第六章。

第貳部

# 據於德

第八章

# 外科醫師入行 針灸博士躍進國際

從金門退役回來同年，林昭庚取得西醫執照，兼具中西醫雙執業資格。望著眼前二條路，他有些猶豫，中醫他熱情不減，但西醫是枝頭鳳凰，人人追求。他選擇西醫臨床，到臺北建興外科擔任外科醫生，同時也在徐外科等醫院兼差。

## 擔任外科醫師口碑好 一次開盲腸深思前程

臺灣七十年代，建興外科有十多位醫師，院長曾建興待人溫和寬厚，與另一家徐外科並稱臺北市二大私人外科醫院。

林昭庚雖是年輕醫師，憑藉過去幾年在仁愛醫院、軍醫院實習及當軍醫的實戰經驗，早已是一身好功夫。初生之犢，小刀大刀無所畏懼，他在彰化的鄉親經常是捨近求遠來找他治病，當年胃切除是大手術，他動刀為姨丈切除三分之一的胃，至今九十餘的姨丈依然健康硬朗。膽大心細，加上會和患者溝通，他口碑傳開，很快就成為醫院門診量較高的醫師，薪水之外，曾建興院長每個月再加大紅包獎金獎勵。

林昭庚工作忙碌，也很享受為患者解決問題的成就感，但逐漸地，工作結束後、夜深人靜時，卻隱隱有一股自己也說不清楚的感覺時時浮上心，堵住胸口。

某一日，門診進來一位北一女的學生因腹痛求診，診斷是盲腸炎需要立即開刀。一般狀況只要二十分鐘就能結束的手術，卻拖了三個小時，「找不到盲腸！」只見院長在腹腔中反覆尋找，愈找愈焦慮，在一旁當助手的林昭庚亦是心急如焚，最後總算在背後腹腔找到發炎的盲腸，但是腸子已經因為翻攪夾動多處受損，後來因為腸子沾黏發炎及糞便從傷口縫合處溢出，只好再度打開腹腔，後遺症又無法再次開刀，這位病人讓林昭庚足足照顧了半年才痊癒。

過去，他也在其他醫院開刀房碰到過，麻醉針一下去，前一刻還活潑的孩子再也回不來的震撼。

## 點燃針灸醫術　需西醫執照的針灸醫師

他發現外科醫師一生之中再怎麼小心謹慎，都難免碰上不可避免的後遺症而有所遺憾。「即使醫術再高明的醫師，都有可能碰到無法預料、不可逆反應」，手術室裡的生死搏鬥，醫師無法挽救生命的挫折、自責，讓林昭庚感到力有未逮，目睹資深醫師走出手術室對焦急的家屬深深鞠躬、無言落淚，他心中翻攪的波瀾久久無法平息。

「要回到中醫路上？」工作第三年，心中鼓聲愈敲愈大聲，就在他心中舉棋不定時，新的工作機會主動找上門來。臺北榮總需要一位有西醫執照的針灸醫師，向中國醫藥學院詢問推薦人選，醫學系主任陸以仁推薦找林昭庚。

當時臺北榮總是負責總統蔣經國（1910-1988）及蔣家成員的醫院，[1]名醫雲集，為何要找中醫針灸醫師？事情源頭要從一位美國《紐約時報》資深記者無意中點燃針灸的星星之火說起。

一九七一年七月，時任《紐約時報》的資深重量級記者詹姆斯・羅斯頓（James Reston）在中國採訪，因為腹痛發燒住進北京協和醫院，手術後院方用針灸治療他的術後腹脹和疼痛，他在病床上寫下針灸治療的詳細經歷於媒體上發表。

「扎針能止痛？」這篇報導引起西方媒體的討論關注，一九七二年美國總統尼克森訪問中國，隨行醫師塔卡因而特別要求參觀針麻手術。[2]從此，帶著東方神祕色彩的針灸醫療向世界揭開面紗，針灸熱潮如星火燎原至今熱勢不減，此時正值中國大陸文化革命，許多想學針灸的華僑和老外紛紛前來臺灣拜師。

一九七二年夏天，行政院國科會邀請美國哥倫比亞大學藥理學科教授、中央研究院院士王世濬博士返臺實際了解臺灣針灸研究情況，經過一個月的考察，王教授提出報告，建議由榮民總醫院、三軍總醫院、臺大醫院和國防醫學院以科學方法研究針灸，並由國科會予以支持，這讓傳統針灸有機會走進科學實證殿堂，開啟了臺灣針灸現代化之路。

## 命運之神眷顧　任職北榮醫院針灸科

當年臺北榮總是負責總統及達官政要們健康照顧的醫院，一九七一年在國科會指示下設立「針灸研究委員會」，一九七四年開設針灸門診，首任科主任由當時航發中心主任鍾傑（1935-2012）兼任，鍾傑為臺大醫學系畢業、新陳代謝科主治醫師，由於對針灸有興趣，跟著醫術高超的孫培榮（1899-1974）中醫師學習針灸。成立之初，北榮針灸科約有四、五位具有西醫執照的針灸醫師。[3]

就在林昭庚徬徨於前途時，命運之神眷顧，推他跨入大時代潮流捲起的針灸風潮。

一九七七年秋天，林昭庚三十歲，成為臺北榮民總醫院住院醫師。循序進入醫學中心從住院醫師、總醫師至主治醫師，是所有年輕醫師的夢想，雖然林昭庚已經是有多年臨床經驗的外科醫師，他認分的從住院醫師做起，視為吸收新知的機會。

北京一隻蝴蝶振動的翅膀，颳起西方世界一陣旋風。誰能料到，一位美國記者的盲腸炎竟然成為引燃起全球針灸熱潮的星星之火，這股熱潮將促成傳統針灸在臺灣復興，林昭庚也在此時應運而來，千年傳統針灸即將與科學撞出火花，進而孕育出世界級的「針刺安全深度之父」。

## 門診發現針刺深度問題　走上針灸研究之路

中國傳統醫學理論，人體除了血液循環外，還有「氣」的存在，氣血在體內流動的管道叫「經絡」，穴道就是這些氣血在經絡中的轉運站，氣不通暢就會導致疼痛生病。[4]傳統中醫用針刺激穴道、暢通經絡，用艾草加溫調整病患的氣血來治療疾病，稱為針灸療法。

針灸自古有「針起病去」的神奇功效，是中國傳統醫學起源最早的治療方法之一，針灸療法具有治療廣泛、迅速、經濟和簡便特性，在民間廣為使用，所謂「一針二灸三用藥」便強調了針灸的重要性。

在進入北榮針灸科之前，林昭庚歷經仁愛醫院實習、軍醫時期幾乎是「內外婦兒」全科包辦，加上三年建興外科臨床工作，西醫解剖及人體結構基本功紮實，為日後針刺安全深度及得氣深度研究工作奠定了良好基礎。

在學生時代實習時，林昭庚就發現針刺深度不當會造成氣胸等併發症，因此大六實習，便跟隨解剖學科鄭尚武醫師在中國醫藥學院做針刺深度探討研究。及至到北榮工作，他再次發現多位因為針刺深度不當，造成氣胸而送到北榮急診的患者。等到北榮工作穩定下來，他決定回到學校再上學術層樓。一九七八年林昭庚考取中國醫藥學院中國醫學研究所。

## 用西醫思維　想找到針刺穴位安全深度

針灸起源有各種說法，依據林昭庚的考據，採用戰國至西漢時期，中國現存最早的醫學典籍《黃帝內經》記載說法。但千年以來，雖有方法卻沒標準，全憑醫師個人經驗扎針，扎太淺無效、太深則危及內臟，醫師本事不同，難免有失之毫釐差之千里之憾。《黃帝內經．刺禁論》記載，針灸扎針刺到五臟恐致命，「刺中心，一日死；刺中肝，五日死；刺中肺，三日死；刺中腎，六日死……。」[5]

林昭庚遍閱古書，發現前人十分重視定穴行針，雖然也有釐定針刺深度，但各書記載不一，沒有客觀的標準，後學者無所適從，只能憑藉經驗摸索，因針刺深度不當而死亡者時有所聞。況且，人有胖瘦、男女之分，兒童、年輕人和老人也不同，針要下在皮膚下一吋或二吋？太淺沒有刺到穴位的位置，太深恐怕危及生命。

針灸療法已被世界認可，但內在機理並不明確，「如果找出針刺穴位的安全深度並標準化，或許就能避免針刺意外！但是要怎麼做？」林昭庚時時苦思如何運用西醫思維和技術找解決方法。

## 透過屍體解剖　建立安全深度迴歸方程式

既以中醫為理，西醫為用，決心要將針灸的安全深度標準化找出，林昭庚再度到北榮進一部做屍體解剖。在進行研究期間，林昭庚不在醫院、學校，就是在解剖室埋首工作，林昭庚心中只有大體針刺深度研究目標，這是自己想做、能做的事，他不計成敗，一心想找出答案，絲毫不受外界喧囂干擾。

空氣冰冷的解剖室，寂靜如真空，面對大體老師，他在心中祝禱感謝後展開工作。他打開大體，挪動五臟六腑找出背部膀胱經穴展開探測，完成工作後再仔細把移位的內臟歸位、縫合大體，虔敬復位。他心無旁念，熱切渴望從自己手中揭開針刺深度的千古面紗。

終於在一九八二年，他的研究成果〈探討人體背部膀胱經穴位直刺安全深度〉論文，發表於*China Medical College Annual Bulletin*，研究結果顯示背部膀胱經每個穴位的安全深度各有不同，且與針灸古籍所記載也有極顯著的差異。[6]同年他獲得中國醫學研究所碩士學位。

## 發表研究論文　被推舉為世界最傑出針灸醫師

過去中醫針灸典籍，亦有釐定針刺深度記載，但是安全深度文獻付之闕如，這份歷史上第一篇以西醫解剖科學實證的危險部位、針刺穴位安全深度研究，如野火燎原傳遍全球針灸界，引起極大的迴響和討論，一時亞洲、美國等地各大城市爭相邀約針灸講學。

一九八五年在美國洛杉磯舉行的「世界中華醫藥學術大會」，林昭庚的論文奪得大會最佳論文獎，被推舉為「世界最傑出針灸醫師」。同年，接受美國參、眾兩院議員表揚其科學貢獻，並獲得蒙特利市長頒發的美國榮譽公民證。四十歲不到，林昭庚已站上國際舞台，成為針灸醫學新秀。[7]

Certificate of Commendation

U.S. Congress

House of Representatives

This Certificate of Commendation is awarded to

JAUNG-GENG LIN

for outstanding accomplishments in their field of endeavor.

Dated this 29 day of July

in the year of 1985

CONGRESSMAN MATTHEW G. MARTINEZ

Thirtieth District, California

Certificate of Recognition

Presented to: JAUNG-GEN LIN

In honor of: OUTSTANDING CONTRIBUTIONS IN ACUPUNCTURE AND CHINESE MEDICINE

SENATOR Herschel Rosenthal

22 ND SENATE DISTRICT

CALIFORNIA LEGISLATURE

SEAL OF THE SENATE

1985年榮獲美國眾議院（上）及參議院獎（下），表揚對中國醫學針灸學之貢獻。

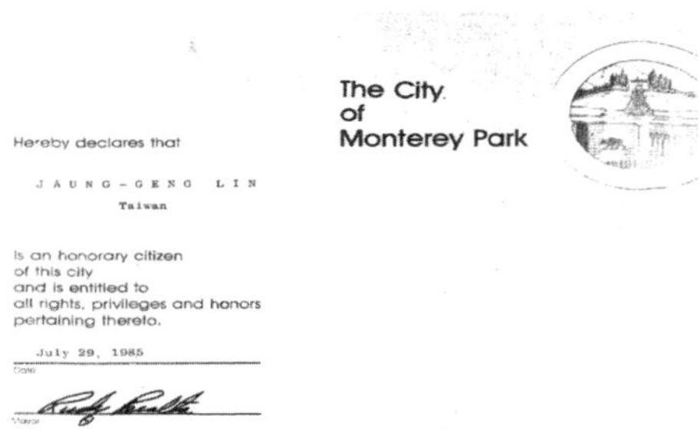

The City of Monterey Park

Hereby declares that

JAUNG-GENG LIN

Taiwan

is an honorary citizen of this city and is entitled to all rights, privileges and honors pertaining thereto.

July 29, 1985

Date

Mayor

1985年獲頒美國榮譽公民證。

## 再做活體研究　電腦斷層掃描儀器幫大忙

針刺深度安全性研究為中醫針灸打開現代化之門，就在全球中醫針灸界一片欣喜中醫終於走向科學化之際，有異見的聲音浮出檯面。在「世界中華醫藥學術大會」上，一位美國放射科醫師和林昭庚說：「您的研究很不容易，但是活體與屍體的組織厚薄因脫水程度等因素而有不同，針刺肌肉深度應該也不一樣。」這位放射科醫師建議他利用電腦斷層掃描技術試試看。

「誒，我怎麼沒想到這一點？」這句話如醍醐灌頂，林昭庚低頭看著手中剛領到的「最佳論文獎」獎座心情起伏，「而且所有的人都認為這個做法理所當然？」

回到臺灣，林昭庚立刻找人用斷層掃描再做一次預測。結果顯示，數據和大體解剖有很大差異，「我那些研究都白做了嗎？我鬧出國際笑話嗎？」他感到震驚沮喪。

從小，林昭庚就是跑步代替走路，「迅速」是他的天性，跌倒也總是很快就爬起來。他決定以斷層掃描技術重做針刺安全深度的研究，材料選擇活體，但擺在面前有三個困難的關卡要過。

一九八六年電腦斷層掃描（CT Scan）儀器剛量產問世不久，只有大醫院才有，而且非常昂貴，林昭庚記得，做一次檢驗要價約二萬多元，而當時一個大學畢業生一個月薪水也不過一萬元出頭。其次「活體材料」要從哪裡來？這個研究需要一筆不小的錢支持，經費在哪裡？

「不試怎麼知道行不行？」這是林昭庚座右銘，好人緣加上透過各種努力，當時已經到國科會工作，研究想法獲得三軍總醫院放射科許清寅教授的大力支持及馬偕紀念醫院協助，說服原本就安排要做CT檢查的病患同意參加研究案，經費上也提案獲得相關單位贊助，加上碩士論文指導教授沈楚文、博士論文指導教授黃維三，以及馬偕醫院林清澤教授和臺大醫院陳榮基教授的協助，此一影響他人生最深遠的「以斷層掃描探討針刺安全」研究，得以在一九八八年展開，那年林昭庚四十一歲。

## 一九九一年完成研究　成為臺灣第一位中醫針灸博士

林昭庚做事注重細節，在計畫進行之前，先送助理去學習電腦斷層掃描操作，自己也參與學習，這一次，他思慮周密的做好所有環節預想和準備，不容犯錯。

活體材料來源需要等待，研究持續三年，一九八八年六月展開，選擇三軍總醫院和馬偕紀念醫院合適的病患，預先按身量比例測定穴位定位，將胸、背部各一百二十人次分為男、女性過重組；男、女性適中組；男、女性消瘦組，如此胸、背部各六組每組二十人，對其胸廓安全深度加以探討。分組方法採用行政院衛生署保健處所推薦使用，臺灣成年人理想體重計算法。

每位病患的胸部電腦斷層掃描範圍，至少涵蓋由肺尖到橫膈區，每片斷層厚度由八釐米至十釐米不等，視電腦斷層之機型而定。這個研究共使用三種電腦斷層儀器，以連續掃描方式，對整個胸廓作一徹底分析，並分別測量胸部的任脈、足少陰腎經、足陽明胃經、手厥陰心包絡經、手太陰肺經、足太陰脾經、足少陽膽經，以及背部的督脈、手太陽小腸經、足太陽膀胱經等五十個穴位之安全深度。

因為一個好意的提醒，讓林昭庚確認屍體會產生脫水的現象，與活體不一樣，而造成針刺深度測量不準確，最後他決定採用活體來探討針刺安全深度，以電腦斷層掃描確立人體胸背部各穴位的針刺安全深度模式，進而透過數據分析建立一套國人不同體型的針刺深度指標。一九九一年，林昭庚以〈電腦斷層掃描照相術探討人體胸背部各穴位安全深度之研究〉論文，成為臺灣第一位中醫針灸博士。

「針刺穴位安全深度研究」成為醫學史上首次以屍體解剖及活體電腦斷層掃描研究穴位安全深度並提供臨床應用的依據，也是針灸學上對於針刺深度安全性研究的一大突破，此研究成果由國立中國醫藥研究所（現為衛生福利部國家中醫藥研究所）出版中文版《針刺穴位深度研究》、英文版*A Review of the History and Practice of the Needling Depth of Acupoints*，為世界第一本有關針刺深度、安全深度、得氣深度研究的重要參考書。[8]

而人的身體有男女性別之分、有胖瘦之別，不同體型或不同身體質量都會影響扎針的深度。於是二〇二二年，林昭庚與學生馬益群及中國醫藥大學彭慶添院長進行「以電腦斷層測量成人胸背部穴位之安全深度」研究，這是第一個以身體質量指數（BMI）來探討不同體型對針刺安全深度之影響，是針刺安全深度研究上再進一步的重要里程碑。該論文使用電腦斷層影像方法建立成人胸、背部穴位之針刺安全深度，並比較在不同性別和身體質量指數的情形下，穴位針刺安全深度之差異，結果顯示多個胸背部穴位的針刺安全深度和身體質量指數有顯著相關，較大身體質量指數者針刺安全深度亦較大。

此研究以臺灣人種為研究樣本，雖各人種間會略有差異，但仍可作為臨床針刺安全深度最新之重要參考數據資料，同時建議世界衛生組織未來以身體質量指數探討針刺安全深度時，可在此研究之架構下，進一步研究得氣深度。

《針刺穴位深度研究》2015年榮獲教育部國立中國醫藥研究所膺選為國家出版品，並獲中國醫藥大學103學年度優良教材評選傑出獎，為世界第一本有關針刺安全深度研究之中文重要參考書。

*A Review of the History and Practice of the Needling Depth of Acupoints*（2014）為世界第一本有關針刺安全深度研究之英文重要參考書。

1 可參考游鑑明、黃克武等訪問，《臺北榮民總醫院半世紀——口述歷史回顧》（臺北：中央研究院近代史研究所，二〇一一年），共二冊。其他可參考皮國立，〈從口述歷史視野看兩蔣總統的醫療與健康〉，《東吳歷史學報》三十五期（二〇一六年），頁一〇七～一四五。

2 張永賢，〈歷史的偶然——針灸的世界性普及與一九七二年美國總統尼克松訪問團在北京參觀針麻手術〉，《亞太傳統醫藥》四卷十一期（二〇〇八年），頁九～一一。

3 當時臺灣針灸技術的重要人物，可參考林昭庚、鄢良，《針灸醫學史》（北京：中國中醫藥出版社，一九九五年），頁四二一～四二五。

4 可以參考石田秀實，《氣：流れる身體》（東京：平河出版社，一九九二年）。歷史的認識，可參考杜正勝，〈醫療、社會與文化——另類醫療史的思考〉，《新史學》八卷四期（一九九七年），頁一六〇～一六一。

5 郭靄春主編，《黃帝內經素問校注》（北京：人民衛生出版社，一九九二年）下冊，頁六三七～六四五。

6 Lin JG, Sim CB, Liu CC, Chan TH, Study on the Safety Depth of Straight Insertion at the Acupuncture Loci of the Human Back Bladder Meridian Using the Cadaver's Modular Inch. *China Medical College Annual Bulletin*, 13 (1982), pp. 252-265.

7 林昭庚、周珮琪、林伯欣、施惠娟，《中醫學史》（臺北：衛生福利部國家中國醫藥研究所，二〇一四年），蔡長海序，頁三～七。

8 可參考林昭庚、劉育祺等編著，《針刺穴位深度研究》（臺北：國立中國醫藥研究所，二〇一一年）。Jaung-Geng Lin, *A Review of the History and Practice of the Needling Depth of Acupoints* (Taipei: National Research Institute of Chinese Medicine, Ministry of Health and Welfare, 2014).

第九章

# 沙烏地阿拉伯王國行醫　獲最高榮譽「金袍獎」

一九七九年，林昭庚還是R2住院醫師，跟隨北榮醫療團到沙烏地阿拉伯王國新吉達醫院進行「醫療外交」，以針灸的神奇治療，[1]獲沙國授予最高榮譽的「金袍獎」，這是一段他從未想像的行醫經歷，更是人生難能可貴的神奇逢遇。[2]

## 沙國新吉達醫院　與北榮簽約合作

一九七〇年代臺灣與沙烏地阿拉伯王國交流密切，兩國簽署的合作計畫非常多，包括交通、電力、電訊、農技、醫療等項目，被派到沙國工作的人員數以萬計，大部分都在利雅德（首都）和吉達。

吉達市是沙烏地阿拉伯王國麥加省一個港口城市，位於紅海東岸，是當時沙國的最大商業城市。沙國醫院有公立和私立醫院，私立醫院常與其他國家的醫療機構合作，醫療水準較高，因此雖然公立醫院提供免費醫療服務，但一般經濟情況較好的民眾，仍寧願花錢到私立醫院求診。

新吉達醫院是當地私立醫院，由於中沙民間往來密切，新吉達醫院莫加里（Dr. Hamed Matabagani）院長與臺北榮總前副院長盧光舜（1918-1979）[3]是舊識，一九七六年新吉達醫院擬尋找一家高水準的國外醫院合作，有一回莫加里院長過境臺灣，到臺北榮總探望盧光舜，順便也參觀了醫院，結果他對臺北榮總現代化設備及一流醫護水準讚佩不已，立刻決定要與臺北榮總合作，一九七八年十月鄒濟勳（1913-1988）院長與新吉達醫院莫加里院長雙方簽下十年合約，由榮總派遣醫生及護士赴新吉達醫院服務。

## 第一次踏出國門　到沙國醫療外交

新吉達醫院為私人醫院、規模不大，病床約一百一十床，十年內臺北榮總共甄派了五十六名醫師、二百五十多名護理人員、加上醫技工程人員、翻譯和廚師先後前往沙國支援，醫師薪資比臺灣高出甚多，這是個人人稱羨的好差事。

某日下午林昭庚正準備下班，臺北榮總針灸科主任鍾傑找他過去，略帶神祕的要他準備出差沙烏地阿拉伯王國。彼時，林昭庚只是R２住院醫師，按理怎麼也輪不到他，在又驚又喜又怕得罪前輩心情下，他開始苦學阿拉伯語和文化，那年林昭庚三十二歲。

一九七九年四月，臺北榮總第一批赴沙國醫療團由心臟內科主任王石補[4]帶隊抵達吉達市，醫療團包括針灸科、心臟科、婦產科、外科、牙科、復健科醫師及護理人員等。雖然行前訓練國情講習，對當地氣溫大家有心理準備，但一到戶外，所有人幾乎都扛不住直撲而來的五十度熱氣，立刻鑽進車裡才覺得舒服一些。

林昭庚後來才明白，原來阿拉伯民族在炎熱天氣下還穿寬長的波卡罩袍、戴頭巾，就是為了抵擋熱氣和防沙，直筒長袍通風散熱，頭巾除了隔離陽光直射還兼擋風沙作用，以免燒壞身體和腦袋。

吉達市生活水準及公共設施都相當先進，沙國油金滿地，到處大興土木，歐美及亞洲各國貿易與工程人員進出頻繁，整個城市宛如小型聯合國。雖然各色人種雜沓，街上人群熙攘，讓林昭庚感到驚訝的是其治安良好，傳統市場中賣貨物的是青少年，攤販要離開時，貨物隨意蓋上布就走人，打聽之下才知道伊斯蘭教律法，偷竊是當眾斬斷手掌，沙國嚴刑執行讓民眾不敢以身試法。

## 在新吉達醫院開設針灸科 一切從零開始

當時沙國社會富裕，牛奶、果汁比水還便宜，教育和醫療事項全由國家買單，一般醫院看病免費，新吉達醫院是當地的貴族醫院，醫治對象皆具王公貴族或社經地位高層人士，單是掛號費就收費七十里亞爾（約當時新臺幣八百元）。

中醫針灸對當地人而言是陌生的，怎麼可能用一根根細針往肉裡扎就能治病？生

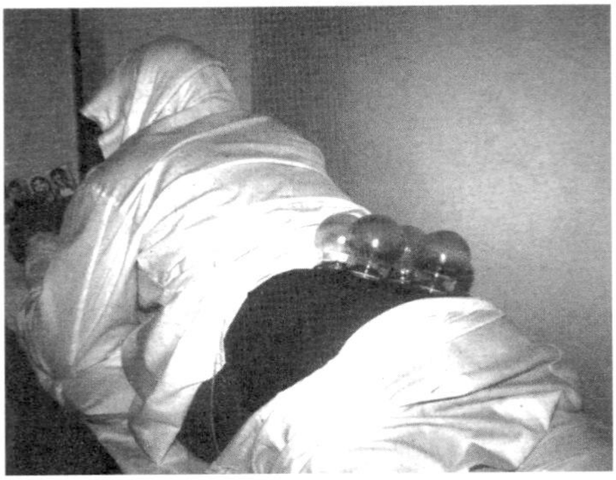
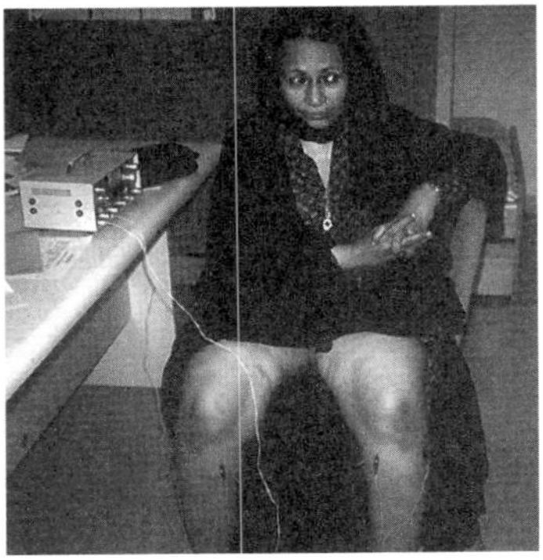

為沙國患者診療。（沙烏地阿拉伯王國新吉達醫院提供）

病就是要吃藥，藥都吃不好，哪有扎針這回事。要針灸嗎？絕大多數的病患都睜大眼睛，不斷的搖搖頭，因此中醫針灸門診量相對冷清，林昭庚花幾個星期觀察和思索後決定主動出擊。

要怎麼讓當地病人接受中醫針灸呢？就從院內宣傳開始，他先將病人按病症分類，再製作衛教傳單和小冊，介紹針灸的海報分別用阿拉伯、英、法、德、日及中文六國語言說明針灸的應用、能解決什麼問題，海報張貼醫院公布欄外，也發給前來看診的病患拿回去，尤其是有疼痛、過敏氣喘及失眠等精神官能症狀的病人，因為這類的病人都屬慢性病，或許長期吃藥也很難藥到病除，嘗試一下針灸的神奇，也是病人久病的新希望。

過不久，林昭庚的針灸功夫就在圈內人中如漣漪一圈圈往外擴散，當時中華民國駐沙國大使薛毓麒（1917- 2001）[5]及沙國教育部長謝赫都是他的粉絲，有機會就大力推薦中醫國粹，一傳十，十傳百，很快地林昭庚一天二診，不到三個月針灸科就已經預約滿診，讓當地醫院高層嘖嘖稱奇。

## 約旦大學阿里教授 針灸改善偏頭痛

神奇針灸治療在沙國知識分子及貴族圈中傳開來，五十歲的約旦大學教授阿里上門求診，他因為長期偏頭痛而難以入眠，雖是慕名而來，神色仍是信疑參半，林昭庚以英文說明會盡力解決問題，阿里回以阿拉伯語：「Inshallah」（要看天意）。

中醫認為人體產生疼痛疾病，乃氣血運行不通暢的緣故，人體氣血運行的通道就是經絡，透過針刺在經絡上穴位，可以疏通人體氣血循環、調節臟腑機能，達到治療效果，所謂「通則不痛，痛則不通」。

林昭庚手起針落，在阿里的合谷、陽陵泉、神門及太陽等處下針取穴，阿里教授感覺到他如影隨行的頭疼，彷彿被一隻無形手從腦袋裡輕緩的拔了出來，一臉俱是難以置信的神情，回到病房他熟睡十幾個小時，形容「人生彷彿重新開始」。

回診時阿里教授頻頻感謝，強調自己好好睡一覺是過去幾年完全不敢奢望的夢想，沒想到在幾個地方扎針後，竟然可以甜睡一整夜，連說了幾次「太神奇，太神奇了」。阿里教授見證針灸的神奇後，特別邀請林昭庚到約旦大學演講。

## 沙國貴妃體態多　針灸減肥擠爆門診

針灸神奇療效名聲在阿拉伯世界傳開，林昭庚的門診中慢慢出現了全身穿著傳統波卡罩袍的婦女。那個時代沙國女性不得就業也不能隨便外出，外出要有男人陪伴，只有到醫院看病例外，所以「看病」就成為婦女最容易找到的外出藉口。

到新吉達貴族醫院看病的人幾乎都是高社經地位家庭，家家有外勞，婦女不必工作，生活養尊處優，來看診的貴婦個個都是楊貴妃體態，體重七、八十公斤以上的比比皆是，或許她們都穿上寬寬的波卡罩袍，可以掩飾肥胖的身軀，但心理上卻難掩肥胖的苦惱。

擁有好身材是所有女性的夢想，林昭庚目睹這情形靈機一動，「何不做針灸減肥？」就這樣他開創中東地區第一家針灸減肥門診，為了達到療效，他還搭配食譜及心理衛教，告訴患者肥胖對壽命的威脅和引起的疾病，他針對不同情況擬定減重目標，一個月就可以減重二到四公斤不等，其中效果最顯著的一位，竟然在八個月裡從一百二十多公斤下降到八十多公斤，狠甩四十多公斤肥肉消息在貴婦圈中口耳相傳，「那位會針灸的醫師」成為挽回青春歡寵的希望。身著黑色罩袍、蒙著面紗的貴婦結伴而來，門診如一片黑潮漫入。

在男權社會，女人憑藉容貌穩固婚姻關係，沙國律法依循宗教典籍，四妻是合法限定，王公貴族之家眾妻爭豔，婦女更需要顏值維繫歡寵，這讓林昭庚的減肥門診成為時尚，當時收費一次約新臺幣三千元，針和灸分開計算，也就是一次看診加上掛號費大約近七千元，當時臺灣一位報社記者月薪也才不過八、九千元左右，減肥門診成為新吉達醫院的搖錢樹。

## 中西醫術精湛　獲沙國授予「金袍獎」

隨著更多有影響力人士口碑宣傳，以及曾任沙國教育、衛生部長謝赫介紹的沙國重要人物前來看診，林昭庚的中西醫整合門診很快傳遍沙國上下，結下無數善緣。一九八〇年回臺前，他以針灸埋針（將羊腸線埋入穴道）小手術治癒沙國政府高層痼疾，獲沙國授予最高榮譽的「金袍獎」。

阿拉伯人平日身穿長袍，長袍多為白色，衣袖寬大，袍長至腳，做工簡單，社會地位高的人士，會在白袍外邊穿一件黑色或金黃色鑲金邊的紗袍，王室成員和大酋長們都穿這種紗袍，贈送金袍意為對賓客最高的友好致謝。

林昭庚患者中不乏王公貴族、國際企業家，在沙國看診一年裡，對歷史地理獨鍾的他沒浪費時間，週六、日休息，他會與三五好友探索沙漠風情，或跟著ＶＶＩＰ級患者出遊，體驗人生中從未想過的驚奇旅程；沙國教育部長謝赫教授邀他參觀皇宮，席間端出道地的全羊大餐，按照習俗，二顆咕嚕嚕的羊眼要留給尊榮的客人，林昭庚入鄉隨俗一口吞下表示感謝。

## 醫院大放異彩 當地報紙紛紛報導

這一年，林昭庚坐吉普車在沙漠中衝沙，騎駱駝探訪鬼斧神工石雕古寺廟，搭豪華遊艇暢遊地中海，浮潛與魚群同游，驚嘆海底珊瑚魔幻般的鮮豔。他往西跨越紅海到埃及看金字塔，北上暢遊約旦首都安曼（Amman），在死海漂浮看報、穿上潛水衣在摩西出埃及的紅海射魚，穿過約旦進入以色列，踏上《舊約聖經》記載的土地上神遊古今，覺得人生如夢。

總對史地有著持續熱愛的林昭庚，閒暇時喜愛看Discovery頻道，且閱讀《世界地理雜誌》，熱衷研究各國人文歷史文明與地理知識。每每遇到應邀出國演講或行醫機會，他必先做足當地風土民情功課，並請邀請單位在工作結束後協助安排數天遊程，順道暢遊異國風光，親自見證自己所研究與實地探訪的世界有何異同。由於認真深入研究這些當地的人文史地、風土民情等知識，他的提問每每都深入核心，常令陪同的導遊深感佩服。

在北榮醫護人員一流的醫療水準及高度的合作精神下，新吉達醫院很快大放異彩，治好了許多在當地原被認為無救的病例，造成不小轟動，當地報紙紛紛前去採訪、報導。由於沙國官方及民眾對臺灣的醫療水準頗為推崇，因此沙國衛生部要開辦公立醫院時，就透過外交途徑，邀請我國的衛生署進行醫療合作，以現代化經營管理方式，提供高品質醫療服務及醫學教育。一九七九年由衛生署主辦、臺大醫院協辦，選派一千多名醫護人員赴沙，在沙國吉達和霍埠（Hofuf）成立兩家公立醫院，稱為「中沙醫療團」，首任團長為張錦文先生，開啟政府主導國際醫療合作之開端。[6]

## 母親反對舉家赴沙國行醫　有所取捨不留遺憾

在沙烏地阿拉伯王國工作滿一年，林昭庚休假回臺灣，心思卻是澎湃，腦海中不停地翻騰在沙國行醫的點點滴滴，有成就、有讚揚，這不是每位醫師所追求的目標嗎？這不是每位醫師心中最在意的嗎？

前思後想，林昭庚興起舉家搬到沙國，一圓行醫的美夢，這是他人生的大事，於是向母親說出心中的打算，不說還好，說了卻引起母親的強烈反對，「每天一直唸、一直罵」，就希望兒子能留在臺灣。林昭庚侍母至孝，事不論大小包括婚姻，從來不違拗母親的心意，這一次他想為自己作主，在母親的反對下，依然默默地為出國做準備，在當時，臺灣人民出國的仍是鳳毛麟角。

出發前一晚，最是難熬的一晚！林昭庚要做出人生最重大決定，離別故鄉的前一晚，夜顯得特別漫長，他想和母親再說幾句內心話，想和母親道別，舉起話筒緩緩撥通給母親的電話，沒想到母親不再生氣罵人，放慢了語調只幽幽地說：「如果以後我死了，你也不會知道。」為了出國沒有好言的母親，第一次輕聲說了重話。

放下電話，林昭庚坐回客廳，他望著桌上全家護照及機票，目光移到門口收拾好的大大小小行李箱，他不言不語，內心卻波瀾動盪，理性和情感對抗拉扯，巨大的取捨痛苦如鯁在喉，他像一隻蓄勢振翅高飛的鷹，硬生生被要求停下來，後座力自傷更波及旁人，這不僅僅是自己的事。

整夜，林昭庚反覆和自己對話：「媽媽這麼希望我留下來，非走不可嗎？」或許，「媽媽年紀已大，需要人照顧，沙烏地阿拉伯王國以後還可以再去？」那個年代沒有網路，國際電話不是人人能打，只能靠寫信，「我這一走幾乎就是和媽媽斷了音訊。」一想到這裡他的眼眶濕潤了。天將亮，林昭庚下了決定。隔天，林昭庚全家沒有出現在機場。人生有所取捨，林昭庚決定不要有遺憾。

「取是能力、捨是境界」，數十年後回顧，他依然認為當初的決定還是對的。聽媽媽的話，林昭庚人生大轉彎，新吉達醫院少了一名外籍醫師，臺灣多一位世界級的中醫巨擘。

1 蔡鵬洋，〈針灸醫術很神奇，各國醫界都重視〉，《聯合報》，一九七九年六月二十日，9版。

2 李良松、葉海濤，《針灸英傑——林昭庚博士》（北京：北京大學醫學出版社，二〇一一年），頁三七六~三七七。

3 盧光舜，原籍湖北，一九一八年出生於湖南，一九四三年自湘雅醫學院畢業後。一九五一年至美國哈佛大學研習胸腔外科，學成後擔任國防醫學院教授，開創國內胸腔外科之基礎。一九五九年臺北榮總成立，盧兼任胸腔外科主任，後又升任外科部主任與副院長。有關臺北榮總的院史故事，可參考游鑑明，黃克武等訪問，《臺北榮民總醫院半世紀——口述歷史回顧（上、下篇）》（臺北：中央研究院近代史研究所，二〇一一年）。

4 王石補，國防醫學院畢業，曾任臺北榮民總醫院心臟內科科主任、臺北榮總援沙醫療團領隊、國立陽明大學內科學科副教授、臺南市立醫院院長、財團法人心臟醫學研究發展基金會名譽董事等職務。現任該科特約醫師。

5 薛毓麒，祖籍江蘇武進，中華民國外交官，曾任總統府國策顧問。一九七五年，任駐沙烏地阿拉伯大使。一九八二年，任駐大韓民國大使。一九八六年，再任外交部顧問、總統府國策顧問，晚年致力於中華民國與阿拉伯之間的文化經濟與交流工作。

6 行政院衛生署編，《中沙醫療團援外史料紀錄——荒漠行醫照影》（臺北：衛生署，二〇〇七年）。

第十章

# 妻子的任勞任怨　才能一天工作十八個小時

早期臺灣社會一般人對「先生娘」有一些刻板印象，除了面貌美白靚外，大概是家有幫佣、養尊處優、十指不沾陽春水的好命女子，只要做好賢妻良母角色就好。但林昭庚的夫人陳孟秋女士在賢妻良母角色外，她還是先生診所的支柱和重心，在四十歲前，除了醫療工作外，她是總務、會計、人事、公關、管理……，她以家庭為重，犧牲自己的興趣，投注所有心力輔佐先生的事業、教育子女。

「當年如果沒有她的任勞任怨，我不可能一天工作十八個小時，看診、教學、做研究，完成博士學位。」說起和太太陳孟秋認識及共同的人生奮鬥，林昭庚聲音變得柔和，眼裡盡是愛憐和感激。

## 終於等到有緣人 遇到電影明星氣質女孩

從金門退伍就業後，林昭庚母親早就催促著兒子的終身大事。大學時期因為家貧，加上全心放在求生存和課業上，林昭庚的感情交了白卷。大學畢業，他隨即考取中醫師，一九七四年退伍後，再取得西醫執照，進入建興外科醫院服務。林昭庚想早日讓媽媽安心，有一段時期他的生活陷入瘋狂的相親活動。說瘋狂是在二、三年內，竟然相親超過數十位，幾乎每隔幾天就有熱心的媒人婆，拿著好幾本相片來醫院等他。

當年一位年輕單身外科醫師，是許多父母理想的乘龍快婿，除了媒婆絡繹於途，親朋好友也加入熱心介紹行列，林昭庚在大學從未交過女友，也不好意思拒絕，只好相親咖啡一杯又一杯的喝。

為了方便林昭庚下班後直接前往，相親地點固定約在「波麗路西餐廳」，這家西餐廳從一九三四年（日治時期）開幕至今已傳到第三代經營，當年以法式餐點如法國鴨子飯及精緻的西點、咖啡聞名，是那個年代「相親」的熱門地點。

千帆眼前過，林昭庚終於等到有緣人。一九七七年一個尋常的上班日子，林昭庚突然接到大學同學吳景崇來電，要他排出時間，想介紹一位朋友的妹妹給他。由於是好友介紹，那天林昭庚特別謹慎整理了儀容。當時他對陳孟秋的第一印象是，一雙明亮大眼睛，態度從容、落落大方，散發電影明星氣質的女孩。

## 與陳孟秋結婚　家中大小事都落在她身上

陳孟秋原本在第一銀行上班，因為家庭需要，回家幫父親掌管鐵工廠的會計事務，林昭庚很快帶著美麗的女友回大林家和母親見面。對媽媽的話向來不違拗的他，原先擔心母親會有意見，心中忐忑，沒想到媽媽一見非常歡喜，覺得這女孩長得像當紅的歌星白嘉莉，這門婚事很快談定。

一九七八年九月十六日林昭庚迎娶陳孟秋，蜜月小倆口決定環島旅行。當時林昭庚已經在臺北榮總工作，北榮所屬的退輔會轄下有許多風光明媚的山莊農場，如武陵農場等，提供榮總醫師優惠住宿。新婚夫妻環島蜜月，這是林昭庚人生中最悠閒的時光。

陳孟秋個性溫和，能為別人著想，穿著優雅、氣質出眾且有藝術美學天分，對診所、家庭的空間布置和擺設美感獨到，常讓客人稱讚不已。林昭庚來自農村，自覺是跟著太太才學到什麼是對稱和留白的空間美學。

陳孟秋篤信佛教，在西園路診所頂樓設立公眾佛堂，供病患及一般民眾禮佛，定期請法師來開示佛法。林昭庚早年在中國醫藥學院附屬醫院工作並不支薪，支薪後也沒有拿回家用，對此，陳孟秋從無怨言，她支持先生的捐款，甚至幫忙資助先生的研究經費。學商、待過銀行，陳孟秋善於理財，謹慎管理診所和家庭收支，她給予先生無後顧之憂的自由。

臺灣諺語：「人抰凍掛無事牌」（指人的一生總是會有好、壞運交替的時候），林昭庚長期日以繼夜奔波中，身體多次亮起紅燈警告，甚至入院整修，在他身體最虛弱時、心靈最憂懼時，太太陳孟秋緊緊不離的身影就是他最穩靠的力量。累了、病了，陳孟秋溫柔悉心照顧，陪他共度過難關，直到活力滿載再回到日常。

## 忙裡偷閒與妻子旅遊　都是最美好記憶

為了配合林昭庚六點看門診，林家晚餐在五點半準時開動，晚餐必備有一鍋湯和煎魚，這是為了愛喝湯、吃魚的一家之主準備，林昭庚總是以最快速度下肚後，開始看診到午夜。多年後，林昭庚在外吃飯，白蘿蔔排骨湯的味道總能把他帶回那個有湯有魚的餐桌，湯清如玉的白蘿蔔排骨上浮著翠綠的香菜，冷冷天氣喝上一大碗滿口清甜，讓他覺得又充滿活力展開一天的下半場工作。

在那段如瘋狂轉動的陀螺般南北奔走歲月，林昭庚全副精神和時間放在看診、研究和教學上，他從不主動休假，只有在逢年過節，或是週末假日帶著全家出遊。大兒子育賢回憶，他對父親的童年回憶總是和車子相連，「父親會開車載著一家大小找朋友看親戚，邊走邊玩。」

家裡的車子就是兩兄弟通往世界的港口，一家人足跡遍及臺灣熱門景點，像梨

2014年林昭庚與夫人陳孟秋（右）於日本廣島海上神社合影。（林育賢提供）

2023年林昭庚（前排右一）與長子林育賢（後排左一）全家於台中谷關合影。（林育賢提供）

2023年林昭庚（左三）及夫人（右三）與次子林哲玄（左一）全家於端午節團聚。（李薰華提供）

2014年林昭庚伉儷與大兒子林育賢全家（右一、左二）於日本廣島市合影。（林育賢提供）

2017年林昭庚（右二）七十大壽，與夫人陳孟秋（右一），次子林哲玄（左二）全家留下珍貴合影。（李薰華提供）

1995年林昭庚（左一）、夫人陳孟秋（左二）與姜仁惠（右一）賢伉儷，溫哥華搭乘「愛之船」公主遊輪到阿拉斯加。（姜仁惠提供）

山、谷關、日月潭、花蓮太魯閣等。農曆年節長假，喜愛旅遊的林昭庚則帶著全家出國，泰國、新加坡、馬來西亞、紐西蘭……，假期旅行成為孩子成長中最美好的回憶。及至孩子長大，父子會趁出國公務空檔相約旅行，澳洲艾爾斯岩、巴西亞馬遜河、大保礁浮潛、塔斯馬尼亞島……，長孫祐辰長大也加入出遊團隊，喜愛旅行成為林家三代共同的DNA。

陳孟秋相夫教子管理診所，偶爾也會陪林昭庚出國醫治患者，或是參加學術會議，工作結束後二人再攜手旅遊異國風光。一九九五年五月，林昭庚和北榮同事姜仁惠兩對夫妻一起搭上當時最夯的「愛之船」公主遊輪（八天七夜），飽覽溫哥華和阿拉斯加風光，白天上岸旅遊，晚上則回船上過夜，這個旅程林昭庚忙裡偷閒，嬌妻、好友同行，是他人生最開心、也最美好的一段記憶。

## 命運的試煉　讓一家人更緊密心手相連

就在林昭庚診所業務蒸蒸日上，小家庭經濟穩定之際，命運再度偷襲了林昭庚，陳孟秋四十歲那年被診斷出罹患「多發性硬化症」罕見疾病，第一次發病，老大初中、二子才國小，不忍心正值青春期孩子乏人照顧，陳孟秋為母則強，強忍著身體的不便與虛弱，依然照顧孩子和家庭日常生活。林昭庚不捨嬌妻病痛，中西醫療法並用，盡全力維護生活品質，二個學醫的兒子關照媽媽的病情和心情，一有機會祖孫三代全家就出遊國內外，命運的試煉，讓一家人更緊密地心手相連。

雖然罹病，陳孟秋依然在身體較舒適的時候，關照孩子的課業，掌理家中財務，發病時，林昭庚照顧妻子和工作兩頭燒。他對孩子說：「事情盡量自己解決，不能解決的再找我。」所幸，兩個兒子都能體會父親的忙碌，在課業和生活沒有讓林昭庚操過心，林昭庚教育孩子方式從不說教，孩子犯錯，他視為機會教育的最佳時機，指出錯誤和改正方式，下次不再重蹈覆轍就是最好的教育。

行年漸長，林昭庚回顧當年父母的打罵教育，讓頑皮的他收斂行徑遠離危險，如今他為人父，希望以身教讓孩子領略，能夠以同理心處事、對人心懷感恩，勤奮紮實做學問，足矣！

## 長子林育賢　專長是高階腹腔鏡手術

長子林育賢從陽明醫學院生命科學系畢業後，赴澳洲新南威爾斯大學醫學系就讀，獲得雪梨大學醫學碩士（生殖醫學及人體基因學碩士）學位，曾任職雪梨一家公立醫院擔任婦產部主任，專長是高階腹腔鏡手術。長媳蔡宜君與兒子為陽明醫學院同學，攜手共同開創異國事業。

林昭庚經常為自己年輕時太過忙碌，因而錯過孩子成長過程的寶貴時光，心中感到缺憾，但是長子育賢不這麼認為。育賢形容自己小時候和爸爸一起的記憶，「是和車子緊緊相連的」，他記得父親最早的車，地板上有個洞，從洞裡可以直接看到地面上的柏油路，媽媽和他解釋這是買人家的二手車，父親的節儉，他從小就耳濡目染。

他記得，有一回弟弟手指被他粗心關車門夾傷，父親沒有責備，而是叮嚀他關車門要先回頭確認沒人再關；弟弟收到的告誡則是「以後下車，手不要放在車門邊。」從意外發生的處理，育賢看到父親的教育方式，「就是如何避免同樣的事情再一次發生，討論誰對誰錯，或是過度責備都是沒有意義的。」現在，他為人父，也用同樣的方式教育孩子。

林昭庚並不太要求兒子一定要達到什麼目標，但一定要對自己負責，記住他人的好。「從小到大，每次父親說的故事都是那些曾經幫助過他的人，林家的兄弟姐妹們互相幫忙度過各種難關。」林昭庚各種感恩的故事，還包括長媳蔡宜君，他住院開刀受到宜君的照顧，一再和兒子說不能忘記她的好。育賢笑說：「這些我現在都能背給兒子聽了。」

雖然林育賢因為赴澳洲求學，成家立業，仍盡力保持與父母家庭緊密互動，疫情前或是全家回來陪媽媽出遊，或是林昭庚常把握出國機會，或是專程飛到澳洲享受天倫。

在長孫林祐辰眼裡，阿公是關心他的學業，也為娛樂做出了許多貢獻的好人。即便是揚名國際的針灸之父，在孫子眼中也只是一位「很好又善良，也有缺點」的平凡人，「犯錯時，他周圍的人都會提醒他，要他改掉這些壞習慣。」小孫子聊起阿公就像哥兒們般自在。

## 次子哲玄　北醫大附設醫院耳鼻喉科主任

次子哲玄是林昭庚的學弟，目前為臺北醫學大學附設醫院耳鼻喉科主任。林昭庚在孩子成長階段，是位缺席的父親。一有機會，他想要彌補和孩子之間失去的相處時光。

當年，哲玄大學分數可以上北部的醫學院，林昭庚詢問兒子：「到臺中來陪爸爸好不好？」兒子回以考慮幾天再回答。幾天後，哲玄同意到中國醫藥大學就讀醫學系，但和父親約法三章，其中一條就是：「不能讓學校的同事知道我是你的兒子。」

大男孩想要過自由自在的大學生活。

哲玄說自己是父親的學生、學弟，父親帶給他的影響是「非常多維度且深厚的」，父親告訴他，作為一個父親能夠幫忙的很有限，「自己要對自己負責」，也因此培養了他相對獨立自主的性格。

在臺中七年的求學過程，父子倆同住在一個屋簷下朝夕相處，有時一同去上館子、公園散散步，晚上燈下聊天，談天說地，是林昭庚最滿足的日子，也是父子十分珍貴的回憶。從中國醫藥大學畢業要離開臺中時，哲玄和父親說：「跟爸爸同住的這七年是我最幸福的日子。」

在林昭庚眼裡，長媳與次媳都是為先生和家庭奉獻、孝順公婆的賢妻良母。次媳李薰華是哲玄大學同學，大學畢業要選科的時候，李薰華想回去臺北照顧婆婆陳孟秋，因此選了神經內科作為執業的科別，林昭庚非常高興和感動媳婦有這份體貼。李薰華目前為臺北醫學大學附設醫院神經內科主治醫師兼代主任。

林昭庚第三代目前共有四位孫子，他在孩子成長過程因忙碌而缺席的遺憾，移情到孫子身上，成為寵孫的慈祥爺爺。

2016年林氏家族於來來大飯店慶祝林昭庚七十歲生日宴會。（廖吟梅提供）

2021年林昭庚全家福照。（林哲玄提供）

第十一章

# 國科會師生奇遇 針灸在美國根深葉茂

舉家遷往沙烏地阿拉伯計畫，在登機前一晚被媽媽親情召回後，林昭庚回到北榮針灸科看診，一方面繼續解剖工作，探討穴位安全深度研究，完成論文。

打從林昭庚畢業後，母親就常常催促他出來開業，此時林昭庚對自己的醫術和經驗已有信心，也想給家人更好的生活。他明白人生下一階段不會自然展開，但選職業和找工作畢竟不同，詳細規劃後，隔年他離開北榮到國科會[1]三軍總醫院針灸研究委員會上班，一面繼續自己喜愛的研究工作，一面籌備開業。

## 旅美學者登門拜師　宛若易經中孚卦情境

那年，林昭庚三十四歲，人生正站在旭日東升時刻，朝日光芒初綻，明亮而溫暖。金袍獎光芒吸引機會來到眼前，樂意助人的天性則為他叩開了國際大門。

一九八一年林昭庚到國科會上班，除了國科會交辦的針灸研究工作外，也兼看門診。一日，辦公室來了一位訪客，來者笑容滿面、熱情洋溢，客人自我介紹叫沈明琛，是美國康乃爾大學教授，應國科會邀請回國參與膽固醇相關研究，說著說著，沈明琛向林昭庚深深一鞠躬，很慎重地說：「我對針灸早就很感興趣，是否可以跟您學習？」

林昭庚不是很懂得拒絕的人，對眼前突然出現這麼一位想當門生的歸國學人，覺得好奇和欣慰，好奇的是眼前這位國際學者在美國學術界已學有專精，為何還想學八竿子打不著的針灸學；欣慰的是自己好像小有名氣，連遠來的國際學者都登門求教。兩人雖然初見面，卻有一股說不出來的相應相融氣場。

林昭庚收了沈明琛為入門子弟，沈明琛是國科會禮聘的歸國學人，其專業成就在美國的學術界已具高度名望，他領悟力高，也非常認真學習功夫，林昭庚得一英才弟子亦傾囊相授，沒想到這一段奇妙的師生關係，日後在太平洋彼岸卻發展出一片茂盛森林。

同一時間，林昭庚結識國防醫學院教授管定國，其與沈明琛俱是生物化學及免疫學專家，對針灸醫學都有濃厚興趣和研究，「針灸」讓原本天南地北素昧平生的三個人聚攏在一起，他們對針灸醫學研究及推廣充滿熱情與想像，當時誰也不曾預料到，三人行的興趣相聚，有朝一日會在新大陸遍地開出美麗的花朵。

管定國於一九八四年移居加州，通過加州針灸醫師執照考試，取得醫師資格並受聘於「舊金山針灸與中醫學院」（The San Francisco College of Acupuncture），擔任教職及附屬診所醫師。一九八六年三人在科學期刊*The American Journal of Chinese Medicine*共同發表論文：The Effect of Needle Stimulation of Acupuncture Loci Tienshu (St-25) Chung-Wan (CV-12) on the Immune Response in Sensitized Mice Against Experimental Cholera。

## 入門學生光大針灸　給老師Grandfather license

數年後，沈明琛帶著所學的針灸功夫回到美國加州舊金山灣區矽谷，就此轉行為人治病解痛，並創立「加州針灸協會」。此君在美國政界亦具有影響力，透過國會遊說，促使美國國會通過「針灸師立法」，讓針灸師能夠合法行使醫療診治，加州針灸協會也因而成為加州針灸師的考試發照單位，這是東方針灸治療登陸美國醫界的先河。

吃果子拜樹頭、飲水要思源，當沈明琛在美國將針灸發揚光大後，師恩浩瀚，他有獨特的想法，於一九八六年特別頒給老師林昭庚一張Grandfather license，直白地說就是「針灸祖師爺執照」，有了這一張加州針灸師執照，林昭庚可以合法在美國加州執業。所有善緣皆因互相成就，這張暢行全美國的Grandfather license，是先成就了沈明琛，才有爾

National Commission
for the
Certification of Acupuncturists

Jaung Geng Lin

HAVING SATISFIED ALL OF THE REQUIREMENTS OF
THE EXAMINATION BOARD AND HAVING SUCCESSFULLY PASSED
THE REQUIRED EXAMINATIONS IS
HEREBY DECLARED CERTIFIED IN ACUPUNCTURE
AND DESIGNATED A
Diplomate in Acupuncture of the NCCA

Washington, D.C.
this 11th day of June 1986

Certificate No. 2475
Expiration Date: June 1991

1986年美國加州針灸師執照。

後也成就了林昭庚。起於日常的師生相遇，竟然汪洋開闊，譜出不可思議的中西針灸新局。

林昭庚在國科會三軍總醫院遇到有興趣前來學習針灸的同事，他並沒有以忙碌為由拒絕，進而發現學生資質出色、孜孜不倦，得英才而教毫不藏私，原以為只是一段師生偶遇，沒想到竟然連結了後續近二十年的美國行醫講學經歷。

## 針灸傑出成就　獲美國參眾兩院表揚

沈明琛透過老師的中醫科學研究實證，說服西方對傳統醫學的懷疑論者，一九八五年林昭庚在美國洛杉磯舉行的「世界中華醫藥學術大會」上發表〈探討人體背部膀胱經穴位直刺安全深度〉獲大會最佳論文，並被推舉為該年度世界最傑出針灸醫師。

同年再以傑出成就獲美國參、眾兩院表揚，並獲蒙特利市長頒發美國榮譽市民證，一九八九年更榮登美國歷史保留協會「世界名人錄」。林昭庚在西方的中醫針灸醫學名望，隨著其不斷發表的著作及研究成果，逐步領先群倫，發表演講及診療邀請熱絡，一九九一年，登上英國劍橋大學國際傳記中心「國際學人名人錄」。

沈明琛在美國執業，只要遇上疑難雜症無法解決的問題，就會請師傅出馬，有一回，一位人高馬大的老美滿臉愁容的出現在診間，他受困腰背疼痛，不但生活受影響，連最喜愛的高爾夫球也無力揮桿，沈明琛或許知道這位老美的來歷，但並未向林昭庚說明，只是以自己學有未逮為由，敦請林昭庚這位祖師爺出面診治。

1989年榮登美國歷史保留協會「世界名人錄」。

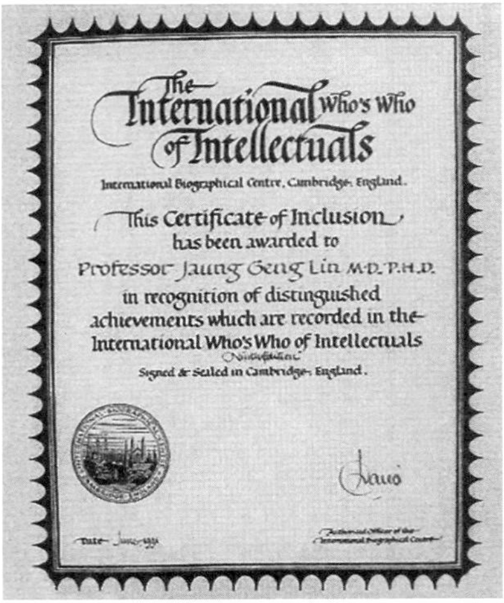


1991年登上英國劍橋大學國際傳記中心「國際學人名人錄」。

## 美國總統老布希 致贈照片和親筆簽名

林昭庚診斷他是運動傷害，以傷科治療，針灸再外加推拿竟然神奇康復，這位患者如獲再生，陸續介紹他的好友和家人前來治療，原來此君是美國銀行家，在政界影響力佔有一席之地，為當時美國總統老布希（1924-2018）的好友兼支持者。

困擾這位患者多時的腰背疼痛，即使看遍美國最先進的醫療精密檢查，仍無法找出病因，竟然在幾根金針及徒手推拿治療下不藥而癒。「這太神奇了！」金融大亨除了感謝，更是驚嘆東方傳統醫療，林昭庚回臺前夕，接到這位患者的禮物，打開一看竟然是當時美國總統老布希和太太的照片及親筆簽名感謝，照片上面寫To Dr. Jaung Geng Lin with best

美國總統老布希和太太的親筆簽名照片。

wishes.，這下換成林昭庚大感意外了。

他和美國總統老布希素昧平生毫無淵源，但是透過針灸的牽連，卻是收到一張印有自己名字的美國總統伉儷親筆簽名照片。這張照片一直掛在林昭庚辦公室牆上，除了回味這一段有趣歷程，也提醒自己，人生每一個看似不經意逢遇，心存善念盡力而為，就能種善緣得到善果。日後開業看診，林昭庚照顧貧病患者，讓他真正體會到「幫助別人就是幫助自己」的真理。[2]

---

1 國科會是中華民國有關科學技術發展的中央主管機關，隸屬於行政院，負責推動國家科技發展、支援學術研究、發展工業科學園區、管理行政院國家科學技術發展基金。前身為一九五九年成立的「國家長期發展科學委員會」，二〇一四年三月三日升格為科技部，二〇二二年七月二十七日再改制成為「國家科學及技術委員會」。

2 有關林昭庚針灸的技術與思想，可參考殷揚智、林昭庚，《古今君主封聖褒揚——醫家考證》（臺中：中國醫藥大學，二〇二一年），頁二〇四～二五三。

第十二章

# 落腳萬華開診所 疼惜散赤甘苦人

一九八二年林昭庚獲得醫學碩士學位後，白天受聘於國科會三軍總醫院針灸研究委員會及中國醫藥學院，從事針灸教學及研究工作，並於夜間門診服務，累積針灸臨床實證經驗，與學術研究相互配合。

## 想到萬華開診所　卻是人生地不熟

醫生開業最重要的就是找對地點，通常考慮重點是找有人潮的地方，學校、市場或是公眾聚集之處，好地點是開診所的第一考量。但是林昭庚優先考慮是父親的期望：「你將來做醫生，一定要照顧弟弟、鄉親和散赤人！」但是現實上，因為工作及家庭因素，又必須在臺北市，在多方思考下，他想到了萬華[1]。

萬華又稱艋舺，自古以來就是中南部基層民眾到臺北討生活的第一站。林昭庚阿姨全家在多年前到臺北工作就落腳萬華，他記得阿姨說過，萬華是臺北市最窮的區域，「應該就是這裡了，可以實現父親照顧窮人的遺願。」

林昭庚心想自己設定的二個條件都符合了，他請阿姨幫忙先探探地方需求。有時候在地人的見解和醫師的專業是有所衝突的，診所是醫療的最基層，最基層的需求當然得聽在地人的聲音，才是最實在。

臺灣六、七十年代，經濟蓄勢待發，大量中南部人口湧向臺北。外地人到臺北討生活不容易，萬華位在臺北市的邊陲地帶，房租較便宜，成為落腳的第一站。阿姨一家七口人，加上來投靠的親戚，經常是十來人擠在十一、二坪的國宅，附近環境也雜亂擁擠，但整體氛圍卻是讓人感到活力十足。

林昭庚問了阿姨一些有關萬華人的生活狀況後，也特別把萬華周圍環境考察一番，他心裡想法或許與一般開業醫師不同，這就是林昭庚的獨特行事風格，不一定要往百花盛開的樹叢裡鑽，稀落的草木一旦有雨水澆灌，仍然會有另一番美好光景。

## 阿姨穿針引線　在萬華西園路落腳

想到這樣的關鍵，林昭庚愈覺得萬華符合他的開業理想，他把希望的地點條件交代清楚，請阿姨幫他找合適的地點。

阿姨動作很快，林昭庚動作更快，他選中西園路二段一棟四層樓透天厝，這個地點距離龍山寺、華西街、老松國小都在走路十幾分鐘路程，雖然人潮不算川流不息，但仍是當地人口較多的地區。附近的老松國小曾經是世界金氏紀錄認證「全球最多人的國小」，學生最多時超過萬人。[2]

唯一的考慮是附近早有一家西園醫院，林昭庚再進一步分析，他要開的是中西醫結合診所，和西園醫院外科定位不同，而他更有把握的是，當時他從阿拉伯回來，媒體大篇報導金袍獎醫師，已經小有知名度，而且那個時代醫生不多，對於患者來源並不擔心。

許多親友一聽他要在萬華開業，驚訝不解，萬華黑幫角頭利益紛爭，不時躍上社會新聞版面，華西街龍蛇雜居名聲遠播，「臺北市這麼大為何選萬華？」

面對諸多關心，林昭庚口頭打哈哈，心裡他篤定明白，這裡人潮多機會多，中南部來的出外人多、社會底層辛苦人多，他能實現父親的願望。如今他一步步接近目標了，他默默祈禱，請天上的父親保佑開業順利。

民國七十年代初期，一般診所大都看自費，診所設備大致就緒，他就開始晚上門診，中西醫並用先試水溫，打算一段時日後再向臺北市衛生局送出開業申請。診所開張第一天就有十多位病患，憑著口碑和附近人流，診所業務很快就上軌道。

## 申請中西醫執照　槓上衛生局承辦人員

在準備開業申請資料時，林昭庚想到在金門當兵或是在沙國行醫時，以中西醫合療方式醫治患者，西醫、中醫互相取長補短，他心想：「最理想的就是申請中西醫執照同時開業。」但是，這可以嗎？林昭庚詳細翻查衛生法規，發現並未明文規定不准設置，於是，他在申請表上的診所名稱填上「林醫師中西醫診所」，診療科別寫上：「內科、針灸科」，放心遞出申請表。

衛生局窗口排滿人，承辦人員翻一下資料，頭也沒抬就把林昭庚的申請表推出來：「這樣不行，只能選中醫或是西醫。」林昭庚再把表推回去：「是根據那一條法規說不行？請告訴我。」承辦員終於抬頭正眼看對面這位年輕醫師，後者眼神和善但堅定，一臉有備來而來的神情。年輕小姐放棄繼續爭辯，拿起文件往後走，請示主管。

中年的主管走出來，向他解釋沒有這個前例，對於法規問題也答不出來，爭論中二人逐漸失去耐性。

「你申請表到我這裡，還是會退件。」主管口氣強硬展現官威。

「好啊！你就批不准，我會去監察院陳情，說你沒有依法行事！」林昭庚對該主管搬出律法，告知：「我個人權益受損，但你會被依法彈劾，請你三思，該怎麼做會最好。」

現場的氣氛僵住，這份中西醫的開業執照申請，很可能就「依法」跑流程去了，依法，應該有兩種解釋，明文規定不可，當然就「依法」不能核發中西醫開業執照；如果沒有明文規定不能核發中西醫執照，就得「依法」核發。林昭庚膽敢直嗆公務官員，其實他已研究過這樣的法令。

## 拿到中西醫診所開業執照 全臺灣第一張

過幾天，林昭庚接到了衛生局的文件，打開來，看起來像獎狀的開業執照，貼著林昭庚照片，診所名稱寫著「林醫師中西醫診所」，這是全臺灣第一張中西醫診所開業執照，後來，林昭庚有幾位學弟也比照辦理；但是，很快的衛生局發現這樣繼續下去，管理不清、事態嚴重，增修法規上明定中醫或西醫只能擇一開業，中西醫診所成為歷史回憶。[3]

拿到全臺灣第一張中西醫診所開業執照。

有些人性格中具有堅定不移的信念和行動力，也許來自天性，也許是過去環境的淬鍊，讓他可以目標清楚、免於疑惑。他們思路清晰、勇於挑戰未知，卻並不莽撞，謀定而後動，在許多寫下歷史風雲的人物身上總是能看到這樣的特質。林昭庚生涯中不斷寫下「首次、首創、第一次……」的紀錄，根植心中的信念是，他要為改變而努力，一開始是改變自己和家庭的環境，最後，改變中醫的地位成為一生職志。

一九八六年底，林昭庚拿到「林醫師中西醫診所」執照，他發願貧病孤寡免費治療。那一年林昭庚三十九歲。林醫師診所是一棟四樓透天厝，一樓是診所，二樓員工宿舍，林家住三樓及四樓。

創業維艱、萬事起頭難，年輕夫妻胼手胝足投入所有時間，林昭庚兼三個工作，臺北、臺中二地跑，生活被工作填滿；太太陳孟秋照顧孩子及負責診所行政、管理和財務工作，難得喘息，只有偶爾陪林昭庚出國工作才稍能偷閒。太太對家庭全然付出，林昭庚點滴於心，岳父母疼愛女兒愛屋及烏，對女婿同樣照顧有加。飲水思源，林昭庚感謝岳父母把悉心培養的掌上明珠交託給他，岳父母晚年體弱病痛，林昭庚視如己親盡心力侍奉。

## 每天看到午夜十二點　病人三教九流

過去在西醫醫院和中醫診所的紮實訓練這個時候派上用場，林昭庚中醫和西醫診療並用，外科、內科、小兒科，甚至婦科都是主力，他的藥房中同時備有水煎藥、科學中藥和西藥。

當時林昭庚還同時在國科會三軍總醫院針灸研究委員會上班，白天工作，晚上五點半開始看診。患者人數很快增加，十點華西街夜市收攤，又有一批人湧入診所，逐漸的每天看到近午夜才能消化完當天人潮。即使這樣仍然有很多患者反應掛號困難，白天也希望能看病。

林昭庚觀察附近生活型態，雖然夜生活的人為數不少，但附近有龍山寺早起拜拜的香客、學校和傳統市場，更有一早就要上工的勞動階層，如何服務這些人？於是，林醫師診所與朝市同步，早上六點開放門診，看到近八點後吃完早餐，林昭庚再前往國科會上班，今日回顧，當年的毅力與體力超乎常人。

診所最盛時期，每日患者三、四百人，民國七十年代沒有什麼預約掛號，都是現場掛完號後等護士叫名，診所內外常聚集一大批候診者，竟然逐漸地改變了附近的店面營業型態；小吃麵店作息調整和診所同步，巷口擺出投幣式電動搖搖車，幫助那些已經技窮的父母脫困，只花幾個銅板，就能讓孩子眉開眼笑，誰不願意呢？其他還有附近的日用品店、漫畫店打發時間……。林醫師診所像一個小太陽，吸引了許多小行星一起旋轉。

求診患者形形色色，有一般上班族、市場攤商、夜市打工仔、三輪車伕、道上兄弟和風塵女郎，其中亦不乏大企業老闆，甚至醫療專業人士，通通擠在診所內候診。過去在酒家打工經驗，林昭庚對為家庭犧牲的女子總多一份憐憫，染上性病或是不慎懷孕的都來找林醫師，那時法律對於人工流產有《優生保健法》的規範，那些未婚懷孕求診的女子，「你不幫她們，去找密醫更危險。」

## 貧困人家免費治療　一家人登門跪謝

碰上道上兄弟受傷，林昭庚從不多問，清理刀傷、縫合傷口，被打的用跌打藥膏。一時付不出醫療費的兄弟，他手一揮「方便再給！」道上兄弟默默鞠躬轉身出門，有些人一些時日回來還錢，有些人從此不再出現。但這有什麼關係，「方便再給」只是一個體貼收受者藉口而已。不過，門庭若市的林醫師診所宛如有隱型金鐘罩護身，在萬華區從來不會有人前來賣兄弟茶、籌跑路費。

好漢最怕病來磨，萬華有許多外地來的人，打零工做粗工的人一日不做就沒錢能拿回家，那時沒有全民健保，貧困人家生病往往能拖就拖，小病拖成大病。林昭庚沒忘開業初衷，碰上孤兒寡母、老殘或是貧困搬運工、三輪車伕，他察言觀色，常給予免費治療，需要轉醫院治療的病人付不出保證金，他溫言安慰、先代為墊付，也總是那一句話「方便再還」。

中醫師公會全國聯合會組長蔡春美一九八五年從南部來到萬華，在林昭庚的診所服務，[4]至今她依然對當年盛況記憶深刻。「林醫師對老弱和身心障礙的患者特別優惠。」她記得，有一位年紀七十多歲的老農坐骨神經痛，為了省錢，老人忍痛一拐一拐的走了四十分鐘過來看病，林醫師除了免費診治，還奉送計程車費，讓老人坐車回家，這類事是診所的日常，但有時候也會有意料之外。

這天，一如往常診所裡擠滿人，眼前的患者也是一位七十幾歲的阿伯。林昭庚還來不及開口，突然，老人在面前跪了下來，後面大大小小一家人也跟著跪了一地。診間吵雜的聲音瞬間被抽走般，突然安靜下來，林昭庚被眼前景象嚇得從椅子上彈了起來，趕忙閃到一旁去拉老人。

原來前些日子，阿伯腰椎受傷，痛到臉皺成一團被兒子扶進診所，父子倆看起來都是體力勞動者，神態甚為不安，他們是非不得已才來找名醫。經過幾次針灸治療，老人情況大有改善，已能自行走路。把一家三代帶來叩謝，大概是老人對林醫師免費治病所能表達的最大感謝了。

## 艋舺仁醫聲名遠播　患者滿到走廊

殊不知這跪拜卻是剛好觸碰到林昭庚心中的「三十九歲大限陰影」，讓他大驚失色。

大學時期，林昭庚跟隨黃維三教授實習針灸，也跟隨馬光亞教授實習中醫內科，二位大師博覽群書，除了中醫針灸古籍，也鑽研八卦命理。林昭庚按照生辰八字批流年，竟然算出自己陽壽只有三十九歲。為什麼這麼短命？他父親在五十三歲驟逝，祖父也是英年早逝，有高血壓及腦中風的家族史，宿命該信還是不信？雖然告訴自己不放在心上，但他許多事都是以三十九歲為規劃，做事有如拚命三郎，連身後住處都已看好。

臺灣人秉性敦厚，受人點滴之惠都思回報，何況醫病之恩，受到林醫師幫助的患者全部成為林醫師診所的「放送頭」（宣傳部隊），艋舺仁醫聲名遠播。蔡春美記得有次為患者打針時，患者告訴他從南部上來，「我四處看醫生吃藥都沒效，去問神，神明講要去萬華找一個姓林的神醫。」讓林昭庚感到嘖嘖稱奇，原來行善助人真有天知。

當年沒有網路，但是這種一傳十、十傳百的口碑力量驚人，近悅遠來。「患者常常擠滿診間和候診室，有時候還滿到走廊出來。」蔡春美笑著說，黑壓壓的人群，好幾次被誤以為發生聚眾鬧事。當年他們經常工作到午夜，員工宿舍就在樓上，特別的是，有時侯宿舍也會出現寄住的外國人士。

## 外國人到診所學針灸　教員工英文回報

當時林昭庚經常出國講學或為人治病，常會碰到心儀東方針灸神奇的西方人士跟著回來，就在診所裡實習。蔡春美說，有些盤纏不足的年輕人，林醫師會讓他們住樓上宿舍，通常一期三個月，吃住都跟員工在一起。她記得有一陣子大夥利用中午時間勤學英文，原來是一位叫麥可的美籍人士對於林昭庚不收分文學費外，竟然還提供住宿的優遇，覺得不好意思，主動提出教員工英文回報。

「大家認真的學了好一陣子英文會話。」蔡春美了解老闆心思，「他把外國人來臺灣學習針灸一事，視為是推廣針灸醫學國際化的機會，用照顧出外人的心來照顧這些洋學生。」

在蔡春美眼中，老闆是很惜情的人，對員工體貼照顧，也擴及關心員工的家人，「因此大家都待很久。」她說，當年若有資深員工離職，醫師娘會特地到銀樓打金飾或買金戒指贈送留念，即便離職後，也常受到老闆的關照和邀約餐聚。

## 當選全國好人好事代表　善心善行跨過大命關卡

一九九三年林昭庚突然接到推薦他當「好人好事」代表的通知，他不清楚發生什麼事，也不以為意，直到當時的前法務部長蕭天讚（1934- 2017）親自打電話說明原委，是受嘉義縣東石鄉的鄉親舉薦，因為他們來臺北看病，林醫師非但不收錢，還主動拿錢幫他們家人住院，這足為全國好人好事代表的典範。[5]

林昭庚的初心並未存「做好人」的念頭，他只是遵照父親「行醫照顧散赤人」的囑咐而行，獲得「好人好事第一名」表揚，雖是無心插柳，卻也帶給林昭庚很大鼓舞，善心是會互相影響的，也讓他更相信善心善行，好事就會來的立命之道。

在忙碌中不知不覺跨過三十九歲，是生辰八字批流年有誤？還是另有命定？林昭庚想起《了凡四訓》[6]的故事，了凡被算命批無子短壽，後得高人指點，積極為善助人、勤耕福田，最後了凡跨過命定之年且生下二個兒子。是命的決定？還是行為改變了命？命、運相運，林昭庚跨過三十九歲之命，或許是自己「算」得不準，或許是他從醫幫助弱勢的善行而改運添壽！

1993年當選全國好人好事排序第一，獲李登輝總統墨寶「濟人濟世」。

林昭庚從跨過三十九歲那一天起，就相信了凡行善積德、以運養命的訓示，生辰八字隨己一生無法更改，同年同月同日同時辰出生的人，難道都是相同的壽命？相信醫學的林昭庚終於「解惑」，他這麼想：凡事都為別人多想一點，心就坦蕩，身體就健康，命就延長了！

這樣的想法，讓林昭庚在開診所為人看病時，多了善緣和善心，病患是「看得起」他才來求診，他不能讓病患失望，再忙也要看。一個希望就是一個善，善的循環有多大的力量，只有「天命」知道！

## 心儀唐代名醫孫思邈　立下寫書心願

林昭庚一生積極整合中西醫學、力促針灸科學化，然而，他對待病患的態度卻是以古為師，這個種籽在學生時代就悄悄埋藏。

學生時代，白天時間除了上課以外，不是拚命打工就是實習，夜晚林昭庚才能安靜準備功課。長夜燈下，中醫典籍浩翰、古文艱澀難懂，名醫故事卻精采生動，苦讀背誦歷代名醫著作之餘，他也和古人「交心」。

三國時代名醫董奉的病患感念他醫術高明、扶貧救苦，病癒就在董奉園子種杏樹，輕症一棵、重症三棵，一段時日，杏樹滿園，林昭庚想像未來也要有自己的滿園杏林；有時，他會調皮的問東漢名醫韓康，「賣藥童叟無欺我很認同，但是你三十年不給殺價本事是怎麼辦到的？」

最讓林昭庚心儀的是中醫學百科全書《千金要方》的作者隋唐名醫孫思邈，此書詳盡整理歷代重要醫學文獻，猶如浩瀚學海上的燈塔，為後代學習中醫者指引方向。

[7]日後林昭庚追隨孫思邈的道路，著書等身，以《新針灸大成》向心中的典範致敬。

近代的醫者典範，最讓林昭庚動容的醫者大愛，莫過於彰化基督教醫院創辦人蘭大衛醫師夫婦的「切膚之愛」。[8]林昭庚感佩一位醫生竟然親自動手術割除妻子的腿部皮膚，來救治一名因嚴重感染、傷口無法癒合的異國兒童，這極不平凡愛的故事展現了醫者無私的大愛，所謂「醫者父母心」，林昭庚以心中典範為鏡終生奉行。

## 診所業務登峰 發現自己心血管出問題

開業數年後，因患者人數過多，林昭庚聘請醫師協助，後來原診所不敷使用，再買下隔鄰擴大經營，中、西醫分開，設立漢方中醫診所及瑞生西醫診所，邀請學生何紹彰、陳勇利等前來幫忙，申請勞、公保，自己依然維持夜間自費看診。診所最高峰時期每個月患者三萬人左右，醫師有十多名，以現在來看已經是個地區醫院規模，經營、人事管理佔據他不少時間。

這期間他陸續完成碩、博士學業，到中國醫藥大學授課，完成震撼國際中醫界的電腦斷層針刺安全深度研究，編著《中西醫病名對照大辭典》，[9]出國講學治病邀約滿檔，強大的意志力支撐他一天二十四小時，忽南忽北有如一只團團轉的陀螺，直到有一天，身體向他發出訊號。

那是一個平常假日，林昭庚和朋友山林健行，不過就是一個小山，大家上去了，林昭庚卻氣喘腳軟無法跟上。「這不是正常現象」，他立刻警覺，醫院一檢查，問題果如其所料心血管阻塞。裝上心導管支架，開業近三十年來林昭庚第一次安靜下來，重新思考人生。

## 五十八歲結束看診　作育英才勤寫醫書

畢業後二十五年，他臨床看診、教學、出國講學，做針刺安全深度研究、完成《新針灸大成》、《中西醫病名對照大辭典》等巨著，做這些事，他從來不覺得是工作，而是一種享受、成就感，更不會浪費時間質疑自己會不會精疲力竭。現在，心臟的支架就像是一顆石頭砸在彩色玻璃窗上，那清楚的裂痕逼迫他停下腳步有所取捨。

林昭庚權衡目前的工作，臨床、教育、出國講學、研究四個領域皆為所愛，他問自己，好醫師很多，而且在診所看病，了不起一天最多能看兩、三百個病人，如果能培養更多優秀的醫師，為中醫界留下更多學術典籍，是不是能造福更多的人？

「人生如此短暫，沒什麼可浪費的時間，如果我去世了，我希望人們能記住我做出什麼事情？」他想到闖過三十九歲天命，重新思考自己能為中醫再做出的貢獻是什麼？

林昭庚精研《易經》，易理講求平衡中庸，他知道凡事適可而止的道理，徵兆出現，表示他的工作型態需要改變了。在事業及名聲如日中天之時，他做出選擇，「教育才能打造出更美好的現實」，二〇〇五年，林昭庚五十八歲，他結束臨床工作、診所交給學生，逐漸謝絕國外邀約，展開人生志業新一頁。

老子《道德經》講：「知足不辱，知止不殆，可以長久。」[10]林昭庚明白一個人只有學會知足知止，懂得適度調整，才能輕鬆的爬上山頂。他才走到半山腰，「百年樹人」，教育與中醫針灸研究是他下一個里程碑。

1 萬華古稱艋舺，早年是臺灣三大繁華的港口之一，後來因為臺北市軸心轉移，萬華反而逐漸成為邊緣地帶。

2 老松國小從一八九六年創建以來，培育造就了無數艋舺地區的優秀人才，對社會貢獻良多，在臺北市教育史上具有深遠的意義。參考臺北市萬華區公所，《萬華區志》（臺北：繆思林文化創意有限公司，二〇一〇年），頁五一九～五二〇。

3 林昭庚主編，《臺灣中醫發展史》（臺北：中華民國中醫師公會全國聯合會），頁二〇六～二〇七。

4 一九九八年至二〇〇四年期間，林昭庚當選為中華民國中醫師公會全國聯合會第四、五屆理事長時，蔡春美女士也是辦公室主任。

5 國史館藏「總統李登輝茶會款待八十二年全國好人好事代表林昭庚等人」，李登輝總統文物，一九九三年十月二十一日，典藏號：007-030207-00042-052。

6 林昭庚說，這一本融合儒、釋、道三家思想，說明忠孝仁義、諸善奉行和立身處世之學的書，對他影響很大。參考明．袁了凡著，尚榮、徐敏等評注，《了凡四訓》（北京：中華書局，二〇一三年），前言頁一～四。

7 唐．孫思邈原著，李景榮等校，《備急千金要方校釋》（北京：人民衛生出版社，一九九八年），頁六～一九。

8 一九二八年，一名十三歲少年周金耀腿部潰瘍，無法長皮，蘭大衛將妻子連瑪玉（Miss Marjorie Learner）腿皮移植予周金耀，雖因排斥而手術失敗，後來在施行自體植皮手術及悉心照顧下逐漸痊癒。

9 民初中醫謝觀（字利恆，1880-1950）指出：「中西匯通，自為今後醫家之大業。然其人必深通西洋醫術，而又真能讀中國之醫書，詳考脈證，確知中醫所謂某病者，即西洋所謂某病，或某與某病確有相同之處，而又能精研藥物之學，本諸格物之理，以探求古今驗方之所以然，而斷定何種方藥確為無效，方是以語於此。」可見中西醫病名之對照，乃中西醫匯通事業中最重要的工作，此事在民國初年尚無法完成，要到林昭庚編纂是書後，才算有一階段性成果展現。引自謝利恒、尤在涇，《中國醫學源流論．校正醫學讀書記》（臺北：新文豐，一九九七年），頁一三七～一三八。而此書為陳立夫先生在世前推展「中西醫一元化」的最後一個重要拼圖，全書自一九九二年開始著手編纂，歷經九年後才成書。參考林昭庚主編，《中西醫病名對照大辭典（第一～五冊）》（臺北：國立中國醫藥研究所，二〇〇一年），第一冊，林昭庚序，頁XIX-XXI。

10 魏．王弼注，樓宇烈校釋，《老子道德經注校釋》（北京：中華書局，二〇〇八年），頁一二一。

第十三章

# 一生守護中國醫藥大學　寵辱不驚

## 這個獎座　中醫大在林昭庚心中的重量

二〇一八年六月六日上午，在中國醫藥大學立夫教學大樓B1國際會議廳正進行著盛大的創校六十週年慶典，台下滿座海內外學術界菁英，包括當時的副總統陳建仁、國內外大學校長一起見證中醫大一甲子的卓越成就。當林昭庚從蔡長海董事長手中接下「奮揚高飛」銅雕獎座一刻，賓客紛紛致敬，掌聲如雷響起。[1]

林昭庚是創校以來，除了蔡長海董事長以外，個人捐款最多者，因而接受表揚，

2018年中國醫藥大學創校60週年，頒贈鄧廉懷先生設計之「奮揚高飛」銅雕。

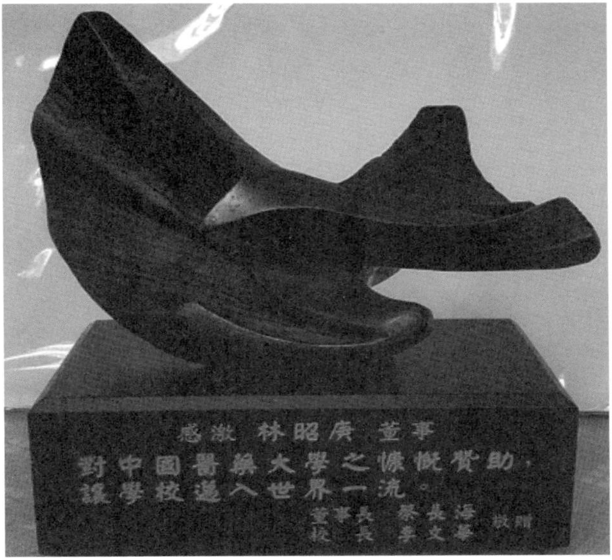

2018年林昭庚（左一）於中國醫藥大學創校60週年慶祝典禮留影。（吳嵩山提供）

獎座下方銘印「感激林昭庚董事對中國醫藥大學之慷慨贊助，讓學校邁入世界一流」，這一刻，他心中有無限感慨。中醫大是他結緣超過半世紀的母校、是他學術心靈的港岸，是從少年時代就起心動念，有朝一日有能力要回饋的地方。

捧在手上沉甸甸的獎座，是中醫大在林昭庚心中的重量，他低頭望著座上展翅於氣勢磅礡山頭的大鵬，心思隨著輕盈起飛，回到十九歲與母校相遇的點點滴滴。

## 如果有一天成功　一定要來幫忙學校

那是一九六七年九月，十九歲的林昭庚和中國醫藥學院初見面，眼前景象說是學校，倒是比較像施工中的工地，幾棟舊建築和興建中的工程，沒有校門，附近就是荒煙蔓草、幾座墓仔埔、還有一條臭水溝，他有些失望，這和心目中大學校舍巍峨、綠樹如蔭的想像落差很大，「但至少是醫學院」，他心想對父親有交代，也對未來有著安心和信心。

大一為了節省吃住費用，林昭庚通車上學，每天從臺中火車站跑步到學校省下公車錢，放學再跑回車站搭火車回花壇。有一回碰上大雨，林昭庚抱緊書包低著頭往學校衝。

跑步中，一個踏空跌進臭水溝裡，全身臭爛泥一洗再洗還是有味道，林昭庚心想：「慘了，沒有辦法回家換衣服。」他脫口而出：「誒！我都這麼窮了，這間學校竟然比我還要窮，如果有一天我成功，一定要來幫忙學校。」無心而出的心願，往往是一個人內心最深處的吶喊，未來所有的努力，所有的成就，都會回歸到這樣的初心。

## 回母校擔任教職　主動提出不支薪

再度回到中國醫藥學院已是十四年後，一九八一年林昭庚三十四歲，受聘為中國醫藥學院附設醫院針灸科主治醫師，隔年中醫系主任于立忠再聘其為醫學院針灸科講師，[2]誠然找他回到母校服務的人是學校董事長陳立夫先生。當時林昭庚家住臺北，仍在國科會擔任研究工作，同時晚上開業看診。

林昭庚熱愛研究，能再回到學校很珍惜這份工作，彼時學校財務已稍有起色，但辦校依然艱辛，思及當年學生時期看到母校發不出教職員薪水和貨款窘境，想起曾發願有朝一日有能力要回饋學校，幫助學弟妹。

領到第一個月講師薪水，林昭庚百感交加，心頭又浮現他對母校的心願。心願可以從最小處著手，雖然薪水不多，但還是學校的支出，或許對他來說是小小的收入，但對學校可能是關鍵的支出。

他算了一下，眼下有一份國科會的研究費，加上晚上門診收入不錯，足夠全家溫飽，這份薪水可以提早實現他回饋母校之心，更何況他是以教學相長的心態回校服務，自己也在持續成長。

於是，他向校方表示學校現在各項建設需要經費，他可以不支領薪水義務幫忙，此話一出口，校方人員嚇了一跳，幾秒後開口說：「老師，這樣好嗎？你是第一個有此『請求』的師長。」

「沒關係，我就這麼決定。」林昭庚覺得心安理得。

## 帶著學生跟診實習　宛若看到自己曾經的歲月

當然，校方樂於減輕負擔，欣然接受，只是感覺林昭庚真是很特別。走出辦公室，林昭庚有心願得償的快樂，「雖然是杯水車薪，也是盡一點心力。」

於是林昭庚展開斜槓職涯，除了開業看診外，他也身兼中國醫藥大學的教授、醫師角色，每週有三、四天時間，一早坐五點多國光號到臺中，上完課後匆匆搭車返回臺北萬華晚上看診，再利用其他週間或週六、日時間到國科會進行研究工作。

臺北、臺中兩地通車時間，往返一次就要花掉五個多小時，後來有飛機，時間稍縮短些，昂貴的機票是自掏腰包。當時有人建議可以把課開在週六、日，林昭庚回想大學時假日上課的苦悶，他不想走回頭路，寧可每天長途通車。

回到母校任教後，他的診所「漢方中醫」即成為中醫系大學生實習場所，學生跟診實習的身影，讓他宛若看到自己曾經的歲月。當年跟隨黃維三教授和馬光亞教授實習，老師問診他勤作筆記，老師下針他目不轉睛盯著每一針的技巧，如今轉身成為老師，林昭庚會主動叮嚀實習學生要注意的細節，對學弟妹「愛屋及烏」細心教導，也是他回報母校的心意。

現任馬偕醫院中醫部主任陳光偉[3]回憶，當年在醫學院四、五年級是中醫見習生，暑假到老師西園路診所實習時，印象中診所一開門就是人山人海，裡頭有實習的學生、有老外，總是熱鬧滾滾。在他眼中，「老師是做事很拚命的人，做學問勤奮無人能及」，雖然看診忙碌，對於前來實習的學生並不忽略，一生提攜後進不遺餘力。

## 十年教職不領薪　成為大學教育界的傳奇

不領教職薪水、臺北臺中兩地奔波教學、毫不保留傳承所學，這些在旁人看起來完全不合常理之事，林昭庚卻樂在其中，因為他心中有一個利他、種福田的堅定信仰，支持他做「力所能及」之事。

倏忽十年歲月，十年不支薪的教職工作直到一九九一年，陳梅生校長[4]偶然發現居然有這種怪事，陳校長認為學校一定要付薪水，要不要捐出則由當事人決定，一聲令下此舉「不合體制」，終結林昭庚「志工」生涯。「十年不領薪」成為大學教育界的傳奇，對林昭庚而言，他只是在完成當年對自己的承諾而已。

現代職場講求權利義務、凡事據理則力爭，大概很難想像「不計代價」的工作態度。林昭庚無論到哪個場域工作，都能獲得長官喜愛、信賴和提拔，主要原因就在於「使命必達和凡事不辯」兩個做事態度。這樣的人格特質讓他獲得中國醫藥學院董事長陳立夫的另眼看待，成為身邊最重要左右手之一。

## 陳立夫交付 完成《中西醫病名對照大辭典》

陳立夫先生當時是黨國大老、總統府資政，在舊威權體制時代，有直達天聽的影響力。[5]一九八〇年林昭庚獲得沙烏地阿拉伯的「金袍獎」回國後，陳立夫即在官邸接見他，此後陸續介紹病患給他診治。

在近代中醫史上，陳立夫是中醫現代化、統一中西醫病名的啟動者，對中國醫藥大學校務之擘劃與臺灣中醫藥地位之提升，可謂貢獻卓著。[6]林昭庚成為陳立夫倚重的左右手，要從一項不可能的任務談起。[7]一九九二年，陳立夫交付林昭庚執行編著

《中西醫病名對照大辭典》，從構想形成到執行完成，中間波折阻礙重重，困難遠遠超乎預期，費時九年完成。

陳立夫在他親筆所撰近二千字的序文中表示：「林昭庚是中西醫師，又是國內第一位中醫博士、國內外知名的學者，由他主編《中西醫病名對照大辭典》，實是『不作第二人想』。」8

## 接任中國醫學研究所所長　打造三間實驗室

一九九三年，陳立夫要林昭庚接任中國醫藥學院「中國醫學研究所」所長，那時中醫系並沒有自己的實驗室，研究所學生若需要做實驗，就如同遊牧民族搬移遷徙，到處借用其他系所的實驗室使用，林昭庚接下所長任務胸懷壯志：「堂堂一個中國醫學研究所，怎能沒有實驗室？有實驗室，還要有優秀人才進來引領研究計畫。」打造中醫獨立實驗室成立首要目標。

目標帶來挑戰，林昭庚上任後找來他的學生蘇奕彰9擔任執行祕書，緊接展開籌

2021年國家中醫藥研究所84週年所慶暨臺灣清冠中藥研發學術研討會，林昭庚（右）與蘇奕彰所長（左）合影。（國家中醫藥研究所提供）

備實驗室所需要的硬體、設備及最重要的工作，找錢和找資源。

現任「衛福部國家中醫藥研究所」所長蘇奕彰談起三十年前和老師一起打拚時光，「打造實驗室是把臺灣中醫學術帶進現代化的關鍵作為」，他說，過去中醫以臨床為主，和現代化接軌關鍵在於需要了解中醫機轉，並以科學實證醫學建立學術體系，這些都需要在實驗室中進行。「老師積極向學校爭取經費、找人募款，不夠的，老師就自掏腰包。」

有人、有錢就好辦事，中國醫學研究所在林昭庚擔任所長任內建立三個實驗室，聘任專家學者，包括氣喘病實驗室主持人高尚德[10]、不孕症實驗室的陳榮洲，以及中醫藥理實驗室的蔡輝彥，實驗室主持人俱為一方之選的專業人才。

有了自己學校的實驗室，蘇奕彰說，中醫系所的學術氛圍發生奇妙的改變，師生及學生之間氣氛熱絡，研究成果如出菜般一道道從實驗室熱騰騰的端了出來，論文質量俱增，例如不孕症研究室確認了「男性不孕症」最關鍵的精蟲前進活動力，與中醫身體論述中的「氣虛」有關，而中藥補氣的黃耆、人參可以有效改善這樣的症狀；氣喘研究室則頻頻端出實證成果，近期並以少糖可預防與改善氣喘的研究成果，紛紛躍上國際期刊。

中國醫藥大學研究成果斐然，成為國際中醫界舉足輕重的學術重鎮，實驗室的設立，實是一切創新發軔之始。

## 成立「上醫醫療服務隊」　師生服務偏鄉

「原創性」是林昭庚一生做學問依循的道路，開新局固然不易，要讓一群人堅持善行美意一起走下去更難。

二〇一四年林昭庚成立「臺灣中國醫藥大學中醫學系校友會」，現任中國附醫中醫副院長高尚德擔任秘書長。林昭庚認為「醫者」，就是懸壺濟世，透過下鄉義診是培養學生大愛和醫學倫理的好方法。經過團隊討論，決定成立「中國醫藥大學 上醫醫療服務隊」，二〇一五年七月從仁愛鄉的合作新村出發，展開上山下海的偏鄉義診服務。

「上醫醫療服務隊」結合中西醫學，採定期、定點持續關懷模式，每月出隊義診。「若只去一次無法持續關懷與治療患者達到好效果」，高尚德解釋，服務隊每個月利用一個週日義診，回醫院再把藥配好寄給患者，下個月見面檢視患者情況，過程全部免費。

「每次出門校友會師生就是一、二十人」，高尚德笑著說，一開始是透過村長或是牧師安排，後來成效顯現，名氣逐漸打響，義診建立了內婦科、針傷科的預約掛號制度，這是國內義診的創舉，並由患者志願擔任志工協助幫忙。人氣聚集，方式也持續創新，包括和當地衛生局合作居家治療、聚集村民衛教開講……等。

由於所到之處都是醫療資源不足的偏鄉，又全部免費，因而口碑遠傳，連小金門鄉民代表會主席都搭機至臺中中國醫藥大學附設醫院掛高尚德的門診，希望「上醫醫療服務隊」能前往離島服務。

九年來，義診隊服務的地區包括仁愛鄉原住民部落——合作新村、中正新村、嘉義布袋沿海無醫村、雲林二崙、離島澎湖及金門，更多次獲得教育部青年志工績優團隊獎、傑出社團獎……等肯定，再一次實現林昭庚「透過助人成長自己」一貫的理念。

一群人持續社會公益服務，校友會師生出力出錢，除了熱血使命及強大凝聚力，更重要的是找經費的能耐，也因此從創會至今，「中醫學系校友會」理事長及秘書長棒子一直未能交出去。

林昭庚十分感謝秘書長高尚德無私付出、出錢出力，維繫「上醫醫療服務」量能不輟，讓中醫學系學生有機會在實踐中提早體會「大醫精誠」、「上醫醫未病」的醫者精神。

## 識才惜才育才 桃李滿天下

由於橫跨中西醫界，林昭庚深知中西醫互補，治療效果更能疊加；也正因身處中西醫交界，他更能感受中醫必須加倍努力才能獲得別人一半成就的現實。他知道中醫療效的好，但不能只靠口耳相傳，因此，「如何找到科學實證，把中醫帶入現代化，更進一步整合中西醫」，成為他一生懸命的努力方向，對於人才培育不遺餘力。

慈濟醫院副院長何宗融[11]二〇〇二年就讀博班時指導教授是林昭庚，他記得有一天教授和他說：「誒，你出國去學FMRI（功能性磁振造影）。」那時林昭庚給他的研究題目是「探究大腦和經絡的連結性」。要了解這個連結機轉，最快捷徑就是運用當時最新的MRI（核磁共振）儀器，林昭庚希望他出國去學習軟體操作，「老師令下，我只有打包出國。」何宗融笑著說，這沒有商量餘地。

他飛到（美國）聖地牙哥展開數個月學習，回來後埋首實驗研究，運用MRI儀器，發現針刺足三里穴位治療胃痛時，腦部的胃感覺區瞬間亮起來，〇．一秒後運動區也發出亮點，科學證實針刺與身體的連結，最終他的博士論文〈中醫經絡基礎及其

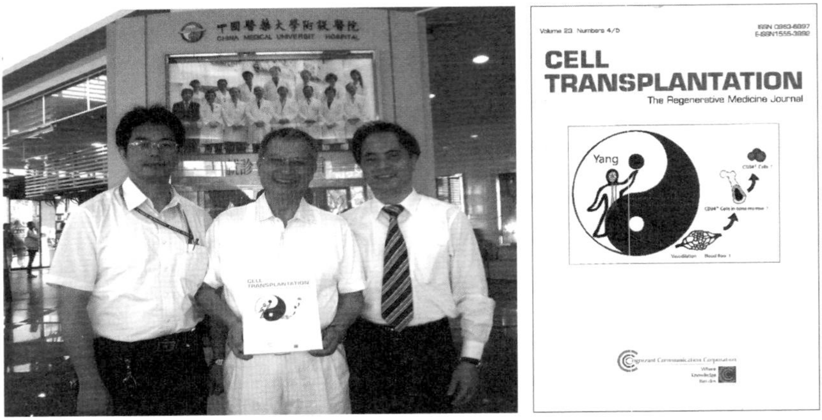


2014年發表練習太極拳後能讓幹細胞增加之論文，受到*Cell Trans-plantation* 雜誌重視，將研究主題圖譜置於封面，讓本研究受到國際重視（左起：何宗融、林昭庚、林欣榮）。（何宗融提供）

臨床應用之研究——以針刺原穴腦功能圖譜暨太極拳功效為例〉發表於國際期刊。

「這是當時臺灣最尖端的研究」，何宗融當年做此研究時，需要和病患同處MRI空間，研究過程陸續達三年，也算是不計健康代價的為中醫獻身了。後來林昭庚有感中醫需要外語能力人才，再度送他去哈佛大學一年參訪學者，對恩師的栽培，何宗融感佩於心。

前衛生福利部中醫藥司長、衛福部駐史瓦帝尼大使館參事黃林煌[12]說起大半生的經歷，「林教授是影響我一生最大最遠的老師。」二十八歲那年，他人生第一份工作從林昭庚的漢方中醫診所起步，就住

1992年黃林煌結婚典禮，林昭庚（右一）夫婦擔任家長及主婚人。（黃林煌提供）

在診所四樓，一年後，經由林昭庚推薦，遠赴非洲到幾內亞比索工作、申請美國杜蘭大學讀公共衛生及熱帶醫學研究所、擔任中藥委員會的主委……，每一段重要工作里程碑，都有林昭庚的鼓勵和相挺。「不論是結婚、求學、海外進修到職涯發展，教授在我人生中沒有缺席。」黃林煌說。

與林昭庚同為農家子弟的陳旺全，在擔任中醫師全聯會理事長任內，積極推動中醫藥發展法的立法工程，林昭庚便從旁給予不少支持與鼓勵，完成臺灣首部傳統醫學的基本大典──《中醫藥發展法》的立法，這是中醫法制史上一個重要的里程碑，其實這正是「農家子弟的臺灣牛精神：腳踏實地、勤奮儉樸、任勞任怨、有始有終、溫和善良、誠信為本。」陳旺全說。

2019年林昭庚與羅明宇（左）合影。（羅明宇提供）

受教於林昭庚中醫碩士、博士的羅明宇，在中醫科學驗證學習三十餘年，深切體會老師無私為公務付出、不遺餘力的提攜後進，如帶領中醫團隊讓大眾和產官學認識中醫的高度價值，爭取中醫健保總額權益，近期更以中國醫藥發展基金會董事長身分，聘請中央大學歷史研究所所長皮國立教授，敦請協助撰寫有關「臺灣中醫藥通史」，皆是為臺灣中醫發展具開創性的建樹。

林昭庚三十多年教學，桃李滿天下，他愛才惜才、知人善任，量才適用也唯才所宜。而對於他所愛的中醫大，他以目標為導向為學校舉賢與能，必要時不拘形式不計毀譽。

## 技巧性繞道　推薦張永賢擔任中醫副院長

從一九八〇年被派往沙烏地阿拉伯新吉達醫院，林昭庚打開眼界，識得各方高層人物，他明白一個事業成功，人才是關鍵，對的人出現在對的時候，為團隊帶來的價值絕對難以衡量。往往，英雄識得英雄，在中醫大體系四十年，林昭庚多次為了留下優秀人才，不惜槓上長官、繞道而行，甚至賭上自己的前途。

張永賢博士是中國醫藥學院第一屆中醫學系畢業生，公費留學德國漢堡大學取得醫學博士學位，是中國醫藥學院中醫系第一位國外名校博士，並在漢堡大學附設醫院進修，具骨科及復健專科醫師資格，為中西醫雙執照醫師。張永賢回臺灣希望到母校貢獻所學，但是當時學校方面有不同看法，張永賢進入附設醫院看門診。

在中國醫藥學院張永賢是創下修習四百零三個學分的傳奇人物，這個最高學分畢業的紀錄保持數十年無人能破，加上以優異的成績畢業於德國漢堡大學，是國際學術論文期刊常客，且為人溫和客氣，在林昭庚眼中是不可多得的人才，「這是中醫系之光，沒有道理被拒絕啊！」林昭庚不清楚為何校方不打算錄用，內心希望中醫系師資陣容強大，張永賢傑出的資歷能發揮更大的影響力。

一段時日後，中國醫藥大學附設醫院中醫副院長一職出缺，然而醫院高層另有屬意人選，林昭庚則希望這位中醫系首位獲得國外名校博士學位的優秀學長更有發揮的

1998年林昭庚（左一）受聘為西班牙國立巴塞隆納大學客座教授，並與張永賢教授（右一）合影。（巴塞隆納大學提供）

空間。

要解決一些難於解決的事，林昭庚知道不能橫衝直撞，技巧性的繞道而行，反而是有助於事情的解決。林昭庚雖然沒有把握直接說服院長王廷輔晉用張永賢博士，但他肯定王院長一定會接受董事長的決定。[13]

某日王廷輔院長出國，林昭庚去見陳立夫，說明張永賢學經歷及表現，當面推薦張永賢是最適才適任的中醫副院長。說服董事長後，林昭庚拿著陳立夫下的條子[14]交給人事主任，發布張永賢中醫副院長人事令，當王廷輔院長回國時，生米已煮成熟飯。

張永賢在退休前累計發表SCI論文一百五十餘篇、參與四十二項研究計畫，並出版《國際中醫藥針灸發展之路》等十八本專書，這些成就大都在中國醫藥大學帶著學生一起完成，林昭庚當年的「繞道」為母校留下一位卓越傑出的人才。

## 王廷輔院長翩翩君子　成為莫逆之交

一九七八年，王廷輔獲聘中國醫藥學院附設醫院首任院長，創建之初，學校是個窮學校，董事會沒基金沒存款，缺人缺錢創業華路藍縷備嚐艱辛。在林昭庚眼中，王廷輔生性淡泊惜情，為翩翩君子型的人物。一九八〇年林昭庚在沙國獲金袍獎，回國後王廷輔邀請他回母校演講，結束後王院長親自送下電梯到大門口，才三十歲出頭的林昭庚，對這位身型高大俊朗、溫文有禮的院長留下深刻印象。

林昭庚舉人唯才不問親疏，雖然王廷輔院長對於人事權被「繞道」，有些不諒解，唯經林昭庚主動解釋說明，最終其無私之舉獲得理解。往後數十年相處，兩人是同事也是陳立夫身邊最信任的左右手，成為莫逆之交。

有一回兩人聊天，林昭庚說起自己壞脾氣並且說話太直白的個性，「太失禮了，我常常對院長不禮貌，會改一改壞脾氣和說話方式。」沒想到王廷輔回以：「你不要改，改了就不像林昭庚了。」每當憶起好友，這場景便從記憶深處浮出。

王廷輔退休後依然心繫醫院和學校，和林昭庚無話不談，其往生告別式上，林昭庚為文懷念並為老友講述生平，向亦師亦友的王院長做最後致敬。

## 具備「工作3Q」能力　職場共生共榮

分析林昭庚在職場，上得長官信任提拔，與學弟妹及學生則是同行善友，共生共榮之原因，其實乃具備時下職場「工作3Q」的能力，這3Q是IQ（Intelligence Quotient）「智力商數」、EQ（Emotional Quotient）「情緒商數」和AQ（Adversity Quotient）「逆境商數」。

善解人心、扭轉逆境，一直是林昭庚待人處世的心胸和韌性，在大學時期打工就發揮出來，這個就是所謂的AQ，重點是在面對困境時，如何去冷靜思考與想出最佳解決方案，而最終能順利的將逆境轉變為順境。

進入學術界，歷經形形色色人物，林昭庚看到社會菁英的共同點是天生高ＩＱ，高ＥＱ靠修練，如何在學術圈與工作中都能成為該領域的佼佼者，除了具高ＩＱ外，常多自我修練高ＥＱ與高ＡＱ，始能成為各界或團隊中的菁英。

## 賭上個人去留　推薦謝慶良進了中醫大

謝慶良是林昭庚學弟，畢業後在醫院服務，由於表現突出，學校送他赴日本深造，多年後回國，希望再回到中醫大，但是從院長、校長到董事會成員卻是個個有意見。林昭庚欣賞其研究內容創新和深度兼備，認為以其學術經驗對學校和學生有很大的貢獻。

「到底是什麼原因眾人皆曰不可？」有識得千里馬本領的林昭庚去了解原委，問題出在其人個性獨善其身，平日少與人交往。

「會做事，比會做人更重要」，林昭庚決定要幫學弟的忙。在學校的人評會上，他以中國醫學研究所所長身分公開提出人事案，面對眾多反對聲浪，林昭庚以不惜離開中醫大或是董事職位為題據理力爭。

日後回想，這樣的強硬態度有可能落下雙輸結局，讓中國醫藥學院一次損失二位優秀校友，賭注下得很大，但當時林昭庚心中所想，去留都不是為自己，為學校留人、為理想走人，理直而氣壯。

而謝慶良在中醫大以對學生熱心教學而知名，廣受學生及病患喜愛，從中醫學系系主任一路升上所長之職，在研究領域名列世界頂尖科學家排名。再一次證明了林昭庚的識人眼光，他不人云亦云，必要時不畏與同仁對立，堅持為校留才，同時也可以看出林昭庚在中國醫藥大學的好人緣。

## 推薦郭盛助擔任校長　讓陳立夫也稱讚

一九九六年陳梅生校長任期屆滿即將退休，希望能為學校舉才，故與哈鴻潛教授連袂向陳立夫推薦校友郭盛助[15]，但當時陳立夫卻屬意愛將林昭庚，在林昭庚婉拒後，陳立夫又找上院長王廷輔當說客。

林昭庚向來視繁複的校務工作為畏途，他在萬華的兩間中、西醫診所每月患者三萬人左右，相當於一家地區醫院規模，實在無法抽身，在不忍辜負陳立夫的期待和美意，又找不出好理由推辭之際，甚為煩惱。

某日，林昭庚到臺中，與研究所同窗好友張德玉醫師談起此事，當時的氛圍是校友治校，張德玉想起留日的藥學博士郭盛助學長，他脫口而出：「找郭盛助啊！他為人正派，學經歷都很合適，又是中國的校友。」郭盛助為母校第三屆藥學系的傑出校友，歷任藥學系主任、藥物化學研究所所長、學務長等職，做人處事公正、負責任，在研究方面相當認真，更是臺灣藥化研究之頂尖學者，林昭庚早就認識他的學術成就和待人處世，於是由張德玉作東，邀請郭盛助與林昭庚見面深談，席間林昭庚坦白告知原委，「我先去和董事長說說看，但不知道是否能成功。」這一回林昭庚沒有十足的把握。

「你自己不做，還來跟我推薦別人！」陳立夫聽完林昭庚陳述，語氣中有些抱怨：「陳校長和哈教授也推薦這位郭先生，你是第三個，為什麼你們都推薦他？」

事情就是如此巧合，這一說才知道原來前面早有人先提起了。面對老闆的詢問，林昭庚立刻把準備好的資料一一細數，包括郭盛助為人正派正直、留日博士，學術研究紮實、是不可多得的傑出校友等優勢。

## 郭盛助維護學校權益　購地風波塵埃落定

其實，在出發前林昭庚早就從院長王廷輔那裡獲得情報，得知陳立夫口袋裡另有一位校外的備位人選，於是他強調社會校友治校的風潮，校友郭盛助更能忠心為母校服務……等，最終林昭庚懇請：「別在校外找，郭盛助會是最好的人選。」陳立夫聽進去了，答應與郭盛助見面。

事情有圓滿結果，林昭庚放下心中一塊石頭，趕緊約郭盛助到官邸與陳立夫見面，沒想到會談後，陳立夫對郭盛助說：「昭庚要你做，你就做吧！」一旁的林昭庚心中驚愕，也深感老闆對自己的信任。

後來，中國醫藥學院發生彰化快官購地案風波，郭盛助雖然剛接任校長不久，卻也看出其中問題的複雜性，建議聘請律師，一方面也請林昭庚直接向陳立夫報告事情處理方式。在郭盛助全力維護學校權益前提下，幸而問題妥善處理、塵埃落定。有一天，陳立夫與王廷輔、林昭庚三人談及此事，說道：「我們沒有看錯人。」這一句話，林昭庚視為老闆對郭校長的肯定，也是對他推薦人才的嘉許。

黃榮村[16]校長任內，也認為郭盛助是一位頂尖的科學家，他榮獲行政院科技獎時，黃校長特地為他舉辦慶祝酒會，並當眾宣布聘任郭盛助為講座教授。後來，郭盛助退休，蔡長海董事長認為應該繼續聘請郭盛助留任母校，林昭庚也覺得他是難得的頂尖人才，應該繼續留任。

二〇二三年校長洪明奇[17]與其帶領的腫瘤及藥化研究團隊，共同開發小分子化合新藥，其中特別針對具有EGFR-TKIs產生抗藥性之非小細胞肺癌更凸顯其治療效果，郭盛助將此技術授權移轉，由「朗齊生醫」承接後續新藥開發工作，期許能透過技術移轉，進一步推動新藥早日上市，嘉惠患者，蔡董事長也非常讚許其在研究方面之傑出表現，郭盛助迄今已八十二歲，可謂為母校貢獻良多。

## 信任林昭庚真心舉才　吳東瀛進入董事會

林昭庚是個老闆交辦使命必達的人，他贏得老闆信任最重要的就是實話實說，從不隱瞞。對於老闆交代的事，他沒有二話執行到底，唯有一次，他違背了陳立夫的指示。

一九九九年中國醫藥學院董事會改選，婦產科醫師吳東瀛以企業家及中國醫藥學院校友會會長身分，為呼聲很高的備位人選，董事長陳立夫亦贊成。但是，在近選舉前，因有人極力爭取董事席位，所以陳立夫找來林昭庚下了一道手諭：「吳東瀛任職董事案緩議」。

林昭庚對吳東瀛第一印象是間接的，在一次參加公益團體活動，主講者晏涵文是國內知名的性教育專家，當天代表杏陵基金會講授性別教育，這個話題在當年還很少見公開討論。

會後從晏涵文口中得知基金會董事長吳東瀛是婦產科醫師，多年臨床工作，視病猶親，有很多感人的故事，吳東瀛有感許多人對性的無知與誤解，而造成身心困擾。

因此認同性教育的重要，出錢出力創辦杏陵基金會做社會公益，又再進一步獲知他原來是中國醫藥學院校友會會長，林昭庚對吳東瀛留下好印象。

董事會召開前幾天，董事張成國[18]偕吳東瀛拜訪林昭庚尋求支持，林昭庚據實告知此提案緩議乙事。

不過，林昭庚認為吳東瀛是一位有醫學背景的企業家，又是傑出校友，視野和格局大不相同，可與學術界相輔相成，學校及醫院經營需要這樣的人才。人選條件如此優秀，他決定再努力看看。隔天他立刻去見陳立夫：「報告董事長，昨天吳東瀛有來找我，我告知他董事提案緩議，但我希望董事長能維持原來對董事席位的決定。」

只見陳立夫皺起眉頭，浙江口音腔調提高好幾度：「你怎麼能告訴他呢？」林昭庚詳細向陳立夫報告吳東瀛熱心公益，成立杏陵基金會的理想和貢獻，分析吳東瀛經營醫院以及校友會背景等，說明若吳東瀛進入董事會，其企業家思維和恢宏遠見，對中國醫藥大學的建設與產學合作及未來的發展會有所貢獻。

陳立夫是睿智的領導人，他信任林昭庚言之有據的個性，加上過去推薦人選從沒出現過任何重大缺失，便欣然接受林昭庚的舉才，正式在董事會提案通過。

## 突如其來被偷襲　從錯愕轉而憤怒不已

林昭庚做學問腳踏實地，教學看病認真，誠實任事的行事風格，深獲陳立夫的賞識和信任，但也因為幫老闆辦事，時常需要扮黑臉而招來不滿，雖然他具備遇事彈性應變的個性，但終究有一日也碰上逆風偷襲。

在擔任中國醫藥學院針灸研究中心主任期間，有一天，林昭庚在家中接到董事長陳立夫的來信。事隔四十年後，林昭庚依然清楚記得老闆信一開頭的措詞：「近聞弟忙於私人診務及相關工作，對學校工作未盡全責且沽名釣譽。」這是什麼狀況？讓立夫先生講出如此重話，竟然還要求他寫週報表，說明每週來校幾天，並報告做了哪些事，而且話語開門見山、尖銳如刃。

林昭庚理解他被偷襲了。「老闆究竟聽到了什麼？誰在老闆面前講了閒語？」堂堂大學研究中心主任竟然被要求寫週報表？林昭庚情緒從錯愕轉而憤怒不已。

很快的，林昭庚在心中反省自身處境，當時，他除了研究中心主任兼中國醫學研究所所長外，也擔任臺北市中醫師公會理事長，又是臨床醫師，更別提身上掛滿教育部、衛生署、健保局等各類委員會委員，加上常獲邀出國參加會議或診療，他的確忙得不可開交，的確給予有心人見縫插針的機會。「但是，我有絲毫延誤應該做的事嗎？」他在心中檢視近年來工作後，感到安心，父親那句叮嚀「是非以不辯為上策」浮上心頭，他不想問原因，拿出紙筆回信給老闆。

## 火速呈離職以明志　獲陳立夫親函慰留

當天，林昭庚整理好他任內的研究論文、書籍和工作內容，附上一封回信說明在中國醫藥學院這些年，為董事長、為學校、為國家做了什麼，完成的論文著作和學術研究有哪些，再者訓練的醫師和國際交流等工作，也一一交代清楚；末了，再強調這些工作未取分文報酬，未支領學校任何薪水，所得全部捐出。

信末，他寫道：「我不知道是誰向您說了些什麼，也不予追究，只要求一件事，請那位舉報者也同樣列出他為董事長、為學校、為國家做了哪些事！」當天，林昭庚將資料及辭職信一起用郵局限時掛號寄出，辭職日期填上「即刻離職」。

隔兩天，陳立夫的祕書坐著總統府資政的車子來到萬華住家，莊祕書一見面就說：「哎呀！昭庚啊，你怎麼會和老先生發這麼大的脾氣，他就是當你自己人，才會跟你講別人在說你什麼？你不要說不幹就不幹。」

那時林昭庚正在看診，搖著手說不幹了！不幹了！莊祕書拿出董事長陳立夫的慰留信，並把一箱論文及工作報告送回來，說道：「資料老先生都看了，你先看一下信吧！」原來，陳立夫在一天之內看完這些相關資料，在每一份資料上留下親筆批註後，立即請祕書送回。

主僱之間的猜疑消除，情緒落幕，這件事也給林昭庚很大的啟示。他敬佩陳立夫授權而不棄權的管理態度，本來將在外鞭長莫及，情報來源摻揉事實根據和沽名釣譽、以公謀私等等猜測性的動機，這是一場精心的策劃，然而陳立夫並未任由流言擴散。在事實澄清之後，他以閱讀著作、親筆寫信慰留人才，「我了解你，並會注意放小話的人。」用具體行動和言語來感動部屬，化解了一場可能會為彼此留下遺憾的風波。

## 傳承志業　接中國醫藥研究發展基金會董事長

在歷史法則中，衝突不等於對立，妥協也不必然是順從，找到平衡點，就能中正安穩。林昭庚的一生成就與中國醫藥學院緊緊相繫，有時候他會想到，如果當初傲氣上身就此中途下車，他的人生可能就沒有《中西醫病名對照大辭典》，也無法與中國醫藥大學在邁向卓越成就的道路上同行並進。

林昭庚是陳立夫推動中西一元化大業中的接棒人，一九九五年就擔任中國醫藥學院董事，二〇二一年，也就是二十六年後，林昭庚接下陳立夫創會的「中國醫藥研究發展基金會」董事長職位，成為基金會志業的傳承代表。[19]

二〇二一年元月，中國醫藥大學水湳校區第一期工程落成啟用，彰顯大建設大格局的氣象非凡，學校搬遷，原來的英才校園則成為臨床教學區。為了慶祝學校邁入新的里程碑，林昭庚捐贈九株樹齡逾二十年的羅漢松與柏樹，寓意學校培育人才「百年樹人松柏同春」。這些樹落腳在林昭庚十九歲求學的母校英才園區。

中國醫藥大學從創校早年的困頓、向上突破到蓬勃發展，林昭庚最精華的人生階段都參與其中，他對母校關懷守護只著眼大局，不計個人毀譽代價。

## 陳立夫用人唯才　開辦中西醫結合醫院

一九八〇年林昭庚在沙烏地阿拉伯行醫，深受沙國人民信賴、榮獲沙國頒贈「金袍獎」的新聞，引起陳立夫的注意，林昭庚回到臺灣後，就被當時擔任中國醫藥學院董事長的陳立夫邀請到官邸見面，從此展開一生與中國醫藥大學相續相成的緣分，林昭庚視陳立夫為畢生志業的貴人。

「重用畢業校友是讓中國醫藥大學脫胎換骨的關鍵。」林昭庚說，中國醫藥學院附設醫院在艱困中創立，陳立夫堅持開辦中西醫結合醫院，沒錢沒人也無先例可循，全憑董事長堅定的決心和意志力。陳立夫識人之明，為學校及醫院招攬賢才無數，現任董事長蔡長海便是其中之一。

蔡長海在《改變成功的定義——白袍CEO蔡長海的利他願景學》書中談到回母校的緣由：「當時，我在長庚醫院剛完成小兒科專科醫師訓練，成立未久的中國醫藥大學附設醫院極缺醫師，陳立夫先生希望我回母校幫忙。經過深思，基於愛校的心和使命感，以及七十年代的中部地區醫療資源比較缺乏，這裡的孩子比北部更需要小兒科醫師，因此我接受立夫先生的號召，回來了！」[20]

陳立夫一句「校友都不回來，醫院怎麼做下去？」讓蔡長海放棄長庚，回到母校打拚。多年後，蔡長海再度被陳立夫說服，放棄籌設中部兒童醫院的創業之夢，接掌中醫大附設醫院院長，在他的領導下，二〇〇〇年，中醫大附設醫院從區域醫院升格為醫學中心，進而承續陳立夫中西醫結合宏願，帶著中國醫藥大學邁向世界一流，「沒有董事長的識人睿智和大公無私，今天的中國醫藥大學歷史將改寫。」林昭庚心目中，陳立夫是走過萬里江山，在滿目煙塵中卻始終堅持大公無私原則，力挺中華傳統文化的一代偉人。

## 陳立夫能力卓越　心儀孔孟仁義文化

陳立夫出生於一九〇〇年，浙江省吳興縣人，北洋大學（今天津大學）採礦系畢業後留學美國，在匹茲堡大學攻讀採礦工程，一九二四年獲碩士學位，歸國後棄工從政，因能力出眾深得蔣介石的信任與重用，二十九歲即擔任中央黨部祕書長，是國民黨史上最年輕的中央黨部祕書長。

一九三一年，陳立夫接任國民黨中央組織部部長，該部負責國民黨黨內安全特務機構，以今日的話來說就是情報頭子。三十一歲的陳立夫是當時中國少數的留美知青，他能力卓越、儀表出眾權傾一時。雖然政治權柄在握，心儀孔孟仁義文化的陳立夫不時對傳統中華文化展現關懷與建言。

當時的中國社會在一連串戰亂下，鼠疫、瘧疾等傳染病大舉流行，標榜科學、革新言論成為主流，「西風壓倒東風」，連國民政府也加入戰局，認為衛生行政最大的障礙就是中醫中藥。一九二九年二月，南京政府中央衛生委員會通過「廢止舊醫，以掃除醫事衛生之障礙案」議案，此舉激起全國各省中醫界激烈抗爭，推派中醫大老集結請願團上訪南京。[21]

## 以政治影響力 襄助中醫藥界一臂之力

一九三〇年，陳立夫與其兄長陳果夫[22]挺身而出，與胡漢民等學者召開「中央國醫館籌備大會」，要「以科學方法整理中醫學術」，陳立夫被推為理事長，在中醫風雨飄搖幾乎要被廢除的困境下，陳立夫以其政治上的影響力，大大襄助了中醫藥界一臂之力。

一九三七年，「盧溝橋事變」拉開中國抗日戰爭的序幕。隔年，陳立夫接下教育部長，也接下主持十餘萬大學生由淪陷區跋涉萬里撤至大後方這個最艱巨的任務。戰事吃緊，他想盡辦法安置學生，讓十數萬學生食宿、讀書不中斷。他說服各部會出錢，實施「貸金制度」，由國家借錢給學生唸書，可說是今日助學貸款的始祖，此舉挽救無數青年免於輟學，後來榮獲諾貝爾獎之楊振寧、李政道都是當時的貸金學生。一九四七年，陳立夫當上了《時代》（*Time*）雜誌的封面人物。

跟隨國民政府來臺不久，陳立夫以參加道德重整會議的名義，在一九五〇年帶全家離開臺灣，定居美國新澤西州的一個小鎮，開始了遠離政治的生活，以經營農場養雞、賣皮蛋、粽子等食品為生。一九七〇年陳立夫奉召回到臺灣，他婉拒政治職務，以總統府資政的身分推動中華文化復興運動，對中華文化以及儒家思想也有極大貢獻。

## 平衡中西醫　完成學校董事會改組

歷經少年官場春風得意、中年沉潛異國，沒料到晚年，命運再度把臺灣的中醫藥命脈託付到陳立夫手上。一九七二年，中國醫藥學院原董事長謝東閔（1908-2001）因出任臺灣省政府主席而辭職，蔣介石當時召見陳立夫，以其向來對中醫維護不遺餘力，希望他接任董事長一職。那一年陳立夫七十二歲，四十年前他倡議的「以科學方法整理中醫學術」理念找到實踐的舞台，熱情在中國醫藥學院再度發光發熱，老天爺也大方的再給了他耳聰目明的三十年歲月。

接下中國醫藥學院董事長第一件事，陳立夫著手改組董事會。當時董事成員西醫出身董事幾乎佔了三分之二，以致學校發展偏重西醫學，有違當初振興中國醫藥學的創校初衷，也引起校內中醫同仁不滿。陳立夫分別聘請五位西醫、五位中醫，以及五位中立人士，平衡中、西醫人數以完成董會事改組。

在擔任董事長職務的三十年期間，陳立夫穩定校務健全運作，開辦北港分部，進而募款籌設全國首間中西醫結合附設醫院，對校院的發展茁壯付出極大心力。在中醫不被信任和被打壓的年代，陳立夫大力維護中醫藥的價值，他的名言：「救活人的方法愈多愈好，殺人的方法愈少愈好。」他說，「只要能救人，不問是中西醫。」

九十歲那年，陳立夫以一生寫書法募款所得成立「財團法人立夫醫藥研究文教基金會」，用以鼓勵國內外從事中醫藥及文化學術高深之研究與推廣，在當時中醫不被相信以及被打壓的情況下極力推崇中醫，因此有「中醫保鑣」的稱號。

## 中醫學術國際貢獻　貢獻典範熠熠發光

陳立夫精闢解釋中西醫特色，他說：「中醫將人視為一小天地，其醫理為『安內攘外』；西醫將人視為機器，醫理是『就事論事』，中醫從『致廣大』入手，西醫從

『盡精微』入手，兩者各有所偏重和長處，若能精誠合作，則將陶鑄世界最新最善最精之醫學。」[23]因著這些信念，陳立夫致力推動「中醫現代化」、「中西醫一元化」以及「中醫國際化」等中西醫合作研究，籌建基礎醫學大樓，增設中醫藥研究所等，並指示林昭庚編輯《中西醫病名對照大辭典》而讓臺灣躍上國際舞台。「董事長立公對中國醫藥大學校院的發展茁壯、中醫學術在臺灣甚至國際的貢獻，有不可抹滅的功績勳業。」林昭庚說，雖然斯人已遠，他的貢獻典範依然熠熠發光，照耀中國醫藥大學門庭。

一段新時代的開展，天時、地利、人和交織，開創壯闊新局需要有承先啟後的因緣，其中促成的原因有許多面向，除了一代人物照著他的理想轉折成器外，更有時勢、理念、衝突等諸多錯綜因素，在特定時空匯聚成同一前進的方向，就如歷史學家黃仁宇的「大歷史觀點」，已經啟動的潮流不會改變，在歷史洪流中「注定將發生的事必然會發生」。[24]

## 陳立夫辭世　補選董事及董事長改選

中國醫藥學院董事會共有十五席董事，二〇〇一年，陳立夫董事長享年一〇三歲辭世，董事會同時面臨一席董事補選和董事長改選。

在一次偶然機會下，吳東瀛董事賢伉儷與方中民董事賢伉儷一起餐敘，席間各董事坐定後，方董事提到蔡長海若願接任董事長一職，是最適合的人選，他很樂意支持。蔡長海向三位董事談論經營中國醫藥學院附設醫院的理念和抱負，而董事們也都非常認同蔡長海的「校友治校」的理念，肯定他的行政能力與魄力，由他擔任董事長一職相當支持。

林昭庚靜靜聽著，腦海中回憶平常陳立夫一提起醫院種種進步，總是對自己親手拔擢的蔡院長讚譽有加。當時的蔡長海院長五十歲出頭，正值盛年，是中國醫藥學院校友，已經在院長位置上展現卓越經營能力。其為人溫和、穩重、有情有義，行事魄力效率讓人印象深刻，其在政治光譜上沒有色彩、不選邊站，幾年下來帶領醫院迎戰全民健保的挑戰，讓全院充滿活力朝氣。

## 全體董事一致通過　蔡長海展現理念和抱負

當年陳立夫邀請蔡長海接掌中國醫藥學院附設醫院院長時，蔡長海其實早有自己的人生規劃，因為被陳立夫誠懇和信任打動，而全心投入附設醫院經營。在其任內迅速解決美德大樓延宕的建設、擴建校舍，並提升醫師薪資等，這些改革和建設沒有一件是容易的事。

了解蔡長海希望補選董事想法後，林昭庚深為認同。在林昭庚眼中，蔡長海是行政專才，魄力與領導能力兼備，但是接任董事之後，便不能擔任院長或校長等行政職，無法繼續讓蔡院長發揮行政專長，這是很可惜的事。最後，他告訴蔡長海：「既然要選董事，我支持你選董事長。」

林昭庚做出決定之後，與恩師馬光亞、黃維三、朱士宗董事及前附設醫院院長王廷輔董事說出自己的見解，他們一致贊同林昭庚的想法及考量，同鄉亦師亦友的秀傳醫療體系總裁黃明和董事與林昭庚談到董事會改選乙事，也欣然表示蔡長海是最適合擔任董事長的人選，全力支持蔡長海擔任董事長。

二〇〇一年三月十八日董事會在和諧的氛圍中揭開序幕，經由全體董事一致通過推選蔡長海為中國醫藥學院暨醫療體系第十四屆董事長。

## 新任董事長 開啟中國醫藥大學暨醫療體系新紀元

在蔡長海董事長人才掛帥的領導下，開啟了中國醫藥學院暨醫療體系新紀元。在其睿智的領導經營下，二〇〇三年八月獲教育部審核通過改名為「中國醫藥大學」。中國醫藥大學及其附設醫院專家學者、名醫教授如雲，蔡董事長敦請陳垣崇院士出任董事一職，更重金延攬世界級大師，除了聘任教育部長黃榮村、成功大學附設醫院院長暨小兒科專家葉純甫[25]、中央研究院李文華[26]院士、洪明奇院士擔任中國醫藥大學校長，更邀集多位海內外專家學者、院士擔任本校講座教授，指導研究，如中央研究院周昌弘[27]、王陸海[28]、李國雄[29]、賴明詔、鍾正明[30]、鍾邦柱[31]等院士，並於二〇二二年再禮聘李遠哲[32]院長為「蔡長海諾貝爾獎講座」之講座教授。在這些院士級學者帶領下，中國醫藥大學暨醫療體系成立多個研究中心，培養年輕師資外，同時也帶著中國

中國醫藥研究發展基金會活動剪影。（中國醫藥研究發展基金會提供）

醫藥大學暨醫療體系脫胎換骨，並迅速與國際接軌。

中國醫藥大學未來以進入世界排名前一百大為目標，在二〇二三年發布的各項世界排名，英國泰晤士高教世界大學排名二六五名，比前一年進步五十三名，全臺排名第二，私校第一；上海軟科世界大學排名為二二九名，全臺排名第二，私校第一，而在美國新聞世界大學（US NEWS）排名為五〇七名，比去年進步二百六十四名，全臺排名第三，私校第一。二〇二二年全國三分鐘生科論文口說競賽於成功大學舉辦決賽，中國醫藥大學生物科技學系將全國前三名全部拿下，外加兩個特別獎，從學校到學生表現具皆光采耀眼。

蔡長海董事長領導的董事會以「創新改變、追求卓越」的精神，積極延攬國內外頂尖人才和研究團隊，興建新校區及醫療大樓，成立世界級的研究中心及特色醫療中心，與世界知名的醫學中心和研究機構合作，建構智慧大學及人工智慧醫院，發展生醫產業，讓中國醫藥大學暨醫療體系未來能發展成為更「卓越優秀的國際一流大學及醫學中心」。

此外，蔡董事長特別邀請世界知名的普立茲克建築獎教父美國法蘭克・蓋瑞（

Frank Gehry）大師設計醫學美術館，此為法蘭克・蓋瑞大師設計的全球第一棟醫學美術館，同時，也邀請普立茲克建築獎得主西班牙RCR建築事務所三位建築師設計體育館，希望藉由教育、醫療、生醫產業、世界建築及藝術，讓世界看見臺灣，亦看見中國醫藥大學暨醫療體系發展的無限潛能。

近二十年來，中國醫藥大學暨醫療體系在各領域創新茁壯，證明了當年林昭庚及所有董事支持蔡長海的決定沒有做錯。李遠哲院長對蔡長海董事長讚許有加，在一次偶然的餐敘中，提到中國醫藥大學的傑出成就是有卓越的領導人——蔡長海董事長，認為他是一位相當有魄力的少見人才，很有遠見，對於決策及承諾的事，說到一定做到，成就了今天的中國醫藥大學暨醫療體系。

據林昭庚了解，為了中國醫藥大學暨醫療體系，有時蔡長海受到許多委屈，他對林昭庚說：「人在做，天在看。只要我們團結合作，一定會把中國醫藥大學暨醫療體系發展得更好！」這些話，支持林昭庚度過那些校內外蜚短流長的低潮。林昭庚本著「是非以不辯為上策」，父親的人生智慧陪伴他默默前行，在學校的歷史關鍵時刻，完成大我的目標，他問心無愧。在成為臺灣首位本土院士後，林昭庚常想一個問題，如果不是蔡長海，今日的中國醫藥大學是如何？「這沒有答案，肯定不會像現在這麼好。」

他回想當年支持蔡長海擔任董事長之舉，原是以學校發展出發的無私之心，事後之明，這個決定影響了未來的格局，也改變了自己的命運。因為蔡長海董事長聘請多位院士級同仁，讓他們對林昭庚的學術研究有更多的了解與賞識，林昭庚才有機會邁向院士之路，當選為中央研究院第三十三屆生命科學組院士，中國醫藥大學亦擁有創校以來獨立培養的臺灣首位本土中醫院士，林昭庚深深感到「成人達己」真是不變的真理。

## 與歷任校長相知相惜　成就備受推崇

在中國醫藥大學四十餘年，林昭庚歷經多位校長，每一位都在其專業領域中出類拔萃，每一位都和他留下相知相惜的情緣。

葉純甫校長是林昭庚彰化高中的學長，一九八六年回國於臺大醫學院任職時，在

2023年與前中國醫藥大學校長、成大醫院院長葉純甫合影。（葉純甫提供）

當時兒科主任蔡長海邀請下，每週到中國醫藥大學教學，在二〇〇三年接任中醫大校長。

「我認識他三十多年來，沒見過他發脾氣，更沒聽到有人說他一句壞話。」數十年相識，葉純甫看待林昭庚是默默做事的謙謙君子，「別人的困難，他看在眼裡，幫忙也不聲張」，他回憶，有一回和林昭庚聊天時，無意間提起一件掛心的事，提過也就忘記了，沒想到林昭庚放在心上，在合適的時機幫忙安排，「事後也沒向我提起，我是過了很久才從別人那邊知道。」

在他的眼裡，林昭庚這位學弟是能夠解決任何棘手問題的人物，「再怎麼複雜的處境，他總有辦法從糾結中找到圓滿的途徑，是真正的高手。」他說，蔡長海和林昭庚是中國醫藥大學兩顆閃耀雙星，而林昭庚更是前後兩任董事長的最佳輔佐。

黃榮村校長和林昭庚多次相偕參加國際會議及訪問，二人無話不談，與針灸大師同行，黃榮村更能感受林昭庚成功結合中西醫的國際成就，他推崇林昭庚的卓越貢獻，讓學校與全體師生深以為榮，於二〇一三年聘任林昭庚為中國醫藥大學講座教授，並報教育部延退。

在前校長李文華眼中，林昭庚是位憨厚老實的傳統臺灣人，資質聰明加上勤勞苦練，從鄉下貧困農村子弟成為一代宗師，足為杏林表率，鼓舞更多窮困學子奮發向上、勵志未來。林昭庚七十歲退休之際，李文華提出其為頂尖科學家，應繼續為母校服務，便續聘為講座教授（至七十五歲）。李文華亦是鼓勵和促成林昭庚叩關中央研究院院士的伯樂。

## 掌聲響起　儒醫典範不孤獨

同為中央研究院院士的臺灣分子生物學及癌症醫學專家洪明奇校長，在二〇〇五年擔任中國醫藥大學董事，與林昭庚有近二十年的共事情誼，洪明奇在任職中醫大校長之前，擔任德州大學安德森癌症中心[33]乳癌基礎研究中心的主任，他理解一位土生土長的臺灣學者，要將中醫針灸傳統醫學推向世界舞台是多麼艱巨的任務。

除了深厚精湛的學術根基外，洪明奇校長尤為感佩林昭庚能發揮勤奮踏實的「草地人」堅毅精神，力爭上游成為國際知名學者，為臺灣建立國際聲譽，是相當了不起的儒醫典範。林昭庚在七十五歲臨退之際，洪明奇校長特聘林昭庚為專案講座教授，繼續留任母校，專心研究，教育英才。

中國醫藥大學六十週年大慶，林昭庚坐在台下笑吟吟看著大銀幕上中國醫藥大學體系的神奇進步和邁向國際展望，和他並排而坐的同僚俱是國內及國際頂尖科學家。一個人的成長過程會影響他日後人生的很多決定，他像是望著自己的孩子，又似在母親安全的懷抱，一首他喜愛的歌輕輕在心中迴旋：「多少青春不在，多少情懷已更改，但我還擁有你的愛」，掌聲響起，舞台上他不孤獨。

1 林昭庚為中國醫藥大學唯一先後二次獲頒「傑出校友」的校系友。引自吳嵩山編著，《中國醫藥大學六十年發展史》，頁四五九～四六○。

2 于立忠教授於一九八○年八月一日～一九八一年七月三十一日期間擔任中國醫藥大學中醫學系系主任。

3 陳光偉，中國醫藥學院中國醫學研究所醫學博士，曾任中國醫藥大學中西醫結合研究所、中醫研究所所長，現任馬偕紀念醫院中醫部主任。

4 可參考董群廉、陳進金訪問記錄整理，《陳梅生先生訪談錄》（臺北縣：國史館，二○○○年）。

5 陳立夫，《成敗之鑑：陳立夫回憶錄》（臺北：正中書局，一九九四年），頁四○二～四○三。

6 陳潮宗，《近現代臺灣中醫史名人傳錄》，頁六七～七四。

7 參考林昭庚，〈中醫界守護者 陳立夫先生事略〉，收入林昭庚主編，《臺灣中醫發展史》，頁三八四～三八六。另可參考陳柏勳、林昭庚，〈臺灣中醫藥巨擘：陳立夫〉，《中國醫藥研究叢刊》三十四期（二○二三年），頁七一～八五。本書後面還有關於他的介紹。

8 林昭庚主編，《中西醫病名對照大辭典》，第一冊，陳立夫序，頁XII。

9 衛生福利部國家中醫藥研究所蘇奕彰所長帶領研究團隊研究開發新中藥複方「臺灣清冠一號」，在嚴峻新冠疫情中，為焦慮的國人帶來安全、安心的救命藥方。有關該藥物之研發，可參考蔡運寧、蘇奕彰，〈從SARS到COVID-19：現代中醫如何因應瘟疫〉，《中國醫藥研究叢刊》三十四期（二○二三年），頁一八五～二○八。

10 高尚德，中國醫藥大學中國醫學研究所醫學博士，曾任中醫學院中醫學系系主任、中國醫藥大學中醫學院院長等職，現任中國醫藥大學附設醫院中醫副院長、中醫部中醫肝膽內科主治醫師。

11 何宗融，中國醫藥大學中國醫學所博士，曾任中國醫藥大學北港附設醫院中醫部部主任、臺南市安南醫院中醫部部主任等職，現任花蓮慈濟醫院副院長兼中醫部部主任。

12 黃林煌，中國醫藥學院學士後中醫系學士、杜蘭大學公共衛生研究所碩士。曾任員山榮民醫院中醫科主任、宜蘭縣中醫師公會理事長、中醫藥委員會主任委員等職，現任衛服部駐史瓦帝尼大使館參事。

13 中國醫藥學院於民國四十七年創校之後，一直沒有自己的附設醫院，民國六十二年十一月，董事會決議籌建一所中西醫合作的附設醫院，但因財源無著而擱置。後經陳立夫董事長多方奔走，建築款項方有著落。民國六十七年十月，陳立夫董事長聘請空軍總醫院王廷輔醫師擔任院長、中醫界耆宿包天白醫師擔任副院長，全院於六十九年正式開幕啟用。參考吳嵩山編著，《中國醫藥大學六十年發展史》，頁一二九～一三〇。時任院長的王廷輔也曾出版回憶錄，參考王廷輔，《白袍生涯一甲子：一位杏林老兵的回憶錄》（臺北：三民書局，二〇〇九年）。

14 下條子指的是「手諭」。凡是長官或尊長親筆的指示，大都使用便條紙書寫，並未經由正式公文途徑，俗稱為「下條子」。

15 郭盛助，名城大學藥學部博士，曾任中國醫藥學院藥學系主任、中國醫藥大學校長等職，現為中國醫藥大學附設醫院醫學研究部顧問。

16 黃榮村，曾任臺大心理學系教授、教育部長、九二一大地震重建會執行長等職務，國內外聲譽卓著，現任考試院院長。

17 洪明奇，臺灣癌變基因研究的頂尖學者。早年拿到美國麻省Brandeis大學分子生物學博士，曾任美國德州大學安德森癌症中心癌症生物學系與分子細胞腫瘤學系主任、德州大學安德森癌症中心分子細胞腫瘤學系主任、美國德州大學安德森癌症中心基礎研究副校長。二〇〇二年，洪明奇獲選為中央研究院院士，自二〇一九年起，擔任中國醫藥大學校長至今。

18 曹濟鵬、陳麒方、黃建榮，〈臺灣中醫藥現代化重要推動者：張成國主委〉，《臺北市中醫醫學雜誌》二十八卷一期（二〇二二年），頁八一～八五。

19 「中國醫藥研究發展基金會」由何應欽、陳立夫等人籌組，於一九七三年十一月間在臺北成立，目的就是要用科學的方法對中國醫藥作有系統的研究。何應欽在成立大會上說：「中國醫藥在治病上常有效驗，但是還缺乏現代科學的研究實證。很多中醫只知道各秉師承，抱殘守缺，不求發展。」他希望創設這個基金會後，能延攬到一些中西醫的優秀人才，用最新的觀念和做法，弘揚中國固有的醫術。引自〈中國醫藥研究發展基金會昨成立〉，《聯合報》，一九七三年十一月二十六日，3版。

20 可參考林靜宜，《改變成功的定義：白袍CEO蔡長海的利他願景學》（臺北：天下文化，二〇〇九年）。

21 皮國立，《中醫不科學？1920-1930年代的社會輿論》上冊（臺北：民國歷史文化學社，二〇二二年），導言，頁一～一三。

22 陳果夫，浙江吳興東林澤河裡人，民國時期重要政治人物，與其弟陳立夫同為蔣介石所倚重，負責國民黨內組織及黨務，號稱「二陳」或「CC派」。陳果夫對中醫非常支持，一九三一年在南京成立「中央國醫館」時，擔任理事長，在許多言論和政策上，都力倡中醫醫理之合理性，對於保存中醫有一定的貢獻。

23 引文和陳立夫的貢獻，可參考吳嵩山編著，《中國醫藥大學六十年發展史》，頁九九～一一四。

24 黃仁宇（1918-2000）：知名歷史學家，以倡導「大歷史觀」而為人所知。畢生著有《萬曆十五年》、《中國大歷史》、《資本主義與廿一世紀》等暢銷作品。

25 葉純甫，日本長崎醫科大學醫學部醫學博士，曾任美國芝加哥伊利諾大學醫學院小兒科正教授、美國芝加哥Cook County Hosp. 新生兒科主任、國立成功大學附設醫院院長、中國醫藥大學校長、中國醫藥大學附設醫院兒童醫院院長等職。目前為中國醫藥大學兒童醫院顧問，主要指導新生兒科醫療照護，並推動兒童醫院院務發展。

26 李文華，臺灣著名的分子生物學家。一九八一年獲得加州大學柏克萊分校分子生物學博士，曾任加州大學爾灣分校生物化學系教授，二○一四年接任中國醫藥大學校長。並擔任中央研究院基因體研究中心特聘研究員。在研究方面，一九八六年他發現人類第一個抑癌基因「RB基因」，一九九四年獲選為中央研究院第二十屆生命科學組院士。

27 周昌弘，美國加州大學聖塔芭芭拉校區生物科學系植物生態學博士，曾任中央研究院植物所研究員與所長、國立中山大學中山講座教授兼學術副校長、國立屏東科技大學校長等職，於一九九四年當選中央研究院院士。現職為中國醫藥大學講座教授、臺灣大學特聘講座、中山大學講座教授、中興大學講座教授、成功大學客座特聘講座、屏東科技大學終身講座教授等職，學術研究成果受到各界廣泛好評。

28 王陸海，是癌症生物學、細胞轉化與信息傳導科學的頂尖專家。早年取得美國加州大學柏克萊分校分子生物學博士，擁有美國西奈山醫學中心微生物學系、癌症中心、腫瘤科學系終身教授資格。二○○八年以國家衛生研究院分子基因所特聘研究員兼所長之身分回臺灣，並於二○一三年擔任副院長。於國衛院期間，二○一○年當選中央研究院院士，二○一二年又當選TWAS世界科學院院士。現任中醫學院中西醫結合研究所教授，也擔任該校副校長。

29 李國雄，是國際知名藥學家，專長為醫藥化學、生物活性及中醫藥學。美國明尼蘇達大學醫藥化學哲學博士，自一九七〇年起他任職於美國北卡羅來納大學教堂山藥學院，先後擔任到教授和Kenan醫藥化學傑出講座教授等多項要職，於一九九六年當選中央研究院第二十一屆院士，也曾擔任中國醫藥大學附設醫院中醫藥研究發展中心顧問。可惜因病於二〇二一年在美國病逝。

30 鍾正明，著名美籍華人細胞生物學家，於美國洛克斐勒大學攻讀基礎醫學，並獲得病理學博士學位，擔任該校分子生物系教授。二〇〇八年獲選為第二十七屆中央研究院院士，現任教於美國南加州大學病理系。

31 鍾邦柱，是臺灣從事研究荷爾蒙基因突變與調控的頂尖女性科學家，一九七九年在美國賓州大學取得生物化學博士學位，曾任中央研究院分子生物研究所特聘研究員、副所長、國科會生物處處長，於二〇一八年當選第三十二屆中央研究院院士，現為中研院分子生物所特聘研究員

32 李遠哲，是第一位出生及成長於臺灣的諾貝爾獎得主，研究成果眾多，並參與許多教育與社會事業，可參考https://zh.wikipedia.org/zh-tw/%E6%9D%8E%E9%81%A0%E5%93%B2，擷取時間：二〇二三年十月六日。

33 德克薩斯大學安德森癌症中心（University of Texas MD Anderson Cancer Center, UT MDA），位於德克薩斯州休士頓，創建於一九四一年，是集合腫瘤臨床診斷、綜合治療及基礎醫學研究於一體的大型專科醫院，該中心是美國最大的癌症中心，一九七一年，美國擬定「國家癌症行動」計畫，該中心是被指定為最早的三個癌症治療中心的一員，在美國醫療史上佔有重要的地位

# 第十四章

# 三度叩關中研院院士 春暖花開

二〇二二年七月七日，中研院第三十三屆院士選舉名單揭曉，共選出十九位新科院士，生命科學組六名當選人之一——林昭庚，以「臺灣第一位土生土長中醫院士」一成為各大媒體聚焦人物，他是臺灣第一個「土產」中醫針灸博士，第一位教育部審定的中醫學教授，更是中國醫藥大學從大學、研究所、博士班一手培育的傑出畢業校友，對光大中醫傳統醫學與醫術而言，意義格外重大，消息傳來，全校師生莫不歡欣鼓舞。

七月九日星期六下午在水湳校區史丹佛講堂舉辦慶祝茶會，參與盛會各界賓客超

2022年中國醫藥大學暨醫療體系蔡長海董事長（前排右四）、洪明奇校長（前排右三）、李文華前校長（前排左三）為林昭庚（前排左四）當選「中央研究院第33屆新科院士」舉辦慶祝茶會，於史丹佛講堂合影留念。（吳嵩山提供）

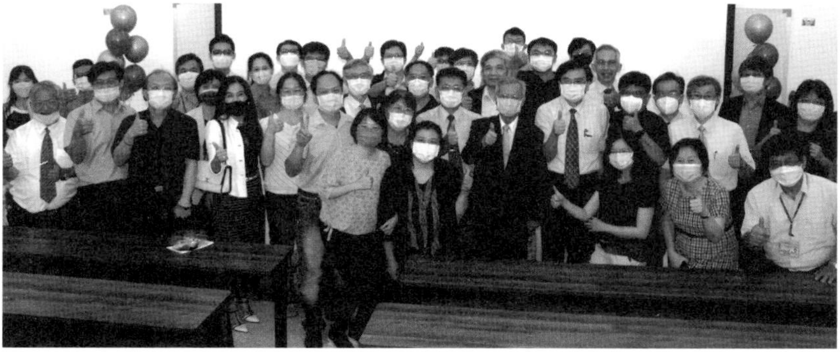

2022年中國醫藥大學暨醫療體系為林昭庚（前排右五）當選「中央研究院第33屆新科院士」舉辦慶祝茶會，與參加來賓合影留念。（吳嵩山提供）

過二百多人，蔡長海董事長、洪明奇校長親自主持，會場貴賓雲集、道賀聲不絕。這是林昭庚第三度獲提名院士，終於當選。第一次沒選上時他心想「這不屬於我」，不想再選，但身邊很多人持續給他加油鼓勵，一路陪伴他終至春暖花開。

中央研究院院士是我國最高學術榮譽，共分為數理科學、工程科學、生命科學、人文及社會科學等四組，屬終身名譽職。候選人來自國內外不同學術領域傑出人士，從被提名到當選得過三關，首先經過中研院評議會以通信方式無記名投票進入「初步名單」後，再由評議會投票決定正式院士候選人，最後，於二年一次的院士會議中由院士共同投票而產生。

這是與全球人才共同競爭的學術擂台，院士選舉，過程經過多次討論和投票，審慎嚴謹，能夠當選中研院院士者，必定是在該項學術領域頂尖研究者，生命科學組更是西醫的天下。長久以來，中、西醫之間存在很大的認知鴻溝，中醫無法提出具說服力的科學實證是很大原因。在百年來中、西醫論爭的歷史背景下，[1]要求頂尖的西醫學院士去認同一位土產的中醫博士，真是難如登天。

## 六十七歲那年 生命中「伯樂」再度出現

林昭庚數十年來埋首教學研究，研究成果、論文及著作等身；投身公眾利益，從家鄉、母校到中醫界，在需要時他挺身而出。雖然選院士的想法從未出現，然「人若精采，天自安排」，林昭庚一生時有貴人照拂，和他與人為善、提攜後進、廣結善緣的個性有關。六十七歲那年，他生命中的「伯樂」再度出現。

二〇一四年，蔡長海董事長聘請中研院李文華院士擔任中國醫藥大學校長，李文華在到任之前，即把全校教授的資料和論文全部找來看過，除了要找出合適的人才進入幕僚群外，中醫學院的資料他特別關注。身為生命科學組的院士，李文華心中早就有疑惑：「全世界有百分之十五到二十的人使用過中醫和針灸治療，為什麼中醫沒有代表性人物？」

在醫療體系內，西醫、中醫涇渭分明，李文華認為中國醫藥大學中西醫結合培養訓練科學人才，是臺灣唯一，也是世界頂尖，而且中醫大已經有許多國際級的研究成果，「在中央研究院生命科學組內為何沒有中醫院士？」他細看每一份中醫系教授資料，希望從中能找出具潛力的人才培養，厚植中醫學院實力，他說到：「這是校長的任務。」

在海量的論文中，李文華發現林昭庚的學術研究質量俱優，他眼睛為之一亮，「在這裡！」他彷彿看到一匹足以和全球人才競逐的千里馬，「中醫大早該有一位中醫學院士了」，李文華很快向老闆蔡長海建議，由學校提名林昭庚參選中研院院士，那時李文華甚至還不認識林昭庚。

## 任務艱鉅 想都沒想過當中研院院士

中國醫藥大學前校長李文華為中研院一九九四年當選生命科學組院士，他多次參與中研院人才選拔經驗，深知這是和全球華人競爭的擂台，除了學術實力，還要有天時、人和。李文華笑著說，當時蔡長海董事長聽完後表情訝異，但默可，「也許董事長心中也是猶豫的掛著問號吧！」

李文華找來林昭庚告知提名參選院士計畫，在此之前林昭庚根本連想都沒想過院士這一頭銜，他心中清楚，比自己成就大的人很多，尤其是醫學領域優秀人才濟濟，「這不是自己努力就能達到，任務太難了。」他表達想法，也感謝校長的熱心。

李文華分析中醫在中研院生命科學組沒有代表，而且一位本土培養的中醫院士對學校意義重大，更能帶動中醫師現代化、科學化形象，校長的熱情和信心激勵林昭庚的使命感和行動力。

生命科學組可分為「醫學」及「生物與農業」二個審議小組，李文華開始找機會把林昭庚介紹給重量級的西醫院士，讓更多人認識針灸醫學的研究成果和國際成就。「這是非常困難的任務，排隊要選的人很多。」李文華說，醫學組都是最頂尖的人才，要改變一個人的想法非常不容易，這需要一大群人的幫忙。

## 三度叩關　成為臺灣首位中醫本土院士

二〇一六年林昭庚由羅浩、鄭永齊、陳定信、洪明奇及李文華等院士提名叩關，投票結果並未進入初步候選名單，「只差一點」，李文華信心不減；二〇一八年再度挑戰，這次考慮林昭庚是醫師背景，由國內B肝權威陳定信院士主提名，吳成文、蒲慕明、鄭永齊、羅浩加入陣容，這回林昭庚進入評選名單，但高票落選，「只差一步了！」李文華毫不氣餒。

二次落選，有人認為生命科學組競爭激烈，建議也許可以轉戰「人文及社會科學組」，理由是林昭庚的醫學史及中醫文獻典籍著作，質與量都具分量，例如《新針灸大成》獲得有中醫藥諾貝爾獎之稱的「立夫獎」；《針灸醫學史》是華人世界第一本以學術論文研究角度看針灸發展史的著作；耗時十二年的《中西醫病名對照大辭典》則是架起中、西醫學的溝通渠道，醫史文獻的相關著作文字超過二千多萬字、共有六十本醫學研究或史學彙整著作，皆為具開創性、實務性巨著，用人文組的標準來衡量，確實已是跨領域兼高標準，為全球學習中醫者提供了一座探索傳統與新知的歷史寶庫，而英文版著作亦為歐美多所圖書館館藏。[2]

「以此成果參選人文社會組當更具競爭力」，友人如此分析。然而身旁「抬轎」者大都看法是，已走到只差一步之遙，另起爐灶轉到人文組並不是好辦法，林昭庚是個凡事隨緣的人，一切從善如流，就留下了這一段小插曲。

## 洪明奇提名院士力薦 臺灣需要一位中醫院士

二〇二二年林昭庚第三度被提名，五位提名院士分別為陳定信、吳成文、黃秉乾、鄭永齊和洪明奇，因新冠肺炎疫情影響，院士選舉延宕兩年，五位提名人中陳定信、黃秉乾院士相繼辭世，七月四日院士選舉時，一位在美國以視訊參加，另一位則住院無法出席，候選人介紹由中國醫藥大學校長洪明奇院士獨挑大樑。

為了準備隔日的主講，洪明奇推辭了前一晚總統府的邀宴，再細細審視一次早已備妥的資料講稿，洪明奇是二〇〇二年當選的院士，他知道以中醫師背景要說服其他院士是多大的挑戰，「院士是硬碰硬的選拔」，洪明奇說，說得再好再重要，還是要拿出科學數據見真章。

是日，洪明奇院士站上主講台，他告訴聽眾，臺灣健保局統計，看中醫的民眾佔全體就醫的百分之二十七；世界衛生組織公布針灸已在世界一百四十多個國家地區廣泛使用；美國有三萬五千人持有針灸師執照，相當十萬人中有一名針灸師，中醫在臺灣、在全球舉足輕重，因此「我們需要一位中醫院士，而林昭庚是不二人選。」

洪明奇接著再問：「為什麼是林昭庚？」他秀出二〇一七年ＳＣＩ期刊的論文“Trends in global acupuncture publications: An analysis of the Web of Science database from 1988 to 2015”分析，出類拔萃的前七名，第一名是歐洲人，第二、三是韓國人，林昭庚的針灸研究世界排名第四，第五至七名為中國人，「除了林昭庚外，其他六位都是他們國家的院士，」洪明奇大聲問道：「難道我們不能有一位中醫院士？」他再強調中央研究院作為總統府的科學顧問，臺灣需要一位中醫院士。

## 積極人生的勵志故事　對年輕學生極有啟發性

引經據典慷慨激昂後，洪明奇轉而溫情訴求，說明提名人中的二位資深院士陳定信、黃秉乾今日無法出席，「他們為國舉才，這是他們的遺願，懇請大家支持。」說話聲音、動作豐富的洪明奇時常強調，一個好的科學家要善於溝通。在這短短十分鐘的介紹中，他要說服的是最頂尖、實事求事的科學家們，他的挑戰是讓第一位本土中醫博士成為中央研究院院士。他訴之理、動之情的溝通方式柔軟了台下聽眾的心。

經過多輪投票，林昭庚獲得生命科學組和其他組別多數院士的認同高票當選，成為臺灣首位本土中醫院士。說起當天的溝通策略，「我是為國舉才，一定要講到讓大家痛哭流涕才行。」洪明奇校長露出滿意的微笑。

慶祝茶會上，當年認出千里馬的前校長李文華開心溢於言表，「他是首位臺灣土生土長的院士，大家都是出去喝洋墨水，受西方訓練，林昭庚教授則是專門訓練西方人的。」李文華指出，中醫過去不被視為主流醫學，林昭庚證明了中醫也是具有深刻內涵的科學，我國歷史上首次有中醫代表進入中央研究院，對中醫界意義重大。

李文華說，這次林昭庚能獲得絕大多數的院士認可，除了學術成就外，其為人謙虛，熱心公益奉獻服務的品格也是重要原因。「他的學術歷程是一段用心開拓、究極紮根，最後總會被看見認同的勵志故事，對年輕學生極有啟發性。」

## 中醫大堅強院士團隊　一路陪他挑戰登峰

對於能以中醫背景受到認同而獲選院士，林昭庚自己也很驚訝。他回顧中醫一路走來的心情，從一開始讀不懂的逃避甚至厭倦、怠惰，到後來全部生命投入中醫的發展，這一路有太多人的幫助，更對許多貴人相助充滿感恩，而仔細推敲，其中竟有一脈相續的緣分。

首先是陳立夫董事長在一九八一年邀他回母校服務，一路提攜，讓他有機會歷練教學、臨床、行政管理和研究編著全方位領域；二〇〇一年蔡長海接任董事長，在其治理下，中國醫藥大學脫胎換骨，爾後有黃榮村校長及周昌弘、陳垣崇、洪明奇、李文華和王陸海等多位院士先後加入中醫大團隊，才讓林昭庚針刺穴位安全深度的學術研究和論文成果能被看到，主動建議林昭庚參選院士。

這批頂尖優秀的同仁，成為林昭庚叩關院士之路的神隊友，一路陪他挑戰登峰，不僅認同他的學術研究，也不斷轉而告知其學界朋友，關於林昭庚的種種研究理念。林昭庚心中感動和感謝難以言喻，沒有這群好友不懈的鼓勵支持，他無法走這麼遠，沒有蔡長海董事長領導的中醫大精英團隊，他便無緣院士之路。

這是一場和全球最頂尖華人一起競爭的選舉，誠如李文華所說，需要很多人的幫忙。林昭庚擁有「人和」優勢，「天時」竟然也發揮了關鍵的臨門一腳。二〇二二年初，史丹佛大學全球前百分之二頂尖科學家榜單在選前公布，林昭庚獲得中醫針灸研究世界排名第四，再加上曾獲得國際知名Springer Nature出版集團邀請主編*Experimental Acupuncturology*、[3]參與哈佛大學針灸教科書的撰寫等國際學術影響力，終於三度叩關成功，摘下院士桂冠。林昭庚再一次感受到命運奇妙的運作，「凡事能夠開花結果，除了個人的努力，還需要有種種條件匯聚。」他謙卑感謝命運之神的眷顧。

二〇二二年七月七日下午，林昭庚出席「第三十四次院士會議」記者會介紹新科院士。他笑容可掬的和一排新科院士站在台上，鎂光燈閃個不停，祝賀如潮水般湧來，他心中依然感到驚訝和不可置信。

院士選舉林昭庚雖然有期待，卻也始終以「得之我幸，不得我命」心情看待結果，因為，任何難關都是相對的概念，個人的努力只是必要條件的一部分而已。

## 厚培科學基礎　提升中醫價值及地位

「人生有很多的意外和驚奇」，林昭庚認為很多事都不是可以預料或計畫的，多年來國科會（科技部）、衛福部、國家中醫藥研究所等單位的中醫實證研究專案，提供他積累學術的養分；是一票不斷給他信心的神隊友，相信他的研究價值、肯定他能帶來貢獻，積極行動促成，「這些才是成就光環底下最穩固的基礎。」林昭庚在得獎感言中，感謝國家栽培、研究團隊相挺，他期許自己更努力奉獻社會回報眾人。

林昭庚能以本土培養的中醫背景戴上院士桂冠，對臺灣中醫界而言是具有跨越科學藩籬的非凡意義。

中國醫藥大學董事會董事孫茂峰[4]認為，此事鼓舞了整體中醫界。快人快語的孫茂峰坦率的說，過去社會大眾看待中醫，就是民俗醫療，甚至有如江湖郎中，「有些事表面看起來差不多，但如人飲水冷暖自知。」他說，多年來中國醫藥大學和長庚醫學大學中醫體系，在林昭庚教授帶領下朝實證科學方向厚培科學基礎，努力涓滴成河，從陽明交通大學、中興大學、嘉義大學紛紛提出設立後中醫系就證明了社會的需求。此次，首位具中醫背景的學者當選院士，一舉把中醫體系拉到現代醫學同等層次，提升了中醫的價值及地位。

前衛生署中醫藥委員會主任委員林宜信[5]指出，林昭庚學術成就是臺灣中醫教育

2011年林昭庚（左）受中華民國中醫師公會全國聯合會孫茂峰理事長（右）聘為首席顧問。（孫茂峰提供）

獲得學術界和世界肯定的堅固證明，也體現了臺灣中醫界醫師的努力，「臺灣中醫的發展、臺灣中醫躍進世界的發展，與林昭庚教授個人學思歷程是同步並行。」在他心中，林昭庚的成就早就超越院士等級，今日獲得中央研究院院士的桂冠尊榮，名符其實互相輝映。

從大學見習生開始到開業、授課、研究、編著典籍、參與國家政策，林昭庚一再躍入未知、當所為而為，就像在一片園地種下各式種籽，哪些會發芽？他並不知道，只能帶著信念耕耘不輟，相信總有一天，不錯的成果將破土而出。

## 對中醫大發展很重要　引領更多優秀人才

中國醫藥大學史丹佛講堂會場前擺滿了各界祝賀花籃、紅色蝴蝶蘭盆栽及盆景，香氣襲人、喜氣洋洋。慶祝茶會上蔡長海董事長推崇林昭庚為國際中醫藥針灸的泰斗，並特別感謝洪明奇校長還有李文華前校長、潘玉華院士、王陸海副校長等友人給予林昭庚教授的支持。洪明奇校長開心地說，中央研究院是總統的科學顧問，總統以後詢問中醫事務，他就會很開心的回答：「我們有一個中醫師的院士了。」

2023年林昭庚與王陸海院士合影。（林昭庚提供）

前校長李文華更是有感而發，他感性的說：「在我心目中臺灣的中醫在世界上已經是頂尖了，中國醫藥大學中醫學院的中醫師是雙執照，有西醫和中醫的訓練，在別的地方根本沒有如此完整的課程和臨床訓練。況且，現在中醫已經不一樣了，『臺灣清冠一號』被研發出來，行銷五十三國，連美國人都下單，這東西（中藥）是真的可以用的。」代表臺灣中醫治療傳染病的療效，真的被世界看見了。[6]

他在致辭中還說，中醫進入中研院是巨大的里程碑，「臺灣針灸權威林昭庚教授的表現不一樣，所以我們推薦他參選中研院院士，這個對中醫大的發展是非常重要，可是在現代醫學環境，一聽到中醫，大家都要搖頭，這是非常困難、不可能的任務 mission impossible，但一定要有個人做開頭，引領未來更多的優秀人才。」

二〇一五年，時年八十五歲的中國諾貝爾生理醫學獎共同得獎人屠呦呦[7]得獎感言啟發全球，終生投注中醫科學研究的她說：「不要追一匹馬，你用追馬的時間去種草，待春暖花開時，能吸引一批駿馬前來。」

林昭庚投注畢生心力在讀書、寫書、教書、編書和勸學生讀書，他的草原早已春暖花開。他要用中西醫優勢結合擦亮千百年的祖先智慧，今日的果，是根植於半世紀以來不斷植入的因。

在慶祝茶會的尾聲，林昭庚的家人，婦產科醫生的大兒子育賢、耳鼻喉科醫師的小兒子哲玄，與神經內科醫生的二媳婦李薰華，滿面笑容地帶著孩子上台向親愛的爸爸獻花祝賀，會場掌聲不斷，溫馨祝福滿室。

2022年中國醫藥大學暨醫療體系為林昭庚（中）當選「中央研究院第33屆新科院士」舉辦慶祝茶會，家人獻花並合影留念。（吳嵩山提供）

1 可參考皮國立主編，《走過「廢除中醫」的時代：近代傳統醫學知識的變與常》（臺北：民國歷史文化學社，二〇二三年）。

2 比較典型的醫史文獻著作，包括林昭庚、鄢良，《針灸醫學史》（北京：中國中醫藥出版社，一九九五年）；李經緯、林昭庚，《中國醫學通史（古代卷）》（北京：人民衛生出版社，二〇〇〇年）；傅維康、李經緯、林昭庚，《中國醫學通史（文物圖譜卷）》（北京：人民衛生出版社，二〇〇〇年）；林昭庚主編《臺灣中醫發展史》，前揭書。林昭庚、陳光偉、周珮琪，《日治時期（西元1895-1945）の臺灣中醫》（臺北：國立中國醫藥研究所，二〇一一年）；Jaung-Geng Lin, *A Review of the History and Practice of the Needling Depth of Acupoints, National Research Institute of Chinese Medicine* (Taipei: Ministry of Health and Welfare, 2014)；林昭庚、周珮琪、林伯欣、施惠娟，《中醫學史》，前揭書；殷揚智、林昭庚，《古今君主封聖褒揚——醫家考證》（臺中：中國醫藥大學，二〇二一年）。

3 Jaung-Geng Lin, *Experimental Acupuncturology*, Springer Nature, 2018.

4 孫茂峰，中國醫藥大學中國醫學研究所醫學博士，曾任中國醫藥大學附設醫院中醫副院長、中華民國中醫師公會全國聯合會第八屆理事長、中國醫藥大學中醫學院院長等職，現任中國醫藥大學董事。

5 林宜信，中國醫藥大學中醫學系學士、碩士，畢業後於國立清華大學原子科學院輻射生物研究所取得博士。曾任國立臺北護理健康大學中西結合護理研究所教授兼所長、衛生署中醫藥委員會主任委員、長庚紀念醫院中醫部主任等職，現任慈濟大學學士後中醫學系系主任兼教授。

6 從戰後中醫發展來看，整個衛生系統和資源多被西醫佔據，中醫在治療傳染病上落入失語的境地，直到這個時候，才略有轉機，可參考皮國立，《全球大流感在近代中國的真相：一段抗疫歷史與中西醫學的奮鬥》（臺北：時報出版社，二〇二二年），頁三二六～三五四。

7 屠呦呦，浙江省寧波人，中國中醫科學院中藥研究所青蒿素研究中心主任，是抗瘧藥青蒿素和雙氫青蒿素的發現者，首位獲科學類諾貝爾獎的中國人，她曾說：「青蒿素是傳統中醫藥送給世界人民的禮物。」二〇二二年，九十二歲的屠呦呦再度落選中國中科院院士，落選的理由之一是：沒有留洋背景。有關其傳記與事蹟，可參考《屠呦呦傳》編寫組，《屠呦呦傳：諾貝爾獎首位華裔女科學家的一生》（臺北：天下文化，二〇一六年）；饒毅、張大慶、黎潤紅，《呦呦有蒿：屠呦呦與青蒿素》（北京：中國科學技術出版社，二〇一五年）；屠呦呦、羅澤淵、李國橋、張劍方、吳滋霖、施凜榮、黎潤紅等，《「五二三」任務與青蒿素研發訪談錄》（長沙：湖南教育出版社，二〇一六年）；殷揚智、林昭庚，《古今君主封聖褒揚——醫家考證》（臺中：中國醫藥大學，二〇二一年），頁二五六～二八五。

# 第參部

# 依於仁

第十五章

# 著書立論　一本本都有精采故事

十年磨一劍，是毅力和堅持的精神，磨劍，要讓寶劍更鋒利；十年，或許只是時間的表徵，人生有多少個十年？林昭庚早就看過美國第十六任總統林肯說過的這句話：「如果給我六個小時來砍一棵樹，我會用前四個小時把斧頭磨利。」他想推動中西醫一元化、針灸醫學國際化，不但是一條遙遠的長路，更是一條孤寂的苦路，想了想，「著書立論」或許可以讓長路變為坦途，讓孤寂化為熱絡，林昭庚這樣的心志，不止十年，不止獨自磨劍，帶領優秀的團隊，磨利無數的寶劍，四十年二千多萬字，被編進六十本專書與四百多篇研究論文中。

## 很多人看不起中醫　想寫書最原始動機

要著書立論，絕對沒有想像中的輕鬆，廣閱群書才能看出疑問，輔以科學研究才能立論新解，這才是負責任的著書者。林昭庚給自己最原創的寫書動機，給自己最嚴謹的寫書任務，不為自己，而是為針灸醫學立下千秋萬世的世界觀點，從臺灣走進國際。

大學時期同時雙修中、西醫學，林昭庚對二者學術立論有所比較，相較講究精準科學實證的西醫，以經絡理論及陰陽五行為核心的中醫，看起來似哲學又像玄學，學生時代的林昭庚曾對中醫學習懷疑過，對滿篇古文頭痛不已，認為有朝一日他要把這些懷疑給予解答，看不懂的古文，要想辦法讓後學能直接讀懂，這些想法放在他的內心深處。同時，他也看到經過千錘百鍊的傳統醫學，需要的是現代化的實證，「很多人看不起中醫，所以我想用科學的方法去推翻這些質疑，去證明中醫藥真正的價值。」他說。

大學生活要自食其力，花錢買原文書一事成為林昭庚十分沉重的負擔，他每每憶及母親為了繳學費在莊頭村尾四處借錢的困境就心酸，他希望人人都能輕鬆的享受知識帶來的好處。從第一本書至今，林昭庚在四十年內共完成六十本書，平均不到一年完成一本。他的著作，從有如滿漢全席的時代巨著《中西醫病名對照大辭典》，到烹小鮮的生活書《林昭庚教你喝養生茶》、《從生活中防癌抗癌》等全沒缺席，他的讀者從中外學術界專家學者到注重養生的婆婆媽媽。

## 博覽針灸群書 百家爭鳴也有混珠之作

一九八八年林昭庚的第一本書《新針灸大成》問世，這本書超過一千頁，前後集結一百三十多位中西醫師、費時六年，再加上林昭庚恩師黃維三校正一年，終於出書。奇特的是這部書前面九百頁是既有的前人之作，何以工程如此浩大？林昭庚搖著頭說，「這個要從石器時代說起。」

公元五、六世紀之後，文獻古書如《左傳》、《黃帝內經》、《漢書》等都有關於古代運用石器治病的記載，稱為「砭石」。漢代紙張發明後，針灸醫者的臨床經驗有更方便的載體記錄相傳，讓後人不必再從頭摸索，醫學知識的傳衍更為方便。不過，百家爭鳴固然形成一片織錦風光，卻也不乏魚目混珠之作，良莠不齊的醫書輕則無效、重則害命。

千年過去，到了明朝終於出現轉機，當代醫術精湛的針灸名家楊繼洲整編明代之前針灸相關典籍記載，經過去蕪存菁後，內容包括《內經》、《難經》中有關針灸的論述、針灸歌賦選、經絡腧穴、刺法針法、灸法、針灸證治、楊繼洲醫案和小兒按摩法等共有十卷，在明朝萬歷二十九年（一六〇一）集結成為《針灸大成》，這部具有臨床實用特色的典籍，成為後世學習針灸者的教科書，人稱「針灸聖經」。[1]

## 《新針灸大成》問世　用現代守護傳統

時間又過了四百多年，這中間雖然有不同版本，但也只是勘註、校釋、註解，使用者相沿成習。

林昭庚熟讀《針灸大成》，佩服作者當年集百家言勘誤補遺的智慧和決心，卻也看到這部數百年的「針灸聖經」不合現代醫理的原文，像是書中有針刺「睛中穴」記載，亦即針要從眼睛瞳孔插入，如果在現代恐怕就要鬧上法庭了。「這部書需要與時俱進」，林昭庚下定決心要讓《針灸大成》與現代醫療體系能更相配合。

一九八一年，他回到母校擔任講師，隨即成立團隊投入《針灸大成》增補編纂，一方面探討原文中有疑義、不合現代醫理內容、難以理解的字詞，以及醫理難明的句段，逐頁逐句依中西醫觀點加以註解；一面增加針灸法的定義、針灸止痛和免疫機轉探討，以及聯合國世界衛生組織公布針灸適應症及處方等現代醫學觀念，以現代醫學理論詮釋機理，將原書十卷擴增為十二卷。

一九八八年三月，《新針灸大成》出書，素面寶藍色精裝本，意趣自然樸拙的書法字「新針灸大成」端坐中央，右上角是「林昭庚著」、左下角「陳立夫題」，封面除了文字燙金外再無多餘文字圖案，視覺清楚傳達出這是一本專業經典之作，無需贅言。

捧著《新針灸大成》，林昭庚一頁一頁回味，他在出書的七年前，憑著初生之犢的勇氣，出手改編全世界使用數百年的「針灸聖經」，為了編寫這本千年針灸巨著，他再度精讀原著，多少夜晚他突然想到問題，深怕忘記，立即從床上躍起，他帶著百人團隊博采百家之學，一字一話深究其義，一九八一年團隊成軍時，找來幫忙的班代表學生李德茂，目前已成為中國醫藥大學的教授了。

荣誉证书

林昭庚先生：《针灸学新论》

被首届医圣杯国际中医药学术著作和论文评奖委员会评为一等奖。

特颁发此证书

中国中医研究院
一九九四年三月

《針灸學新論》（1992）：1994年榮獲中國中醫研究院（現為中國中醫科學院）首屆「醫聖杯」之一等獎。

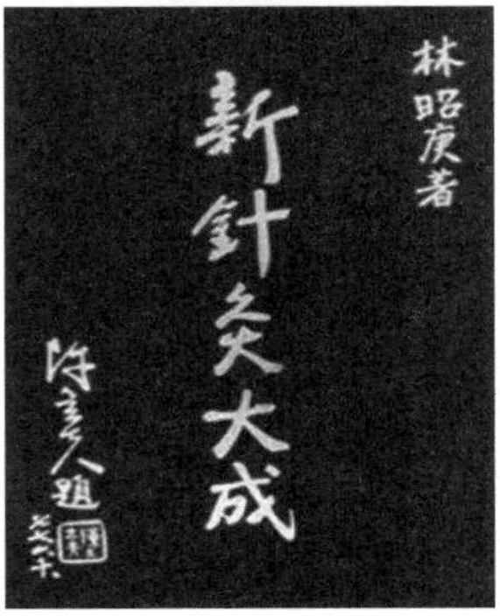


《新針灸大成》（1998）：1999年榮獲「立夫醫藥文教基金會」首屆中醫藥著作獎（陳立夫先生親自頒獎）。（林昭庚提供）

《新針灸大成》出版後，立即獲得兩岸針灸醫學界的重視，被譽為自明朝楊繼洲《針灸大成》一書以來，僅有的中西醫理新解書籍，是對針灸學的一大貢獻，這本書於一九九三年增訂再版，暢銷海內外。

## 健康亮起紅燈　退還國立編譯館三百六十萬費用

一九九三年，林昭庚應母校之聘，擔任中國醫學研究所所長，為傳統醫學培育優秀的師資人才。在此之前，董事長陳立夫從國際視野觀點看到中醫藥現代化要接軌世界，中西醫病名語意要兜得起來是第一步，於是請林昭庚著手編著《中西醫病名對照大辭典》。

林昭庚佩服陳立夫董事長的國際視野與遠見，從大學打工就是「老闆交代使命必達」個性，他毅然扛下了這部開創巨著的挑戰。於是自一九九二年起，林昭庚召集一批中西醫師、副教授及博碩士生，成立專業團隊，由國立編譯館提供三百六十萬費用，約定以三年工作時程為期展開工作。

具有五千年的中醫，與數百年的西方現代醫學，各具論述、各成系統，要結合，談何容易？如果說《新針灸大成》是橫渡太平洋，那《中西醫病名對照大辭典》就是登月任務。

「光是從二千年來歷代中醫書籍中選出病症，再以西醫國際疾病分類為藍本，根據病因、病機、病位、病症等，經比較、分析、論斷後給予中西醫病名這個工作，就足以讓團隊如陷巨大黑洞。」黑洞中無光，眼看計畫結案期限一日日逼近，但是進度如陷泥淖，林昭庚常感到一塊大石壓在胸口。就在巨大壓力下，早年潛伏的病因找到破口而出，健康亮起紅燈，萬般無奈放下工作，他退還三百六十萬委託款以免違約，獨自承擔所有工作費。

工作是停下來了，但無法完成的恥辱卻揮之不去，心中兩個聲音時時交戰：「何苦扛這個責任，這不是你的事」；另一個聲音喊著：「董事長交代的事，就這樣放著不管嗎？」終於在「這件事沒有完成，一生撕不掉失敗標籤」的良心折磨下，林昭庚病情獲得控制後，重新擬定工作目標和策略，自掏腰包招募團隊，重啟大辭典編輯工作，終於突破瓶頸，在二〇〇一年完成史上第一部《中西醫病名對照大辭典》，再一

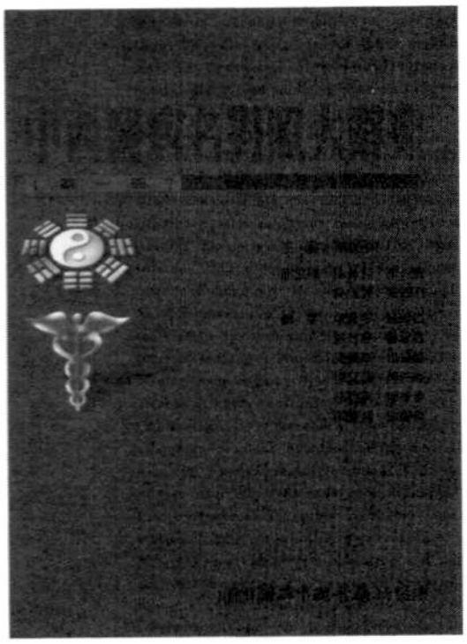
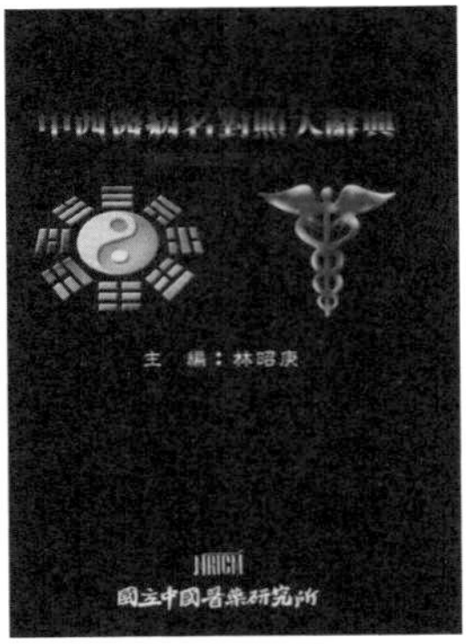


《中西醫病名對照大辭典》一版（左）、二版（右）。

次，老闆的交代使命必達！

這個任務有多艱鉅？中國醫學史專家李經緯[2]在《中華醫史雜誌》發表讀《中西醫病名對照大辭典》書評，文章內提到：「（中國）國立中央國醫館創建伊始，即有中西醫病名對照研究之議，且在先賢操持下完成了初稿，但終因各方之不同評價而胎死母腹，更顯此宏大巨著之不易。」[3]

## 《中西醫病名對照大辭典》最刻骨銘心著作

若要說他一生主編過的書中最刻骨銘心的，非《中西醫病名對照大辭典》莫屬，這部前後費時九年、引用四百九十九部中醫藥文獻、七十五本西醫文獻，編撰完成五大冊、四百餘萬字的醫學巨作，由臺灣教育部及大陸衛生部分別以繁、簡體出版。這是全世界第一部結合中西醫學合併討論的辭典，填補中西醫學病名之間對應性的空白，更是提供爭端疑惑的溝通平台。

國際間紛紛以「與國際接軌、空前壯舉」高度肯定和推薦，二〇〇四年林昭庚再以第一版為基礎，集結各方回饋指正，完成第二版增訂編修。這套中西醫病名對照，已為世界各國相關學術機構採用，同時，也是WHO《國際疾病分類第十一版》（ICD-11）的參考書籍。

《中西醫病名對照大辭典》二〇〇一年第一版、二〇〇四年第二版皆由教育部國立中國醫藥研究所出版，所長分別為陳介甫[4]及吳天賞[5]。回顧這部書的編輯過程磨難不斷，林昭庚堅定心志、借境練心，終於為世界留下一部具劃時代意義的工具書。他從完成「老闆交付任務」出發，始料未及的為自己名留青史。

## 英文版《實驗針灸學》 成國際針灸教科書

中醫針灸的特色是易學難精，林昭庚為使針灸學習者在初學時能得到完整的觀

《新編彩圖針灸學》（2009）：為臺灣中醫系及相關學系指定之針灸教科書，亦為考試院針灸學科指定考試用書。（林昭庚提供）

念，邀集臺灣針灸醫學之專家學者，編撰針灸醫學教科書，在二〇〇九年出版《新編彩圖針灸學》，同時亦編入世界衛生組織二〇〇八年出版的《西太平洋地區WHO標準針灸穴位》圖譜。[6]

林昭庚深知要取得國際間的話語權，除了研究實證成果外，有一個具分量的中介平台非常重要，他向衛生署中醫藥委員會主委黃林煌建議，一本SCI期刊更能擴大臺灣傳統醫學影響力。二〇一一年在黃林煌主委支持下，臺灣成立*Journal of Traditional and Complementary Medicine*（*eJTCM*）英文電子期刊網站，沈立言擔任總編輯，*eJTCM*成為跨中醫、西醫、中藥、西藥及傳統醫療之跨領域跨國籍專業期刊，二〇一三年林昭庚加入期刊團隊擔副總編輯。

其後，在衛福部中醫藥司司長黃怡超[7]及主編、編輯委員耕耘不輟澆灌下，*eJTCM*全球排名迭有提升，JCR 2022公布，在Integrative & Complementary Medicine領域排名8／30，期刊的影響係數（impact factor）四．二三二，二〇二三年得到impact factor 四．五，成為舉足輕重的中醫藥國際期刊。

二〇一四年，林昭庚獲得國際知名Springer Nature出版集團邀請主編《實驗針灸學》Experimental Acupuncturology，希望能對針灸治療疾病的機轉，和針灸動物基礎研究做系統性的回顧與整理，這本英文版的實驗針灸工具書，由陳易宏教授[8]及劉心萍教授擔任副總編輯，共集結了十四位中外學者專家的經驗智慧，歷經五年驗證，先後花了五年時間，在二〇一八年完稿，由Springer Nature 出版發行，這是全球目前唯一英文版實驗針灸學教科書，大大地提升臺灣在針灸研究的國際亮度。[9]

*Experimental Acupuncturology*（2018）：2021年榮獲中國醫藥大學109學年度優良教材評選傑出獎，由Springer Nature出版集團出版，為全世界目前唯一一本英文版實驗針灸學之教科書。（林昭庚提供）

過去數十年，有無數的西方人士來臺灣學習中醫針灸，林昭庚洋弟子無數，他一直有一個心願，希望有一本完整的英文版圖

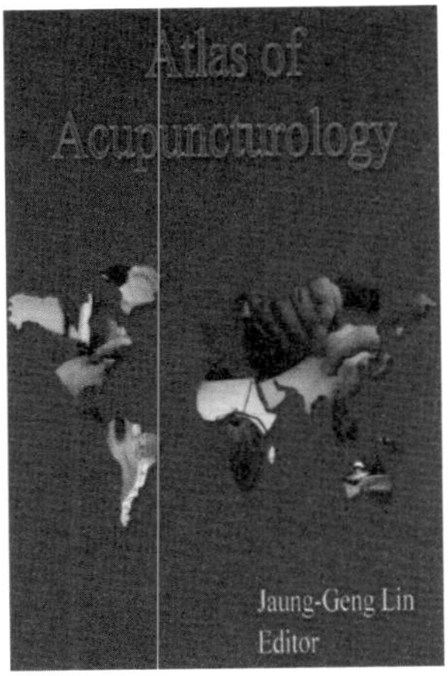


*Atlas of Acupuncturology*（2020）：衛生福利部國家中醫藥研究所官方出版，為臺灣唯一一本英文針灸臨床教科書。（林昭庚提供）

文並茂教科書方便華人以外的學習者使用。二〇二〇年，林昭庚再以《新編彩圖針灸學》為藍本，發行英文版《針灸圖譜學》*Atlas of Acupuncturology*，彩色穴位圖片均以真人拍攝，再加以標示穴位，避免讀者混淆。[10]書中加入針灸實證醫學近代研究成果，全書融合現代醫學研究、理論及臨床精華，為國際針灸學習者必備的工具書。[11]

針灸要走國際化，《中西醫病名對照大辭典》是基本，重要針灸典籍亦陸續翻譯成英文版，讓外國有心研究針灸者更容易學習。目前《針刺穴位深度研究》、《新編彩圖針灸學》中英文版俱為學界的教科書。林昭庚所編著的《中國醫學通史》，英文版*The General History of Traditional Chinese Medicine*，則是有系統的把中醫學史做完整的介紹，是西方研究中醫歷史重要資料。

針灸醫學在林昭庚手中從黑白古籍走向彩色立體，從中文到英文圖文並茂，更融合現代解剖組織學與現代科技，創造製作「3D經絡銅人互動裝置系統」，二〇二二年榮獲國家新型專利與發明專利。當年立志要融合中西醫，把針灸醫學帶進科學領域並推向國際的心願，林昭庚做到了。

## 訪問劍橋大學 體驗「拍照存檔」驚喜

林昭庚說起他寫的書，眼眸裡閃著驕傲專注的光芒，像在介紹自家的孩子，一本本有說不完的故事。出版原文書的初衷是為了推廣針灸醫學國際化，讓喜好針灸的外國人士可以跨過語言障礙，容易學習這門學問，沒想到卻是在訪問劍橋大學時，讓林昭庚體驗到被要求拍照存檔的驚喜。

二〇一〇年五月，中國醫藥大學組團訪問英國劍橋大學，校長黃榮村力邀林昭庚以針灸醫學專家加入參訪團。劍橋大學極為重視訪客的學術專業成就，中醫大參訪團領隊黃榮村和團員俱是學術領域的一時之選，一行人受到地主的貴賓款待。

就在談笑風生的餐後，大學圖書館館長突然現身，邀請林昭庚前去拍照，一到了拍照點才發現，原來林昭庚的中醫針灸醫學著作擁有一個專區來擺放，圖書館方見作者來訪，認為機不可失，把握機會特地請作者在其著作專區前拍照，以備未來做歷史紀錄片之用。

整趟行程從接待到用餐規格，都讓林昭庚感到受寵若驚。事後打聽，原來劍橋大學對於來賓接待有一套內規，不同來賓接待方式和地點有所區別。透過事先的資料收集，劍橋大學發現來訪客人學術研究成果斐然，領隊黃榮村校長更是臺灣的前教育部長、九二一震災災後重建推動委員會執行長，一行人因而享受到貴賓待遇，加上林昭庚突然被館方請去拍照的驚喜，為這趟旅途留下難忘記憶。

## 跨域素養　林昭庚是中醫史學拓荒者

除了中醫針灸實證醫學研究外，林昭庚對中醫歷史脈絡也多有著墨。一九九八年至二〇〇四年，林昭庚擔任中華民國中醫師公會全國聯合會理事長期間，注意力轉向本土，開始關注中醫在臺灣的發展。

對照西醫從日治時期以來的完善歷史記載，他為中醫感到委屈，到底中醫在日治時期發生了什麼事？為何臺灣在日本殖民後期，多見中藥行，少見中醫師？為何中醫歷史和研究是空白頁？但綿延臺北迪化街的藥材商號卻是富甲一方？這些問題只能從歷史朝代的政經制度找答案，他開始帶著公會幹事和學生在歷史煙塵中爬梳蛛絲馬跡，「這就像解謎，線索指引下一條線索，不斷追尋」，林昭庚享受探索發現的樂趣。

二〇〇四年，第一本以史學觀書寫的《臺灣中醫發展史》由中醫師公會全國聯合會出版。

接著在二〇一一年，他與陳光偉教授、周珮琪教授合作編著出版《日治時期の臺灣中醫》，探討一八九五至一九四五年日治時期臺灣中醫發展史，內容包括民間生活中關於中醫發展的記載、醫學專業典籍、醫事及中醫專業證照考試制度建立等面向，更進一步揭開了日治時期「留（漢）藥不留醫」的全盤西化政策，對臺灣中醫的利弊及其影響進行探討。這本書填補了臺灣光復前歷經多元民族文化交融後的中醫歷史線索，榮獲行政院第四屆國家出版獎。

二〇一四年，林昭庚與周珮琪、林伯欣、施惠娟共同出版的《中醫學史》再度抱回衛生福利部二〇一五年度出版品圖書類優良獎第一名。

「林教授是中醫史學的拓荒者」，衛福部中藥司長黃怡超說，知識類別分自然科學（含醫學）和人文社會科學二大類，林昭庚跨域而出，兼具二種專業領域素養，而且言之有物，非常特別，讓他感到不可思議。

## 全世界第一本《針灸醫學史》誕生

為何一位醫學領域的科學家會和人文社會領域有深厚交集？這要回到林昭庚全力投入《新針灸大成》之時，某一天，因為希望找出病症背後的社會脈絡，他遍尋資料，一個念頭突然冒出來：「針灸歷史有人寫嗎？」

流傳千年的針灸如何從石器時代走到現代？經歷不同朝代，針灸醫療是否受到社會政經影響？他遍翻典籍，這些在浩瀚時間之河中竟然付之闕如，他想起希波克拉底醫師誓詞（The Oath of Hippocrates），西醫從哲學到人文社會，建立起普世醫者遵從的價值，而中醫的社會人文脈絡在哪裡？歷代醫者是否有一脈相承的價值觀？中醫的核心價值是什麼？

「自己來吧！這是別人沒做過的事」，這念頭讓林昭庚眼明心亮，迫不及待一頭鑽進史學研究，全世界第一本探索針灸歷史的《針灸醫學史》於是誕生。

初次著手醫史著作，林昭庚以史學觀為本、科學研究方法為用，用斷史概念，次第架構出古代史、近代史、現代史，更參考世界各國歷史作法，融入當代的生活時空背景、社會型態，最後再進入針灸。他的心得是歷史考證因為善本書難找，有時候比科學研究還困難。

以博士論文規格完成的《針灸醫學史》，一九九五年由中國中醫藥出版社出版，讓林昭庚的研究跨界史學領域。其後，對岸中國衛生部計劃編纂《中國醫學通史》，主編李經緯推薦林昭庚給當時的衛生部長陳敏章，林昭庚獲邀加入團隊負責主編古代卷和文物圖譜卷。二〇〇〇年，《中國醫學通史》由人民衛生出版社，這部書受到國際重視，二〇一六年翻譯英文版林昭庚亦為主編之一，至今成為國際中醫界的教科書。

## 到臺灣光復時　全臺灣中醫師剩不到三十人

黃怡超在擔任國家中醫藥研究所所長任內出版多本林昭庚作品，當時他注意到林昭庚專精中西醫及針灸，竟然對人文社會科學也涉獵深入，印象很深刻。他指出，臺灣長期以來西醫是主流，中醫被歸類為民俗療法，追索歷史、溯源既往如同考古研究，需要細細爬梳典籍、文章。

他舉例，日本人初到臺灣曾對當時的中醫做過普查，在一九〇〇至一九〇五年間要求中醫師出來登錄、允許執業，當時中醫師約有二千多名。但因留藥不留醫政策，只培養西醫，中醫教育闕如，五十年過去，中醫人才凋零，到一九四五年臺灣光復時，全臺灣中醫師剩不到三十人。又例如，一九〇〇年臺灣發生鼠疫，中醫師黃玉階救人無數，醫術獲得日本人肯定，發給醫師執照，這是日本殖民地政府在臺灣發出的第一張醫師執照。

「這些事若沒有人有意識的去重視，整理考證、完整論述，將永遠埋沒在歷史荒煙裡」黃怡超說，林昭庚國際性與在地性兼備，帶著中醫進入人文學術領域，「這是非常困難的事。」

## 用利他的同理心 領導研究團隊

在約莫四十年臨床和研究教學的歲月中，林昭庚手上的著作整編工作沒有停手，產生的文字大約有二千多萬字，一起合作的團隊也有數百人之多。然而「合作」從來不是件容易的事，尤其是團隊全部是專家學者，林昭庚如何能讓一批優秀有主見的醫師、學者能夠方向一致、步伐整齊的一起合作，共同完成一本本學術經典之作？

分析林昭庚出書，「原創性」是很大的特色，他的理念是「沒有人做的我來做」，行動力很重要，不要永遠只停留在空想和規劃。例如《針灸學新論》、《中西醫病名對照大辭典》等書，以現代化科學語彙註解古文並加入科學實證機轉，一一完成諸如此類原創型成果，自然而然吸引優秀人才接受挑戰。其次是創新，在體裁、分類及方法上講究創意，融入科學實證，讓所有參與者產生創造歷史的使命感和榮譽感。最後，讓所有元素能夠順利運行，指揮百人如臂使指，是林昭庚的「利他」同理心和獨門《易經》管理學。

「研究工作很需要耐心，是在細微處見功力的細活」，林昭庚挑選團隊成員，適才適任外，採取「內先外後」原則，他管理態度講求以和為貴，碰到問題會先站在對方立場看問題，「客觀就能看到關鍵，找到解方。」

在他的學生蘇奕彰眼裡，林昭庚是以身作則的領導者，「新的計畫老師會投入了解，先做出範例讓大家跟進。」他說，「老師做事比較不會考慮得失或成敗，覺得需要就會去做，會找外部資源幫忙，經費不夠就自己出。」換言之，每一個任務事前有完善規劃、有執行範例，作為團隊成員，只要負責把自己的部分做好，經費不夠，老師自會想辦法，所做的都是為針灸醫學創造新貢獻的任務，他的團隊人人與有榮焉。蘇奕彰說，「老師無論是學術研究或是處世為人都是我們的典範。」

## 做人熱心戀舊　成為專業團隊的桶箍

卓越的領導者深知集眾人力能成大事，林昭庚做學問求新，做人卻很念舊。他識才惜才、虛心待士，跟隨他的弟子大都一跟就是二、三十年「嘸離開」。中國附醫中醫副院長高尚德驚奇的發現，和老師的緣分奇特，竟然「四十年沒離開」，如果加上大學及研究所、博班，是一段半世紀的緣分。「老師鼓勵我多讀書，除了課業、工作外，還包括了人生的疑難雜症。」高尚德說，沒有老師就沒有今天的我。

「林教授是一個桶箍」，在醫史學家殷揚智眼裡，林昭庚以他的力量將一群專才箍在一起，共同完成研究或開創新局，「這個角色是不容易的人設，唯有林教授能擔任。」殷揚智說，在教授身邊從事研究六年多來，他有自由寬廣的學術研究環境，容許天馬行空的想像，想法不會第一時間就遭到否定，反而是鼓勵暢所欲言研究方向，之後若可行再適切地給予提點，「若不行也會提出如何做會讓不行變可行，這樣的林教授，讓喜歡自由做研究的我，得以有更暢快的發揮空間。」

2017年林昭庚（左）七十歲壽宴，與高尚德（右）合影。（高尚德提供）

花蓮慈濟醫院副院長何宗融轉述老師常提醒學

生的話：「中國文化講究天圓地方，做人就是要外圓內方，處世待人圓融，內心必須要有原則尺度。」不管畢業多少年，這句話在他心中迴響如新。另一位因為林昭庚鼓勵而持續精研中醫的學生陳光偉，回憶當年擔任中西醫結合研究所所長任內，與老師一起編纂《中西醫病名對照大辭典》，林昭庚每週與團隊開會一次，「老師關心的事從公事到私事，親和力十足」，師生之間的共事和共識是很美好的經歷。陳光偉說：「老師用言教、身教為學生樹立了做人做事的典範。」

## 經典著作　向世界傳達中西醫結合價值

《易經》講陰陽與中醫原則無分，林昭庚一介書生，沒有管理實權，卻能集眾人之力，以身使臂般朝同一方向前進，所依據的原則就是「以退為進」、「以柔克剛」，「剛」是嚴密的規劃、「柔」則是如和煦春陽般的態度，用剛柔並濟推動眾人工作。

不僅合作關係，連團隊夥伴的煩惱，諸如升等憂慮、感情事件、工作前途甚至個人家庭等等日常瑣事，林昭庚全都不怕麻煩，現任中醫師公會全聯會組長蔡春美，曾經是他萬華診所的員工，二十多年後，她購屋需指點，依然回來請前老闆幫忙。「我對跟我的人都覺得有責任（照顧）啦！」，林昭庚臉上露出靦腆的笑容。對團隊成員，他像大哥、像長輩，林昭庚給團隊夥伴的感受就是「安心，安心跟著老師走，老師會照顧我。」

《易經．師卦》記載：「師，眾也。貞，正也。能以眾正，可以王矣。」說明了作為領導者從人格和專業來領導團隊，才能鼓舞士氣創造優異的成果。林昭庚諸多傳世經典著作，就在《易經》領導哲學中開出不朽花朵。他用六十本著作，向世界傳達針灸醫學的價值，以及中西醫結合的重要性，為自己留下一生努力的足跡。

1 林昭庚已有相當多的著作，讀者可自行參看，近年來出版的針灸史著作，為讀者整理，尚可留意：包括黃龍祥，《針灸腧穴通考《中華針灸穴典》研究（上下）》（北京：人民衛生出版社，二〇一一年）；馬繼興，《針灸學通史》（長沙：湖南科學技術出版社，二〇一一年）；小曾戸洋、天野陽介，《針灸の歷史：悠久の東洋醫術》（東京都：大修館書店，二〇一五年）；黃龍祥，《針灸典籍考》（北京：北京科學技術出版社，二〇一七年）；王靜，《針灸古代文獻》（北京：上海科學技術出版社，二〇一七年）；張樹劍，《中國針灸思想史論》（北京：社會科學文獻出版社，二〇二〇年）；張樹劍，《民國針灸學術史研究要論》（北京：社會科學文獻出版社，二〇二〇年）；王宏才、白興華，《中國針灸交流通鑒：歷史卷》上下冊（西安：西安交通大學出版社，二〇一二年）。

2 李經緯，曾任中國中醫研究院醫史文獻研究所研究員、博士生導師、中華醫學會醫史學會主任委員、《中華醫史雜誌》總編，是中國醫史博物館創辦人。可參考李經緯，《中醫史》（海口：海南出版社，二〇一五年），頁一～二。

3 李經緯，〈讀《中西醫病名對照大辭典》〉，《中華醫史雜誌》三十五卷三期（二〇〇五年），頁一九一～一九二。

4 陳介甫，原籍福建晉江，一九四〇年生於福建安溪，一九四六年隨父母至臺灣。國防醫學院藥學系畢業，生物物理研究所碩士。曾任國防醫學院藥理學系副教授、國立陽明醫學院藥理學系教授、科主任、研究所所長、國立中國醫藥研究所所長等職。現任財團法人志英植物研究發展基金會董事長、中國醫藥研究發展基金會名譽董事長。

5 吳天賞，日本名城大學藥學部博士，曾任中國醫藥大學藥學院院長、國家中醫藥研究所所長，後於國立成功大學化學系擔任特聘教授、藥學系名譽教授。

6 《新編彩圖針灸學》一書是林昭庚教授集結中國醫藥大學與長庚大學中醫系的專家醫師，歷時十餘年編撰而成，並在出版後隔年（二〇一〇年）即榮獲中國醫藥大學九十八學年度優良教材評選傑出獎。中國大陸重要期刊亦有專文介紹，參考李經緯、崗衛娟，〈貫通古今，融匯中外——《新編彩圖針灸學》評介〉，引自陳潮宗主編，《一代巨擘：針刺安全深度之父林昭庚博士》（臺中：中國醫藥大學，二〇一九年），頁二五〇～二五二。

7 黃怡超，一九五九年生，一九八四年取得國立陽明醫學系學士學位，一九八七至一九九一年以教育部公費留學至英國格拉斯哥大學臨床藥理研究所，取得博士學位。曾任陽明醫學院傳統醫藥研究所教授與所長，國立中國醫藥研究所（二〇一三年七月改制為「國家中醫藥研究所」）所長，現任衛生福利部中醫藥司司長。

8 陳易宏，臺灣大學藥理學博士，中國醫藥大學中醫學院副院長（二〇二一年～），專長：神經生理學、電生理學、針灸減癮研究、針灸作用接受器。

9 吳嵩山編著，《無遠弗屆：中國醫藥大學重要研究成果選輯2019-2022》，頁一一七～一一八。

10 林昭庚，*Atlas of Acupuncturology*（臺北：衛生福利部國家中國醫藥研究所，二〇二〇年）。

11 其他補充可參考陳潮宗，《近現代臺灣中醫史名人傳錄》，頁三〇五～三二六。

## 第十六章

# 獲邀世衛WHO演講 探討針灸列入緊急醫療

針灸在中醫的使用有二千五百年歷史，是一種最迅速確實且簡便安全的專業醫術，近代傳入西方後，也廣受歡迎與使用，但對於針灸治療疾病，其作用原理尚未充分了解，最早世界衛生組織將中國傳統醫學稱為「另類醫學」。近代在全球中醫針灸專業人士努力下，愈來愈多的臨床研究統計，證實傳統醫學療法對疾病確實具有療效，一九七九年世界衛生組織公開推廣針灸四十三種適應症後，逐步推動針灸站上正統醫學舞台。[1]

## 針灸止痛研究　受到世界衛生組織重視

在WHO推動下，針灸醫學逐漸成為西方顯學，然而傳統醫學要跨出文化語言限制走向世界，需要有共同的溝通平台，具中西醫學背景、有豐富臨床經驗的林昭庚正好迎上時代浪潮，他架起東方與西方溝通管道，成為開創針灸科學領域的先行者。

一九七八年林昭庚開始採用科學實證方法，進行針刺穴位安全深度探討，研究結果在一九八二年發表於*China Medical College Annual Bulletin*，這是有史以來首度以科學方式探測針刺深度的研究，初試啼聲震驚國際針灸學術界，也為他打開國際學術界大門。二〇〇一年完成《中西醫病名對照大辭典》更將其學術地位帶上國際高峰。此後，林昭庚研究與論述雙管齊下，推動各種針灸中西醫結合的臨床實證研究，風塵僕僕奔波於世界各地論壇會議，向世界展示針灸止痛的機轉和療效。

二〇一〇年針灸被聯合國教科文組織列為人類非物質文化遺產，振奮針灸學術界。林昭庚說，針灸當時已被證實對緩解疼痛和焦慮特別有效，在急診醫療服務中，使用針灸緩解如疼痛、緊張、憂鬱、焦慮和失眠等症狀，包括在發生危機或某種災難時，世界針灸學會聯合會（WFAS）[2]可以派遣合格的針灸師和醫生，為急救醫療隊提供支援，更重要的是，針灸是一種安全的治療方式，極少有副作用。

為證實針灸是否真的可以緩解五十肩痛、關節痛、下背痛、結石引起之疼痛等，林昭庚帶領研究團隊進行一系列針灸止痛臨床療效評估研究，希望以實證醫學角度，證明針灸確實可減緩疼痛，達到鎮靜安神的作用。

研究結果在二〇〇二年發表於*Pain*雜誌的針刺止痛論文〈高低頻率電針對下腹部手術後疼痛的影響〉（The effect of high and low frequency electro-acupuncture in pain after lower abdominal surgery），此一論文受到世界衛生組織重視，邀請他參加二〇〇九年世界衛生組織在米蘭舉辦之「傳統醫學實證醫學準則」會議。

## 培養開闊的學科視野　重編教材跟上時代

林昭庚認為針灸也需要以科學來佐證，因此對於中醫針灸實證醫學之研究相當重視，「中醫藥療效評估之文獻研究——針灸實證醫學」為二〇〇四及二〇〇五年之行政院衛生署中醫藥委員會研究計畫，在當時主委林宜信支持下，於二〇〇八年編印成書出版，林昭庚擔任計畫主持人，將針灸相關研究文獻進行匯整及分類總結，編為針灸實證醫學專著，並根據專家建議針對文獻之研究方法與質量深入研究，規劃文獻研析表，進行針灸文獻評讀，建立適合中醫藥文獻之評讀模式。

歷經多年的努力，針灸實證醫學在衛生福利部的支持下，由林昭庚領導臺灣中醫針灸領域之學者專家，依循考科藍合作組織（The Cochrane Collaboration）的臨床指引發展方法，回顧二十年間國際針灸實證醫學文獻，以臨床針灸常見適應症，編撰出《針灸實證臨床治療指引》，於二〇二二年出版，目前為全世界

「中醫藥療效評估之文獻研究——針灸實證醫學」（2008）：為2004及2005年之行政院衛生署中醫藥委員會研究計畫，後將針灸相關研究文獻進行匯整及分類總結，編為針灸實證醫學專著。（林昭庚提供）

《針灸實證臨床治療指引》（2022）：目前為全世界唯一一本針灸實證臨床治療指引，也是第一本中醫實證臨床治療指引。（林昭庚提供）

唯一一本針灸實證臨床治療指引，也是第一本中醫實證臨床治療指引。

「新發現」是研究學者的人生樂事，這也必須要有紮實的學術功夫才行。一九五八年中國醫藥學院創校以來，針灸學授課教材皆以黃維三教授編著的《針灸科學》為主，林昭庚有感於現代醫學在針灸方面的研究，包括機轉及適應症等日益增多，學生需培養更開闊的學科視野，重編教材跟上時代已是刻不容緩。

林昭庚是個行動派的人，一九九六年他提出編印中醫教材的構想，以黃維三教授歷年授課教材及講義資料為藍本，加入現代醫學研究及理論，帶著「中醫教科書編撰委員會」團隊投入教材改編。這期間因為黃維三教授病逝，加上兩岸及國際中醫交流日益綿密，因此編輯計畫數度重擬。最後由林昭庚負責召集中國醫藥學院與長庚大學等數十位針灸專家學者成立「新編彩圖針灸學編著委員會」繼續編撰工作。

## 繪製針灸穴位圖　集古典智慧與現代研究之大成

除此之外，林昭庚更提供經費繪製針灸穴位圖，仿古穴位圖，同時提供真人穴位圖比對，書中並編入世界衛生組織的標準穴位及英文解說，培育讀者國際觀，讓《新編彩圖針灸學》達到中西醫結合的目標。

二〇〇九年《新編彩圖針灸學》完成，歷經十二年的細查打磨，此書集古典智慧及現代研究之大成。書中彩色標示圖共有四種，包括：標穴相片、現代穴位圖、仿古穴位圖及WHO穴位圖，完整的彩色圖譜，讓讀者很容易了解針灸部位及取穴法則，《新編彩圖針灸學》成為臺灣近代最重要的針灸教科書之一。

向來林昭庚治學嚴謹，尤其對於學術研究論文，在引用前必先確定資料準確性，對於WHO的參考資料也不例外。他組織三個小組，分別就傳統典籍、現代醫學和圖片配對，逐一比對實證，他希望所有引用到教科書的資料能讓讀者安心使用。

在各組專家細心交叉比對下，發現二〇〇八年英文版《西太平洋地區WHO標準針灸穴位》（全球的參考指引）的原文圖譜中，肩中俞、京門、水泉、中瀆、中封等五處針灸穴位有待適度修正，於是由中國醫藥大學黃榮村校長代表林昭庚研究團隊向世界衛生組織送出書籍修訂建議，也獲得WHO正式回應，表示改版時更正。這份修訂建議獲得國際醫學界迴響，為弘揚針灸醫學增添一段佳話，也為林昭庚叩開WHO

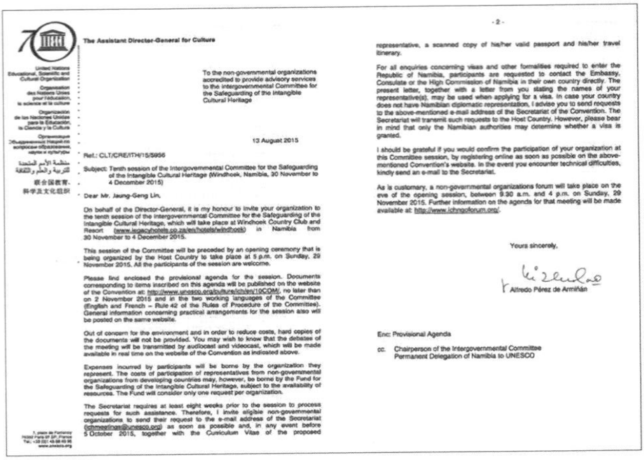

The Assistant Director-General for Culture

United Nations Educational, Scientific and Cultural Organization

To the non-governmental organizations accredited to provide advisory services to the Intergovernmental Committee for the Safeguarding of the Intangible Cultural Heritage

13 August 2015

Ref.: CLT/CRE/ITH/15/5956

Subject: Tenth session of the Intergovernmental Committee for the Safeguarding of the Intangible Cultural Heritage (Windhoek, Namibia, 30 November to 4 December 2015)

Dear Mr. Jaung-Geng Lin,

On behalf of the Director-General, it is my honour to invite your organization to the tenth session of the Intergovernmental Committee for the Safeguarding of the Intangible Cultural Heritage, which will take place at Windhoek Country Club and Resort (www.legacyhotels.co.za/en/hotels/windhoek) in Namibia from 30 November to 4 December 2015.

This session of the Committee will be preceded by an opening ceremony that is being organized by the Host Country to take place at 5 p.m. on Sunday, 29 November 2015. All the participants of the session are welcome.

Please find enclosed the provisional agenda for the session. Documents corresponding to items inscribed on this agenda will be published on the website of the Convention at: http://www.unesco.org/culture/ich/en/10COM/, no later than on 2 November 2015 and in the two working languages of the Committee (English and French – Rule 42 of the Rules of Procedure of the Committee). General information concerning practical arrangements for the session also will be posted on the same website.

Out of concern for the environment and in order to reduce costs, hard copies of the documents will not be provided. You may wish to know that the debates of the meeting will be transmitted by audiocast and videocast, which will be made available in real time on the website of the Convention as indicated above.

Expenses incurred by participants will be borne by the organization they represent. The costs of participation of representatives from non-governmental organizations from developing countries may, however, be borne by the Fund for the Safeguarding of the Intangible Cultural Heritage, subject to the availability of resources. The Fund will consider only one request per organization.

The Secretariat requires at least eight weeks prior to the session to process requests for such assistance. Therefore, I invite eligible non-governmental organizations to send their request to the e-mail address of the Secretariat (ichmeetings@unesco.org) as soon as possible and, in any event before 5 October 2015, together with the Curriculum Vitae of the proposed

- 2 -

representative, a scanned copy of his/her valid passport and his/her travel itinerary.

For all enquiries concerning visas and other formalities required to enter the Republic of Namibia, participants are requested to contact the Embassy, Consulate or the High Commission of Namibia in their own country directly. The present letter, together with a letter from you stating the names of your representative(s), may be used when applying for a visa. In case your country does not have Namibian diplomatic representation, I advise you to send requests to the above-mentioned e-mail address of the Secretariat of the Convention. The Secretariat will transmit such requests to the Host Country. However, please bear in mind that only the Namibian authorities may determine whether a visa is granted.

I should be grateful if you would confirm the participation of your organization at this Committee session, by registering online as soon as possible on the above-mentioned Convention's website. In the event you encounter technical difficulties, kindly send an e-mail to the Secretariat.

As is customary, a non-governmental organizations forum will take place on the eve of the opening session, between 9.30 a.m. and 4 p.m. on Sunday, 29 November 2015. Further information on the agenda for that meeting will be made available at: http://www.ichngoforum.org/.

Yours sincerely,

Alfredo Pérez de Armiñán

Enc: Provisional Agenda

cc: Chairperson of the Intergovernmental Committee
Permanent Delegation of Namibia to UNESCO

2015年，林昭庚獲邀參加聯合國教科文組織於非洲納米比亞舉辦之「第十屆保護非物質文化遺產會議」。（林昭庚提供）

大門。黃榮村提到在他校長任內，能協助送出此份修訂建議，自己也覺得與有榮焉。

## 中醫針灸實證醫學　推向世界舞台

二〇一三年起林昭庚獲聘為聯合國教科文組織之專家學者及諮詢顧問，並獲邀參加該組織於該年至二〇一五年舉辦的三屆「保護非物質文化遺產會議」。

二〇一四年參加聯合國教科文組織在巴黎舉辦為期五天的「保護非物質文化遺產第九屆會議」，有來自四十二個國家及非政府組織代表約二百人與會，林昭庚以聯合國教科文組織諮詢顧問、世界中醫藥學會聯合會

（WFCMS）[3]專家學者代表身分與會，他以「針灸實證醫學在促進人類健康所扮演之角色」為題，對非政府組織之學術論壇（ICHNGO FORUM）發表專題演講，這是臺灣退出聯合國後，第一位獲邀參加聯合國教科文組織會議之專家學者，同時將中醫針灸實證醫學推向世界舞台，臺灣學術界同感振奮。

二〇一四年《針刺穴位深度研究》英文版由衛生福利部國家中醫藥研究所出版，同年再與哈佛大學共同編著針灸參考書（*Acupun-cture for Pain Management*），隔年世界衛生組織於關島召開第六十六屆會議擔任首席演講貴賓，林昭庚成為各類國際針灸學術論壇會議的常客，業界以「針刺安全之父」讚揚他的貢獻。

## 登上WHO舞台　發表中醫針灸實證醫學

四十多年的教學及研究生涯，林昭庚著作等身，國內外發表針灸相關論文四百六十六篇（刊登於SCI期刊之論文有二百七十篇），榮登美國歷史保留協會世界名人錄。林昭庚受聘為聯合國教科文組織之專家學者及諮詢顧問，獲聯合國教科文組織邀請，多次參加重要會議，發表中醫針灸的實證醫學演講，這些足跡一一為他鋪往日內瓦之路。

過去十數年，臺灣年年悲憤抗議世界衛生組織拒臺灣於門外，然而在二〇〇九、二〇一二、二〇一五和二〇一七年，林昭庚四度以學術專家獲邀參加世界衛生組織會議。

二〇一七年元月十三日，世界衛生組織第一四〇屆執行委員會在瑞士日內瓦總部召開，共有來自一百九十四個成員國的衛生部長、副部長及代表約六百餘人參加。元月的瑞士日內瓦氣溫寒冷，穿著深色長大衣、打上灰色條紋領帶，坐在貴賓席位的林昭庚面帶微笑等待著，再過幾分鐘，他就要向在場六百餘人以「針灸列入緊急醫療之可行性及重要性」為題發表演說。此時，他的心是定靜的，一向他認為沒有準備好的人才會緊張，何況他要提出的是利益眾人之事。

半年之前林昭庚接獲邀請，以「世界針灸學會聯合會」專家學者身分出席會議，這個演說深具意義，除了爭取針灸列入全球緊急救援醫療系統外，更是臺灣自一九七一年退出聯合國後，首位獲邀在WHO發表演講的臺灣學者。他的演講摘要如下：

「針灸是世界上最常用的一種醫療方式。它是使用細小金屬針刺入身體的特定位置（穴位）的刺激方式，與其隨後透過手法、電流或其他形式的刺激來調節生理功能。世界衛生組織已發布針灸可治療或緩解六十四種不同症狀的指南說明。此外，針灸已證實對緩解疼痛和焦慮特別有效。

疼痛、緊張、憂鬱、焦慮和失眠是面對危機和極端困難環境的人們常見的醫學病症。在急診醫療服務中，我們建議使用針灸緩解如疼痛、緊張、憂鬱、焦慮和失眠等症狀。在發生危機或某種災難時，世界針灸學會聯合會可以派遣合格的針灸師和醫生，為急救醫療隊提供支援，更重要的是，針灸是一種安全的治療方式，極少報導有副作用。在此提案被批准後，世界針灸學會聯合會將會草擬一份詳細的計畫建議，供未來討論。」

場景轉到美國的職業籃賽現場，臺裔美籍球員林書豪賽前拿著手機自拍和球迷打招呼，「現在準備今天晚上的比賽。」隨著畫面轉動，他腿上插著細針，使用針灸舒緩肌肉的影片在社群網路中流傳，其他球員如俠客歐尼爾（Shaquille O’Neal）、帕森斯（Chandler Parsons），也都曾使用針灸治療腿傷與背傷。針灸醫療走進西方生活日常，是近半世紀無數針灸專業者日以繼夜的研究成果。而遠在東方，林昭庚因針灸而和弟子結緣，亦有一段師生佳話。

## 大陸第一位弟子　寫書向偶像致敬

一九八二年林昭庚回到母校任教，此後近四十年，林昭庚集天下英才教之，學生弟子滿天下，當年他從恩師行誼薰習的春風化雨也轉移到弟子身上。二〇一三年，大陸河南嵩山少林寺邀請他參加「第三屆中國佛醫高峰論壇」，便是在大陸收的第一位弟子李良松[4]促成。

李良松教授是大陸知名的中醫文化和佛教醫藥專家，也是位詩人，他談起和恩師的緣分，起於八十年代就陸續從相關報刊雜誌閱讀到林昭庚的傳奇報導，對其學術思想、治學精神及科研成果欽佩不已，成為粉絲。收集了幾年資料後，這位超級粉絲決定出一本書向偶像致敬，「一九九四年，我和葉海濤教授把老師的針灸研究及治學編

2012年李良松（中間站立者）以中華傳統的最高禮節向林昭庚（左）及陳可冀（右）拜師，成為林昭庚大陸第一位入門弟子。（李良松提供）

成《針灸英傑——林昭庚博士》學術傳記。」李良松說，書由廈門大學出版，出書三年後，有機會到臺灣訪問才和老師初見面。

此後二人在各自的軌道上忙碌，少有交集機會，直到二〇一一年五月，林昭庚應中國中央電視台邀請談「神奇的針灸」專題，接受現場採訪和針灸診療演示，節目在CCTV國際頻道播出，深受海峽兩岸和世界華人的關注。李良松看到節目，原來當年的偶像已經是國際針灸大師，心中激動不已，寫下「莫愁前路無知己，天下誰人不識君」的感動，心中升起一股使命感，決定重新修訂林昭庚學術傳記，增補第一版之後十七年的種種學術成就。

二〇一二年《針灸英傑——林昭庚博士》增訂版由北京大學醫學部出版社出版，李良松更以中華傳統的最高禮節拜師，成為林昭庚大陸第一位入門弟子，二〇一二年到中國醫藥大學做博士後研究佛醫針灸學，師生聯合編寫《佛醫針灸學》傳為美談。

## 獲邀中國佛醫高峰論壇　在少林寺講授佛針醫理

師徒兩人，一位對佛醫針灸有廣泛的涉獵，一位是中醫文化和佛教醫藥專家，相偕出席少林寺第三屆中國佛醫高峰論壇，林昭庚以「佛醫針灸學探祕」為題發表學術研究時表示，「佛陀時代、佛針興起，針匣為醫家必備之物、針療為醫家必用之法，針藥並用是為佛醫的特色；用針刀來治病，也是佛醫之首創，歷代僧醫的針灸成就，千百年來為世人留下了許多傳奇的故事。」

天下第一名剎莊嚴靜穆，千年歲月在這裡水波不興，寬大講堂中滿座僧眾仰頭聽

2012年《針灸英傑——林昭庚博士》增訂版由北京大學醫學部出版社出版，舉行新書首發會。（李良松提供）

講，此境此景林昭庚突然有一種似曾相識的熟悉感。佛說「萬法隨緣」，想到自己竟然能有機會在佛門聖地講授佛針醫理，「多麼殊勝的緣分啊！」一念起，心無增減，他幾乎不必看稿繼續侃侃而談。

林昭庚指出，佛醫針灸學最大的特色，除了物理的針法外，還有心針和法針，事實上，佛家的針法十分寬泛和精深，許多手法和祕訣是無法用文字來表達的。

佛家的手印是指針療法的

延伸；金鍉與針刀是金屬針的延伸；瑜伽和禪定是心針療法的延伸。他認為有形的針法需要去研究，無形的針法更需要去領悟，「佛針具有豐富的思想內涵和診療特色，值得醫界進一步發掘、整理和研究。」

從小林昭庚愛看布袋戲、著迷武林傳說，「天下武功出少林」這句話早就存在心裡，而今有機會踏上少林寺，內心澎湃不已。早在出發前，他照例把創建於北魏的嵩山少林寺一千五百年歷史研究一番。踏入少林寺山門，行道兩側蒼松、翠柏、銀杏見證了千百年繁華遞嬗、朝代更迭。觀賞少林寺著名的小沙彌功夫表演，林昭庚驚嘆小小年紀的孩子基本功之紮實，動作行雲流水，再想到台上三分鐘，台下必然更經千百倍的苦練，心裡升起不忍和疼惜。

少林寺遊客如織，雖然和林昭庚想像中的名山古剎、江湖煙雲有落差，然走訪寺內歷代建築古蹟，依然能尋見當年清帝乾隆夜宿少林寺時「心依六禪靜，寺據萬山深」的思古幽情。再一次，林昭庚藉由講學旅行，享受少林時光。

2013年於少林寺參加第三屆中國佛醫高峰論壇。
（吳嵩山提供）

## 中醫針灸臨床療效　被全世界接受

在林昭庚字典裡，「工作旅行」就是一個完整名詞，他應講學及治病之邀請，讀萬卷書、行萬里路，足跡遍及五大洲。

二〇〇八年在美國芝加哥大學及梅約醫學中心（Mayo Medical Center）共同主辦「美國年度互補及替代醫學學術大會」（Complementary and Alternative Medicine）上，林昭庚獲邀為主題演講貴賓，發表「針灸之歷史、應用及有效性」（Acupuncture: Historys effectiveness）專題報告，一小時演講中，他從中國醫學發展談針灸歷史演進，進而談及個人針灸臨床經驗應用和針刺止痛與安全深度之研究，這次，來自臺灣的中醫學者把針灸研究成果帶進世界排名第一的醫院殿堂。

完成《中西醫病名對照大辭典》後，林昭庚經常受邀到世界各地演講、診治和授課，二〇一〇年在歐洲賽普勒斯（Cyprus）舉行的第二屆「健康與醫學科學最新進展研討會」獲聘擔任大會榮譽主席，發表「針灸在癌症病患支持治療中的角色」專題演講；二〇一八年受哈佛大學及美國醫師公會邀請，到哈佛大學演講「針灸止痛」，臺

2010年榮任第二屆「健康與醫學科學最新進展研討會」榮譽主席，並獲大會頒獎表揚其傑出表現。（林昭庚提供）

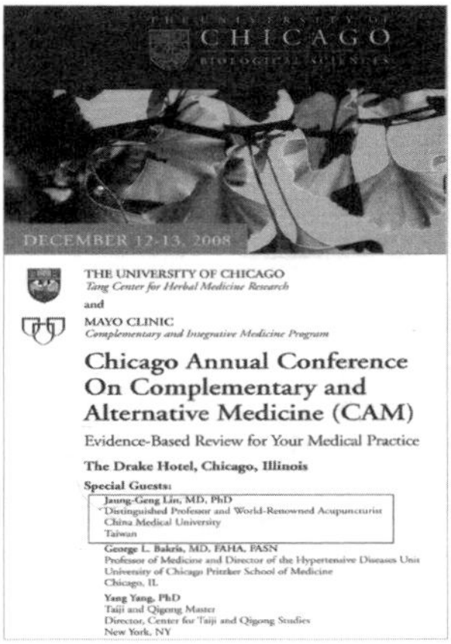


2008年林昭庚受聘為美國芝加哥大學及梅約醫學中心共同舉辦之美國年度互補及替代醫學學術大會首席演講貴賓。（林昭庚提供）

灣及中國醫藥大學的針灸醫學跟著林昭庚的腳步跨進西方學術殿堂。

中醫針灸臨床療效被全世界所接受，林昭庚臨床「針」功夫聲名遠播，長年受邀赴海外阿拉伯、歐美、非洲等地行醫、講學，他於二〇〇四年榮獲羅馬尼亞最高榮譽——科學院院士及歐洲醫學傑出貢獻獎，亦曾獲聘赴芝加哥大學、澳洲維多利亞大學、墨爾本皇家理工大學、西班牙巴塞隆納大學、馬德里大學、羅馬尼亞Oradea及Vasile Goldis大學擔任客座教授；還曾替友邦，如巴布亞紐幾內亞國父麥可・蘇馬利（Rt Hon Sin

Diplôme d'Excellence

„Prof. Univ. Dr. M. POPESCU-BUZEU"

Accordé

à M./Mme LIN JAUNG GENG

lors de la XVIII-e Semaine Médicale Balkanique et du VII-e Congrès de l'Entente Médicale Méditerranéenne pour son activité scientifique mondialement reconnue dans le domaine de la recherche et de la pratique médicale, ainsi que pour son apport constructif dans le développement de l'Union Médicale Balkanique et de l'Entente Médicale Méditerranéenne.

Président du Congrès et Secrétaire Général de l'U.M.B. et de l'E.M.M.
Prof. Univ. Dr. V. CANDEA

Président de l'Union Médicale Balkanique
Prof. Univ. Dr. N. ANGELESCU

Président du Comité Scientifique International
Acad. Prof. Univ. Dr. M. IFRIM

2004年林昭庚獲頒羅馬尼亞最高榮譽科學院院士（右）及歐洲醫學傑出貢獻獎（左）。（林昭庚提供）

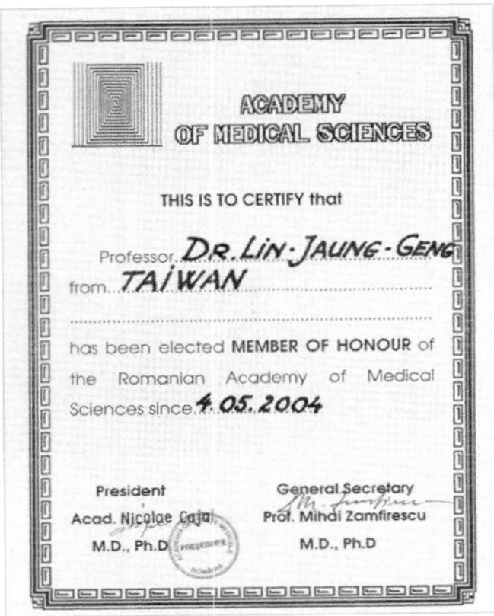

ACADEMY OF MEDICAL SCIENCES

THIS IS TO CERTIFY that

Professor DR. LIN-JAUNG-GENG

from TAIWAN

has been elected MEMBER OF HONOUR of the Romanian Academy of Medical Sciences since 4.05.2004

President
Acad. Nicolae Cajal
M.D., Ph.D

General Secretary
Prof. Mihai Zamfirescu
M.D., Ph.D

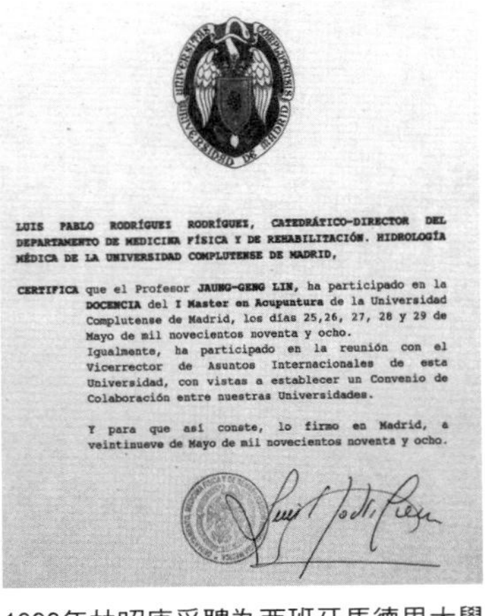

LUIS PABLO RODRÍGUEI RODRÍGUEI, CATEDRÁTICO-DIRECTOR DEL DEPARTAMENTO DE MEDICINA FÍSICA Y DE REHABILITACIÓN. HIDROLOGÍA MÉDICA DE LA UNIVERSIDAD COMPLUTENSE DE MADRID,

CERTIFICA que el Profesor JAUNG-GENG LIN, ha participado en la DOCENCIA del I Master en Acupuntura de la Universidad Complutense de Madrid, los días 25,26, 27, 28 y 29 de Mayo de mil novecientos noventa y ocho.
Igualmente, ha participado en la reunión con el Vicerrector de Asuntos Internacionales de esta Universidad, con vistas a establecer un Convenio de Colaboración entre nuestras Universidades.

Y para que así conste, lo firmo en Madrid, a veintinueve de Mayo de mil novecientos noventa y ocho.

1999年林昭庚受聘為西班牙馬德里大學針灸研究所教授。（林昭庚提供）

VICTORIA UNIVERSITY

Faculty of Human Development

*Wishes to acknowledge the involvement of*

Professor Lin Jaung Geng

*in the Traditional Chinese Medicine Education at Victoria University as a*

Visiting Professor

Professor David L. Lawson
Dean
Faculty of Human Development

13 October 1997

1997年林昭庚受聘為澳洲維多利亞大學客座教授。（林昭庚提供）

Michael Sumare）等領導人物診病，口碑遠播國際，算一算足跡所到之處竟然有一百個左右的國家。

1988年10月3日與日本傳奇摔角手豬木合影。

林昭庚的兒子從小看爸爸，生活中沒有電影、休閒活動，難得有一趟純粹的旅遊，「人生只有工作沒有享受」，殊不知在老爸的心裡，這模式就是心中最踏實的享受。

「細心、愛心、耐心」是林昭庚奉行的教學研究、治病行醫理念。每當出席特別場合或是重要論壇，林昭庚常常想起父親的囑咐：「人生旅途上，有兩樣東西，一種是自己擁有的，一種是別人給你的，自己擁有的才是真的。」是父親給予這一切，父親讓他志氣滿懷從臺灣農村走向世界，他多麼希望父親還在身邊，能夠看到他經歷的一切，以他為榮。

1995年3月28日受邀為巴布亞紐幾內亞國父麥可．蘇馬利治病。

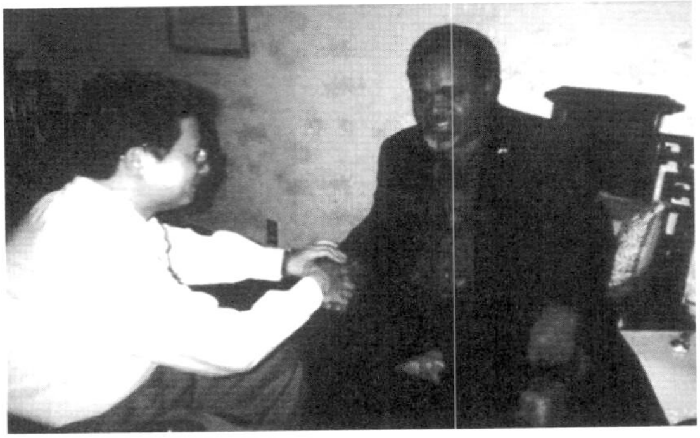

2013年11月12日巴布亞紐幾內亞駐日大使加布里埃爾參訪中國醫藥大學，並轉達蘇馬利國父對林昭庚教授由衷謝意與問候之忱。

1990年5月3日獲駐薩爾瓦多共和國大使頒發獎狀。

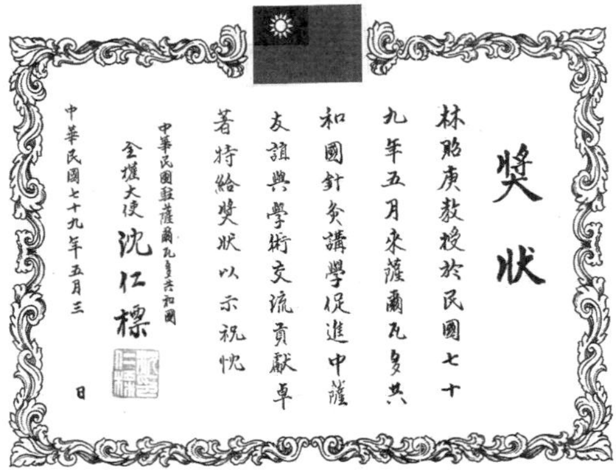

獎狀

林昭庚教授於民國七十九年五月來薩爾瓦多共和國針灸講學促進中薩友誼與學術交流貢獻卓著特給獎狀以示祝忱

中華民國駐薩爾瓦多共和國
全權大使沈仁標

中華民國七十九年五月三日

1 一九八四年WHO宣布「針灸醫學」為世界通行的一門新醫學學科；一九八九年WHO公布《國際標準針灸穴名》，再於二〇〇七年公布《WHO傳統醫學國際標準術語》三千五百四十三條；二〇〇八年發布《世界衛生組織標準針灸經穴定位》，針灸以傳統醫療躍身為全球的新醫學，二〇一〇年聯合國教科文組織將針灸列為人類非物質文化遺產，「針灸醫學」至今已傳遍世界一百四十多個國家。

2 世界針灸學會聯合會（WFAS）成立於一九八七年，主旨在推廣針灸。它的任務是依循世界衛生組織的指導原則下，組織世界各地的學術研討會和會議，促進針灸在國際社會獲得法律地位，開發教育資源和出版學術刊物。

3 世界中醫藥學會聯合會（WFCMS）為世界性學術機構，亦為聯合國非政府組織（NGO）機構。

4 李良松，現任北京中醫藥大學國學院院長，至中國醫藥大學進行博士後研究，編寫出版《中國傳統文化與醫學》、《中醫文化探津》、《甲骨文化與中醫學》等著作，與嵩山少林寺方丈釋永信連袂主編七千多萬字的《中國佛教醫藥全書》。參考釋永信、李良松，《中國佛教醫藥全書》（中國書店出版社，二〇一一年），共有一〇一冊。另有李良松、郭洪濤，《佛醫人物傳略》（北京：學苑出版社，二〇一四年）。

第十七章

# 為而不爭　帶領中醫開疆闢土

中醫在臺灣的發展，過去以來一直是處於輔助醫療的尷尬地位，日治時代甚至有「留藥不留醫」[1]之議，中華民國政府來臺後，持續漠視中醫，致使中醫發展深受國家政策機制所影響。林昭庚唸大學時，中醫特考具小學畢業資格就能應考，這讓進入學術殿堂苦讀，接受現代科學洗禮的學子情何以堪？

悶不吭聲太久了，林昭庚看不下去，在他擔任中醫師公會全聯會理事長，終於有角色可以為中醫界發言時，他想就讓媒體來表達他的心聲，要怎麼寫？要如何形容中醫的可貴可行？他提筆寫了「良醫良相」四個字，再以「醫儒相通」的高度和角度，下了「扶正祛邪與安內攘外」這個註解。

## 良醫良相 扶正祛邪與安內攘外

從醫病到治國策略，同是安內為先而後攘外，中醫應有更高的視野，句句都是他深沉的心聲，這是他對中醫的責任和心願，不能說是不平則鳴，但也是一吐為快的抒發，寄給報社是希望更多的臺灣人可以看到這篇為中醫發聲的文章。

二〇〇二年二月二十二日，《中國時報》醫藥保健版登了這篇署名「中醫師公會全國聯合會理事長」的投書，「良醫良相——扶正祛邪與安內攘外」醒目的標題幾乎橫跨報面，文章闡釋人體與國家一樣，隨時都有正氣與邪氣相互鬥爭、彼此消長；良醫治病須扶正祛邪，良相治國則為安內攘外，二者異曲而同工。[2]

自古醫儒相通，明朝尊崇儒學提倡孝悌，醫學亦被視為履行孝悌方式之一，造就了「不為良相，便為良醫」的風氣。林昭庚認為中醫師善用「扶正祛邪」臨床治則，使人體保持在健康良好的狀態，達到「上工治未病」者就是良醫，而「上工治未病」

觀點恰與近代衛生機構推動的預防保健觀念如出一轍。許多看到文章的朋友，紛紛探詢林教授是否要跨到政界服務了。

林昭庚有感於長期以來，臺灣的醫政建構一直以西醫為主體，致使中醫發展深受西醫醫政模式制約，他深知中醫醫學教育推展及醫事人才培育，都是深受國家政策機制所影響，唯有積極參與醫療行政事務，並與政府機構相應配合，方可從制度面為中醫師爭取發展空間、提升中醫在行政體制的地位，進而為中醫藥業取得長足發展。

因此，他義不容辭接受考選部、教育部、行政院衛生署（現為衛生福利部）、國科會審查委員之邀請，先後擔任國家考選部專門職業及技術人員（中醫師）高等考試典試委員、行政院衛生署中醫藥委員會（現改制為中醫藥司）委員、教育部醫學教育委員會委員，並於二〇一四年擔任國家考選部專門職業及技術人員（中醫師）高等考試之考試召集人，以及國家考選部常設題庫小組總召集人，二年後再擔任國家考選部專門職業及技術人員（中醫師）高等考試之典試委員兼中醫師召集人。

前衛生福利部中醫藥司長黃林煌說，他任內很多新制度、改變及創新，例如中醫師畢業後訓練制度、中藥材及科學中藥的檢驗標準化，都有林昭庚的幫忙和協助，當

2023年林昭庚（右二）主持醫策會中醫專科醫師制度會議，與福利部中醫藥司黃怡超司長（左二）、陳旺全醫師（右一）、蔡素玲簡技（左一）合影。（黃怡超提供）

年一起著手推動的中醫藥科學期刊，奠定了今日已經成為國際期刊的*Journal of Traditional and Complementary Medicine*（*eJTCM*）的創立與發展。

二〇一九年醫策會邀請林昭庚擔任中醫專科醫師制度建構計畫主持人（迄今），林昭庚積極整建現代化的考試制度，希望能盡一己之力落實「為國舉才」之目標。

談中醫現代化的人才搖籃，除了第一代中國醫藥學院外，林昭庚早已看到中醫醫學教育的擴充需求，因此當長庚醫院間接來敲門時，林昭庚豪不猶豫應允協助。

## 受聘長庚大學教授　創立林口長庚醫院中醫部

說起林昭庚和長庚大學的淵源，得要從與臺大醫學院謝貴雄[3]院長相識說起。林昭庚記得時間大約在民國七十幾年，某天晚上夜診，正忙得不可開交之際，他接到一通電話，電話那頭傳來陌生、客氣的聲音，自我介紹是臺大醫院教授謝貴雄。這通電話為林昭庚和臺灣經營之神王永慶[4]搭起橋樑。

謝貴雄當年是臺大醫院內科及小兒科過敏、氣喘權威，求診患者無數。他注意到有些治療過敏的病人，在一陣子不見後，再出現於診間，竟然狀態和有持續做減敏治療的患者大同小異，好奇之下，追問患者吃了什麼藥，得到的回覆是吃中藥，而且都在萬華西園路的林昭庚中西醫診所，由林昭庚醫師開立藥方。

原本就對中醫極有興趣和投入的謝貴雄，對於中藥治療與減敏療法竟有異曲同工之效更加好奇，決定打電話找林昭庚，請教他給患者服的是什麼藥方，林昭庚知無不言，兩人在電話中一見如故，成為好友。

謝貴雄辭去臺大醫學院院長一職，一九九六年受台塑集團董事長王永慶禮聘為長庚兒童紀念醫院院長。謝貴雄接任院長之後，私下拜訪林昭庚，希望推動中西醫結合，在長庚醫院成立中醫部、長庚大學設立中醫系。

於是在兒童醫院的中長期遠程計畫中，合併提出設立中西醫結合的中醫部（醫院）與中醫系（學校）構想。王永慶閱後告知謝貴雄，其實他早有此想法，希望將此構想提前到近期計畫中實施，因為謝貴雄不完全了解中醫，便老實告知王永慶，其實這個構想是請好友林昭庚教授規劃，進而促成林昭庚與王永慶相識的契機。

王永慶在台塑大樓頂樓、整潔典雅的會客室接待林昭庚，並親切留客晚餐。餐廳中式圓桌透露主人的傳統思維。王永慶表達臺灣人相信傳統中醫，應該要更有系統科學化，他早有設立學校中醫系和醫院中醫部構想，便當面邀請林昭庚協助，並聘任為長庚大學教授，同時成立「中醫籌備小組」展開運作。

原本就把推動中醫發展視為使命的林昭庚，這時候反而不敢一口承擔，他告訴王永慶：「這件事我必須要先報告老闆陳立夫先生。」沒想到，陳立夫董事長不但立刻同意，還吩咐要全力協助，他認為王永慶是全球化的企業家，要發展中醫需要有更大的力量加入。直到今日，回憶起這段往事，林昭庚依然對陳立夫的遠見和胸襟佩服不已。

獲得王永慶全力支持的「中醫籌備小組」全速前進，在當時長庚醫院張昭雄院長、長庚大學醫學院李英雄院長共同努力之下，半年內完成任務。王永慶與謝貴雄對於中醫之專家學者不熟悉，請林昭庚推薦人選，他商請自己的學弟也是授業弟子林宜信、孫茂峰、沈建忠、楊賢鴻、楊哲彥等人全力協助長庚醫院發展中醫部，並推薦沈建忠擔任長庚大學中醫系系主任。

一九九七年七月一日長庚中醫部正式成立於林口長庚醫院，並於同年八月一日起開辦中醫門診業務，當時的中醫部主任林宜信、內科主任楊賢鴻、針灸科主任孫茂峰、傷科主任楊哲彥及中藥局主任楊榮季（藥學系）等人不負眾望，致力發展長庚醫院中醫部；長庚大學中醫系於一九九八年獲教育部同意成立，並自當年度開始招生，以「追求中醫現代化與中西醫結合之新醫學」為目標，培育中醫界新人才，看到今日在每個長庚醫院院區均設立中醫部，長庚大學亦成立中西醫雙主修的中醫系，培養無數中醫相關人才，林昭庚深感與有榮焉！

## 中醫界不再沉寂 提升形象投入公益服務

體制內的參與配合外，也需要一個強而有力的人民團體作為前鋒和後盾。林昭庚「扶正祛邪與安內攘外」文章，猶如他對中醫界未來的宣示，坐上全國中醫師龍頭的位置，他有無數的規劃構想要動工。

四十五歲到六十五歲，是人生最成熟、忙碌和衝刺的階段，這精華二十年裡，林昭庚教學、研究、臨床，出席國內外學術演講論壇深耕杏林，在忙得不可開交的同時，他大方撥出時間、奉獻心力參與公會、學會社團服務，在因緣成熟時，沒有猶豫地接下社團服務主帥的棒子。帶中醫界再往前邁進，要有堅實組織才會有夠大的聲量，在往後的談判折衝之間才能引燃火花，這火花不是要燒向任何政府單位，而是照亮中醫的臉龐和身軀，讓政府更重視中醫的地位和未來的發展。

臺灣在七十年代經濟起飛，八十年代正是臺灣錢淹腳目時代，臺灣民眾大舉出國、民智大開。一九九二年林昭庚四十五歲，擔任「臺北市中醫師公會」第十屆理事長，他看見新時代浪潮滾滾而來，認為必須加強中醫師現代醫學知識跟上趨勢。

1993年林昭庚擔任臺北市中醫師公會理事長期間，贊助並籌措經費購置會館，恭請張博雅署長（時任衛生署署長）蒞臨會館落成剪綵，左起為林昭庚、張博雅、黃明德。（臺北市中醫師公會提供）

中醫界不再沉寂了！臺北市中醫師公會整個動起來，成立現代醫學進修班，邀請臺北榮民總醫院放射線部醫師開班授課，提升中醫師對於現代儀器檢驗、心電圖、放射診斷學等之判讀能力，同時為提升中醫形象，推行社會福利，廣辦中醫義診服務，向各學校、機構及社區團體提供中醫藥講座，並投入公益服務、捐款救災，真正展現取之社會用之社會，他要打造一個有能力、好形象的中醫團體。

公會是眾人之事，公共事務推動更需要有細膩的人際互動。林昭庚在擔任臺北市中醫師公會及全聯會理事長期間，許多開創性的建設是如何辦到的？當時擔任林昭庚左右手的陳潮宗最有感。

陳潮宗回憶，當時包括鄭歲宗理事長和黃鎮昌理事長，大家拜託林教授出來領導，「結果他一出來，北投喝酒變成了學術研討會」，陳潮宗笑著說，公會風氣丕變，那時他負責中醫會訊及會務工作，辦高爾夫球比賽、歌唱比賽……等許多活動，更有大大小小的會議研討，中醫界整個活絡起來。

「林教授做人原則是大位不求啦，第二是不能硬取，萬事具備的時候才會去接受這個職務。」他說，「當時理事長告訴我們：『對的事情都可以去做，但是百分之七十的人同意還不一定可以，要大概百分之九十的人同意才可以去做，尤其是公會的事情。』」陳潮宗說，林教授對於公共事務的推動，很注意「人和」，做事很有方法而且腳踏實地，但也有自己的堅持，並不隨波逐流，因而能夠服眾、領導公會社團跟著他的方向前行。

在此同時，身為臺北市中醫師公會理事長，林昭庚要為雙主修、擁有中西醫雙執照的醫師打拚應有的權益，他的目標是在廣設中醫據點，打開中醫系的就業之路。當時是陳水扁市長時代，在他積極奔走呼籲多方努力下，成功爭取在萬華區成立昆明中醫醫院（今臺北市立聯合醫院昆明院區），並在臺北市各市立醫院成立中醫部門，為中醫師的行醫權益打下里程碑。今日在許多公私立醫院多設有中醫部門，深受民眾的信賴。

## 再敲大鐘　接任中醫師公會全聯會理事長

內部改造外，林昭庚更拚外部改革，維護「國立中國醫藥研究所」（一〇二年七月二十三日，改隸到衛生福利部，更名為「衛生福利部國家中醫藥研究所」）獨立地位、爭取公勞保及全民健保、推動「衛生署中醫藥委員會組織條例」完成三讀立法、爭取中醫特考及格之高考定位，駁斥外界對中醫界不利之言論。

有史以來，臺北市中醫師公會從來沒有這樣的衝勁，林昭庚一向的做事原則是往前多看幾步，自己要有多看幾步的規劃和思維，中醫界要往前走三步，就得規劃往前走五步的超前步伐，萬一人家擋了兩步，自己還是往前走了三步。

這些臺灣中醫史上重大的改革，每件議題背後都是無數的邏輯思考、資訊收集解釋和策略論戰，林昭庚帶著團隊和「別人沒做的我來做」的信念往前衝，醫療行政成績和學術研究一樣出色。

就像敲鐘一樣，敲了小鐘，音聲振三里；再敲大鐘，音聲必振百里。五十一歲林昭庚接下「中華民國中醫師公會全國聯合會」理事長（一九九八～二〇〇四年）。身為全國中醫師公會最高的掌門人，是敲大鐘的時候，他帶著中醫師界完成健保總額預算、購買會館，並向臺北地方法院申請法人登記，完成社團法人資格。

## 說服理監事解囊 全聯會在廣州街購置會館

一九九八年至二〇〇四年，林昭庚接任中華民國中醫師公會全國聯合會第四、五屆理事長，當時他已經參與許多政府醫療行政工作，了解精省方案通過後，「中醫師省公會」終將走入歷史，且全民健保總額預算推動勢在必行，屆時中醫師公會全聯會將會是代表中醫界和政府打交道、權益折衝的重鎮。

二〇〇〇年林昭庚代表中醫師公會全國聯合會與詹啟賢署長（時為行政院衛生署，現為衛生福利部）簽訂「全民健保中醫門診總額支付制度試辦計畫委託協議

2001年林昭庚（中間者）擔任中醫師公會全國聯合會理事長期間，贊助並籌措經費購置會館，恭請張博雅部長（時任內政部部長；左三）蒞臨會館落成剪綵。（中醫師公會全國聯合會提供）

書」，這是繼牙醫，第二個與衛生署簽約的醫療體系。5

「如果我們是在西醫之後才去談總額，那真不敢想像會是什麼光景。」當時擔任全聯會祕書長的孫茂峰說。全民健保開始規劃總額預算之初，西醫對總額有疑慮和猶豫，健保局的策略是個個擊破，牙醫率先拿下一大塊餅，中醫內部意見分歧，當時全聯會理事長林昭庚認為不能拖延，領導團隊提出詳細分析數據，拿下百分之十的總額，「中醫再猶豫，可能就悲慘了，老師是有辦法和各類不同人溝通的長才。」

為了更有效率地推動會務，林昭

庚徵召自己診所最得力的助手蔡春美前來幫忙。說話輕言溫和、動作俐落的蔡春美平時話不多，亦有老闆交代使命必達的個性。蔡春美回想當年和老闆在全聯會「創業」經過，表示林昭庚導入學術服務、創刊會訊、接下中醫總額預算、舉辦各類聯誼比賽等等活動，「經費不夠，理事長會想辦法申請研究計畫，大家忙得團團轉但士氣卻很高。」

在林昭庚接任全聯會理事長之前，中醫師公會全國聯合會沒有固定會址、會務人員隨著每一任當選的理事長依附在各地縣市公會，「當時一年的經費九十萬，來源自省公會和臺北市、高雄市三單位各三十萬，連人事費都不夠」，全聯會組長蔡春美回憶她剛到全聯會任職的情形，一個紙箱放著全聯會的公文，沒有公文櫃，她的辦公桌在臺北市中醫師公會的一個角落，下班後，所有公文再收回紙箱內。

蔡春美覺得最神奇的莫過於購買會館一事，在全聯會連人事費都需要想辦法時，理事長竟然在理監事會提出購買會館提議。原本大部分人認為絕不可能的任務，在林昭庚耐心解釋和提出方法之下，理監事一一被說服，紛紛慷慨解囊、眾志成城，全聯會終於在廣州街購置會館，有了永續的家。

## 建立制度　健全中醫師公會全聯會組織架構

林昭庚深知「制度」是一個團體的根基，就如蓋房子要先打地基紮鋼筋一樣，地基打得穩，鋼筋紮得堅實，將來灌漿蓋房子就不怕強風驟雨，就能挺過百年風雨。組織團體亦然，健全的制度能讓後來者有跡可循，凡林昭庚所協助建立的校友會、基金會、社會團體等，莫不因制度而可長可久。

在林昭庚六年理事長任內，中醫師公會全聯會依會務需求陸續成立會務發展、學術研究、繼續教育、中醫推動教育、公關文宣、會訊出版、資訊事務、聯誼活動、全民健保中醫門診總額支付制度、財物、權益基金管理、國際交流、法規研究、緊急處理小組等各類委員會，健全公會組織架構。

會館穩定，全聯會更承辦全民健保中醫門診總額支付制度，由公會負責專業審查。為推動總額支付制度，同時成立中醫門診總額支付制度保險委員會，制訂相關品質、資訊、法規、審查等方案，以及針灸、傷科臨床治療指引，經當時衛生署及全民健保醫療費用協定委員會評核，任期內二度獲特優及優等獎，殊屬難得。

## 擔任中華針灸醫學會理事長 會館落腳臺中市健行路

二〇〇三年至二〇〇九年期間，林昭庚當選「中華針灸醫學會」第三、四屆理事長，在他的積極運作，尋求國際認同下，在二〇〇七年成功促使針灸醫學會成為世界針灸學會聯合會會員，被選為世針聯執行委員，領團前往中國北京參加「世界針聯成立二十週年暨世界針灸學術大會」。二〇二二年十一月，世針聯第十屆會員大會在新加坡召開，林昭庚

2009年林昭庚擔任中華針灸醫學會理事長期間，贊助並籌措經費購置會館，並於會館落成時，親自主持剪綵。（中華針灸醫學會提供）

2022年榮獲世界針灸學術大會頒發「世界針灸傑出貢獻獎」。（孫茂峰提供）

2009年第七屆世界針灸學會聯合會世界針灸大會於法國南部歐洲議會大廈舉行，林昭庚為大會副會長，帶領臺灣代表團同往，收穫良多。（陳方佩提供）

獲邀於學術大會發表「針刺穴位深度研究」演講，並獲大會頒發「世界針灸傑出貢獻獎」。

林昭庚擔任第四屆理事長後，會務日漸龐大，會員人數激增，此時針灸醫學會仍然是無所可居、依附在中國醫藥大學中醫系內。林昭庚再度遇到棘手的房事問題，他一貫認為有定所才能永續會務，於是任內再度發揮火車頭動力，為學會籌募會館，二〇〇八年第四屆第三次會員大會通過購買會館，並交由理事會執行，以全體會員權益為優先，幾經尋覓，會館落腳臺中市健行路，中華針灸醫學會擁有了自己的居所。

二〇〇九年林昭庚積極推動成立「國際性的針灸學術大會——亞洲針灸高峰論壇」，並擔任第一屆大會主席，和南京中醫藥大學、新加坡中醫師公會共同舉辦大會，並以「亞洲針灸學術的現狀及發展趨勢」為主題，希望藉此論壇，聯繫亞洲各國在針灸學術領域的專家學者，促進針灸臨床研究的進展，建立交流合作平台。

## 擔任國策顧問　建言書收藏總統府

在擔任中華針灸醫學會理事長同年，林昭庚獲聘為總統府國策顧問。總統府官網明訂國策顧問職權：「國策顧問不得逾九十人，由總統遴聘之，聘期不得逾越總統任期，對於國家大計，得向總統提供意見，並備諮詢。」

這是尊榮的職位，一般是列位備詢，林昭庚因為在中醫針灸學術成就而獲聘。在其位就盡己力謀其事的個性讓他無法不作為，林昭庚就他的專業範疇及社會當前所關切議題，多方收集資料文獻，請教各領域專家學者，首先提出「全民健保政策」等建言書，對全民健保制度所面臨的財務失衡危機提出改進方案。

在擔任國策顧問期間，林昭庚以做研究論文的精神和專業，陸續提供「建構臺灣廉政」、「指紋建檔政策建言書」、「建請同意讓國際ＳＯＳ救援中心醫療專機能進臺灣領空」、「臺灣自然生態與國土規劃永續發展建言書」等建言。

他依照自己的觀察定義影響國家社會長遠的議題，自掏腰包開討論會，聘請專家學者一起工作，評言擲地有聲，他不願意辜負國家給予的名位。二〇〇六年任期結束，總統府感謝林昭庚對國家大計的心力奉獻，將他的建言書集結成冊回贈，並收藏於總統府圖書館。

林昭庚的處世秉持著父親林江泗的教誨「要踮腳尖的東西不要拿」，他從不主動爭取名位，如同老子所言「夫唯不爭，故天下莫能與之爭」。大胸襟才能辨大事，正也因為具有實力卻不爭，因此反而獲得許多始料未及的機會。

## 擔任國際東洋醫學會會長　獲外交之友貢獻獎

國際東洋醫學會（International Society of Oriental Medicine，簡稱ＩＳＯＭ）由

臺、日、韓於一九七六年共同成立，是經世界衛生組織認可的國際醫學組織，在全球杏壇具有舉足輕重之地位及影響力，成立以來會長一職都是日、韓兩國擔任，沒有臺灣人擔任會長的機會。

二〇一七年ISOM第三十一屆會長選舉，日本、韓國競爭激烈、相爭不下，最後取得共識，林昭庚以臺灣代表身分榮任新任會長，成為ISOM成立四十二年來首位臺籍會長，創下國際東洋醫學會歷史紀錄，受到國際學界高度矚目，並收到蔡英文總統賀電及衛福部陳時中部長感謝狀，而這促成了第十九屆學術大會在臺灣舉辦。

臺灣成功爭取到國際東洋醫學會學術大會主辦權，凸顯本土醫學具有跨足世界的軟實力與影響力，該年學術大會主要以「傳統醫學在急重症的應用之前瞻與挑戰」為主題，邀請上百位國內外知名學者上台演講，以及超過二百篇論文張貼與發表，現場有來自美國、英國、奧地利、義大利、加拿大、日本、韓國、非洲等地醫學專家超過二千人出席活動，

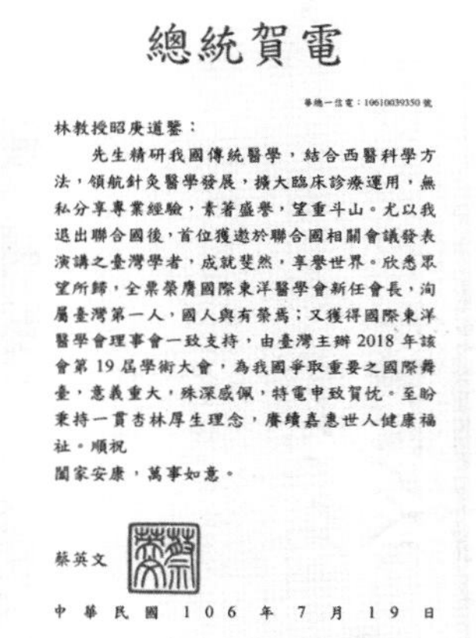

總統賀電

華總一信電：10610039350號

林教授昭庚道鑒：

先生精研我國傳統醫學，結合西醫科學方法，領航針灸醫學發展，擴大臨床診療運用，無私分享專業經驗，素著盛譽，望重斗山。尤以我退出聯合國後，首位獲邀於聯合國相關會議發表演講之臺灣學者，成就斐然，享譽世界。欣悉眾望所歸，全票榮膺國際東洋醫學會新任會長，洵屬臺灣第一人，國人與有榮焉；又獲得國際東洋醫學會理事會一致支持，由臺灣主辦2018年該會第19屆學術大會，為我國爭取重要之國際舞臺，意義重大，殊深感佩，特電申致賀忱。至盼秉持一貫杏林厚生理念，賡續嘉惠世人健康福祉。順祝

闔家安康，萬事如意。

蔡英文

中華民國106年7月19日

總統府賀電，2017年7月19日。

是全球傳統醫學界的年度盛會。

回憶這段中醫界國際盛會，慈濟大學中醫系主任林宜信笑著說，當年臺灣這個天上掉下來的會長職位還是他一再請託，才激起林昭庚「捨我其誰壯志」。原來，當年林宜信是國際東洋醫學會的副會長，日韓會長之爭相持不下最後共識由臺灣擔任，放眼檯面上人物就數林昭庚資歷最適合，但林昭庚向來不主動佔隊領導團體，除了會佔用他太多學術研究時間，也擔心龐大的國際盛會經費著落，因而一再婉拒，最後自覺到這是對國家和臺灣中醫界的責任而點頭答應，帶著團隊全力完成國際盛會，把臺灣推上國際中醫領導地位。

二〇二一年二月，林昭庚接到外交部邀請出席「外交之友貢獻獎」頒獎典禮，他是個人獎項受獎人，獲獎原因除了因學術成就獲得世界衛生組織及聯合國教科文組織肯定外，並在擔任國際東洋醫學會會長期間，成功爭取該醫學會二〇一八年度學術大會在臺灣舉辦，並且曾經獲得聯合國教科文組織及世界衛生組織邀請擔任主題演講人等，對強化臺灣對外之國際參與，多所貢獻。

《易經》之道，不爭是絕頂的智慧，〈謙卦〉說明了謙讓不爭必然獲益而得。林昭庚待人謙和、笑口常開，「為而不爭」的處世態度讓他避開了人際間無謂紛爭，凡事以大局著想的善意作為，也讓一時有爭議的事，能在事後獲得理解。

## 馬兜鈴酸事件 帶領中醫界一連串反撲

近代中醫與西醫之間的爭議，要以二〇〇三年間發生的「馬兜鈴酸事件」最引起社會關注。這一樁事件起因於國外研究指出，含馬兜鈴酸的中藥材可能造成腎衰竭，包括臺北榮總與新光醫院等，希望禁用含馬兜鈴酸藥材，引發了醫療與食品安全爭議。

繼而，臺北榮總醫師發表百種中藥具肝毒性，一時間中藥安全性問題吵得沸沸揚揚，一般民眾無法分辨什麼中藥有含馬兜鈴酸，對中藥產生很大疑慮，中藥材銷路瞬間急凍，中醫界包圍榮總要求道歉。

當時擔任中醫師公會全聯會理事長的林昭庚，是帶領中醫界一連串反撲的主帥，他強調這不是意氣之爭，而是專業理念之爭。林昭庚說明「藥即是毒」，馬兜鈴酸有腎毒性，和西藥的抗生素、止痛藥有肝、腎毒性相同，這些藥物對某些疾病的療效顯著，只要在藥物包裝上充分說明副作用和標示警語，無損臨床價值。如果衛生署以藥品有副作用為禁用標準，將造成大部分西藥和中藥都無法使用的困境，因此反對貿然禁用，主張在禁用之前確實了解是何藥物，並且要有配套措施。[6]

## 北榮副院長出面道歉　禁用馬兜酸藥材落幕

林昭庚再與立法委員邱永仁、中藥商公會全聯會理事長林天樹等人，率眾到臺北榮總開說明會，他指出學者發表論文應該遵循專業倫理，由專業團體審閱論文，而非直接發表在報紙上，尤其是案例報告，可能只是單一事件，卻造成無謂恐慌，更對中醫界造成難以彌補的傷害，全聯會要求北榮公開道歉。

林昭庚進一步表示，衛生署中醫藥委員會從民國九十年開始建立中藥不良反應通報系統，任何疑似不良藥物，都應經委員會專家評估，但臺北榮總醫師未經法定程序即發表，中醫藥界不能接受。[7]十一月十三日時，林天樹以幾近哽咽的語調說，每年補冬，他們都會有比平常多三倍的生意，今年中藥商的利潤卻不到平常的三分之一，「誰讓一萬八千家中藥商沒飯吃，我們都要告到底。」相較於中藥商的強硬，林昭庚則說，既然北榮已出面道歉，中醫界可以接受，但還是需要開會討論未來因應之道。8

「在我看來，醫學只有一種，可以救人、副作用低，都是好的醫學，沒有必要去分傳統或現代，中醫或西醫。」在抗爭過程中，林昭庚對記者和民眾陳述理念、侃侃而談，《中國時報》記者張璨文在一篇報導中稱讚：「在幾個火藥味濃厚的衝突場合中，林昭庚輕鬆暢談中醫理念，堅持不出惡言，謙沖態度令人印象深刻。」

主帥以理服人、和氣生緣，讓爭議事件理性發展沒有失控。事件最後在臺北榮民總醫院副院長雷永耀等相關人員出面道歉，改口稱只有腎功能不好的人需要禁用而落幕。

## 老驥伏櫪　接任中醫藥發展基金會董事長

二〇二一年，林昭庚七十四歲，接下「中國醫藥研究發展基金會」第十四屆董事長一職。中國醫藥研究發展基金會是一九七四年由陳立夫董事長等人創立，以延攬優秀中、西醫藥人才，使用最新之科學方法與設備，從事中國醫藥研究，以宏揚固有文化，提供人類維護健康之最大服務。林昭庚一生感恩前董事長陳立夫的提拔和重用，為報伯樂之恩，陳立夫所交代的每一件事他使命必達。

在人生進入「從心所欲，不逾矩」之年，接掌恩人所創建的基金會，林昭庚以老驥伏櫪志在千里之心，重新設定目標，帶著團隊進行活化基金會工作，並積極為基金會開發財源，訂下基金會存款只能多不能少的制度，他希望中國醫藥研究發展基金會成為中醫學術研究的燈塔，「只要根基穩固，無論世局如何變化，一樣能萬古長明，照亮中醫之路。」

良醫治病與良相治國同功，林昭庚臨床治病具有頭痛醫腳的神奇針功夫，他雖無廟堂宰相之位，卻在醫療行政領域展現運籌帷幄的良相安內攘外之實，為中醫藥界貢獻一己之力。

1 林昭庚、陳光偉、周珮琪，《日治時期（西元1895-1945）の臺灣中醫》（臺中：國立中國醫藥研究所，二〇一一年）。

2 林昭庚，〈良醫良相——扶正袪邪與安內攘外〉，《中國時報》，二〇二二年二月二日，醫藥保健（一～六版）「名醫小故事」。

3 謝貴雄，一九六五年畢業於臺大醫學院，最重要的是一九九一年時，他以第一位臨床醫師的身分，出任國科會生物科學發展處處長，任內推動氣喘病中西醫結合治療方式，研究發展出數種常用方劑，協助中醫藥之科化與中西醫藥一元化，建立標準模式，是其對中醫藥界最大的貢獻與支持。一九九三年擔任臺大醫學院院長、一九九六年，在王永慶的支持下，又成立國內醫學中心級醫院內的第一個中醫部。一九九七年因積勞成疾、藥石罔效，病逝於林口長庚紀念醫院。引自謝貴雄先生治喪委員會，〈謝故院長貴雄生平簡介〉，《景福醫訊》十四卷十二期（一九九七年），頁一八～二〇。

4 可參考唐雙根，《臺灣經營之神王永慶》（新北市：布拉格文創社，二〇一七年）。

5 所謂總額預算制，即是中央健保局每年撥固定經費給中醫界，由中醫界自行以計點方式均分；因此，看中醫的民眾多了，中醫師每看一名病患的給付便減少了；看中醫門診的人少了，健保局給付中醫師每名病患平均診察費便提高。這套辦法與現制不論多少人就醫，健保局均依人頭給付看診費的方式，有很大不同。總額預算的實施，可以將健保醫療給付回歸專業審查，讓中醫界自行討論中醫健保大餅的分配比率與原則。而牙醫總額預算實施已年餘，專業自主性提升不少，也間接鼓舞中醫界接受實施總額預算。引自張耀懋，〈中醫門診一年一五〇億〉，《民生報》，二〇〇〇年四月七日，10版。

6 一一〇年衛福部已建置「中藥藥品安全監測通

報系統」，同時精進中藥不良反應案件通報管理實際需要，已啟用中藥不良反應案件通報及中藥不良品案件通報功能。藉由專業審查團隊對通報案件相關資訊進行分析評估，建立中藥風險管控機制，為守護患者用藥安全來把關。參考衛生福利部中醫藥司，《臺灣中醫藥之發展（第四版）》（臺北：衛生福利部，二〇二〇年），頁九〇。

7 不著撰者，〈榮總醫師　提中藥傷肝　中醫師上門抗議〉，《聯合報》，二〇〇三年十一月十一日，第A5版。

8 不著撰者，〈吳明玲致歉　中醫師接受　中藥商不善了〉，《聯合報》，二〇〇三年十一月十三日，第13版。

第十八章

# 情誼綿延　飲水思源心念家鄉

對念舊、喜愛傳統的人來說，故鄉是月圓、水甜、土黏。林昭庚初中就走出村子；此後大學、就業、到世界各地醫病、講課，可謂一刻不得閒。然而，不論走多遠人多忙，始終有一條線牽繫著，那線的一端，是媽媽、是手足、是鄉親，是他小時候啟蒙的陝西國小。

陝西國小除了是小學母校外，對林昭庚還有更深層的意義。他的父母親也是陝西國小校友，父親林江泗更因為日本老師伸出援手，而能繼續升學改變命運，日後有出任彰化農田水利會財產股及庶務股長機會。如果當年未遇貴人，或許也只能回家務農，今日連第二代的命運恐怕都要改寫。對故鄉及陝西國小特別的感情，讓林昭庚時時有飲水思源的回報之心。

中壯之年，林昭庚事業步入正軌，日常時間被醫務、教學、研究填滿，此時鄉親找他詢問病情、打探醫師等事也日增。鄉下人純樸直白，請託者的焦慮、謙卑手足無措讓他心疼，卻也常宥於時間無法及時幫忙，但他沒忘記父親要求他來日當醫生要幫忙鄉親的交代。

## 當上醫生　鄉親生病多個依靠

在臺灣全民健保開辦以前，醫療是極珍貴的資源，尤其鄉下地區，小病都靠青草藥或是寄藥包[1]，複雜狀況就要到員林、彰化找診所或醫院，鄉下人到醫院看病除了花大錢外，更是無助徬徨，哪敢小病就往大醫院跑，自從村裡有林昭庚唸了醫學院，高興的肯定不只他的母親，所有鄉親都期待林昭庚趕快畢業當上醫生，生病時也能多個「依靠」。

林昭庚當醫生的第一天，已傳遍全村，讓性格不服輸的母親在村裡走路有風，母以子貴，貴在如醫者父母心，鄰居的小病小痛，就去問問林昭庚的母親，鄉親總認為林母一定會去問問當醫生的兒子，這一問猶如間接看診或諮詢，熱心的林母經常會向兒子多要一些退燒或皮膚病的藥，供厝邊鄰里不時之需；碰到需要到大醫院的病情，林母就請兒子代為找醫生安排住院。「有一次我回家，居然看到媽媽煞有其事的和鄰居分析病情，做起『醫生』來了。」每回想起這一段場景，林昭庚都會笑個不停。

## 問病者日多　成立鄉親醫療服務專線

逐漸地，愈來愈多來拜託林昭庚幫忙介紹醫師或幫忙掛號，為妥善服務鄉親，林昭庚索性設了類似「鄉親醫療服務專線」，讓鄉親們找不到他時，助理可以盡快協助解決問題。這服務從年輕到現在，他身邊二位助理蓉蓮和珮琪，一位在臺北、一位在臺中，跟著林昭庚工作都超過二十年，是親切的醫療服務後援會。

「要看哪一科、找什麼醫生，在今天都還是大事，何況是沒有網路的那個時代。」洪榮炎是陝西國小校友會成立的當屆校長，他說，生病的家人接通博士的電話，心就先安定了一半。林昭庚的好友、陝西國小校友會前會長曾寶城[2]說起鄉人就醫的事：「雖然彰化也有大醫院啊，像秀傳、彰基，博士為人熱心，村民要找醫院都會先請教他，到中國醫藥大學附設醫院去看病就是安心，後來連附近福興鄉的人都來找我拜託。」

林昭庚有多重角色，在故鄉人人稱呼他博士，除了民國七十年代擁有博士學位是鳳毛麟角外，他也是鄉裡第一位醫學博士。林昭庚父親早逝，他明白健康對一個家庭影響有多大，看到病患恢復健康臉上重現笑容，他心中也充滿喜悅，由於常接受「問事」，他調侃自己像個「廟公」。林昭庚實現父親希望他「做醫生照顧鄉親」的期望，他盡一己之專長來協助鄉親，希望長幼都能安適。

## 捐贈陝西國小孔子塑像　開啟與母校連結

「我的能力有限，但至少能先顧好自己的家鄉。」林昭庚認為醫療服務只是解決一時急難，要改變命運，教育才是關鍵，鄉下孩子資源少，他希望陝西國小的學弟妹們至少不要輸在起跑點。這樣的想法，一直盤桓在林昭庚的心中，要如何照顧鄉親的下一代？要從哪裡開步走？林昭庚不但「做醫生照顧鄉親」，也要照顧鄉親的下一代，秀水的下一代。

林昭庚（左二）與夫人陳孟秋（左一）參加母校陝西國小校慶，並於其捐贈之孔子像前合影。（陝西國小提供）

2018年陝西國小校友會創會會長林昭庚（右一）、繼任會長曾寶城（左二）賢伉儷與洪榮炎校長（右二）合影。（曾寶城提供）

一九八〇年林昭庚獲得沙烏地阿拉伯王國最高榮耀「金袍獎」事蹟各大媒體報導，消息傳回金陵村，當時「中沙大橋」[3]剛完成不久，大家對沙烏地阿拉伯只聞其名，充滿好奇，鄉親們看到從小眼皮底下長大的阿庚仔，披著阿拉伯的金色罩袍出現在報紙上，莫不覺得這是自家孩子的榮耀，全村喜氣洋洋。

當時的陝西國小校長蘇鴻猷看到報紙登了這麼大的消息，特別邀請林昭庚回校勉勵學弟妹，並且特頒陝西國小傑出校友獎牌，林昭庚亦回贈一座孔子塑像作為校園精神堡壘，從此開啟了林昭庚與母校長達四十年的連結。

此後，林昭庚每有傑出表現，鄉親、母校同感慶賀，陝西國小也在林昭庚的關心和號召下，許多散居在中、北部的畢業校友紛紛在母校的校慶時一起回鄉熱鬧慶祝。

## 號召校友返校　設立勵學獎學金

一九九九年陝西國小七十週年校慶，林昭庚擔任校慶籌備委員會主任委員，出錢出力擴大舉辦各式慶祝活動，這是陝西國小的大事，從各屆畢業名冊的地址發出邀請函，但畢業名冊上的地址，都在金陵村、陝西村和金興村，就需要藉著留在家鄉的父老鄉親們，輾轉通知在外打拚的兒女，告知陝西國小有這麼一個活動，或告訴學校子女在外的新住址。最後成功聯絡到一大群北部校友，浩浩蕩蕩包遊覽車返鄉。

八十週年校慶時，當時校長胡秋玉和家長會幹部搭高鐵，手提彰化葡萄伴手禮依尋新地址到北部拜訪校友，校慶當天北部校友分乘二部遊覽車回到母校參加校慶，進場時全場學生、鄉親夾道歡呼，是歸鄉之情，是母校召喚，是學弟妹的期盼，在這一天從未有的感動盈滿陝西國小，掌聲夾帶淚水，林昭庚此時感受到校友的力量奇大無比！

「每逢擴大校慶盛事，博士總是協助母校號召校友踴躍參加，成就學校盛典美事。」現任校長王建智算了一下：「博士這麼多年來光是設立勵學獎學金，就捐贈一百五十二萬元鼓勵優秀及清寒學生，其他慷慨捐款襄助母校辦學的款項，則是多不勝數。」

對一天二十四小時當四十八小時用的林昭庚來說，出錢不是問題，要出人就比較傷腦筋了。

## 擔任第一屆理事長　建立校友聯繫平台

二〇一一年洪榮炎接任校長，看到校友們活動力強大，提議組織校友會建立聯絡平台，則更能凝聚力量，此建議獲得學校家長會大力贊成。原本眾望所歸的是前校長黃源榮（林昭庚小學老師），但此時黃源榮正在療養，他轉而推薦學生林昭庚。眾人很興奮，這位大學長如能登高一呼必然馬到成功，「但是博士這樣的大忙人有空嗎？」大家懷抱希望卻也沒有把握，決定一起到臺中拜訪博士。

這天，一支包括陝西村長林棟樑、金興村長蘇森田，加上歷屆家長會長、顧問、村里幹事的遊說團，在洪榮炎校長帶隊下，將近二十人浩浩蕩蕩出發，林昭庚作東請大家吃飯，席開二桌，鄉親們滿滿誠意讓林昭庚感到責無旁貸。那一晚，杯觥交錯、賓主盡歡，大家議定由林昭庚出任校友會籌備主委，以三年為期展開校友會籌備工作。

主委號召力強大、眾志一心，各縣市代表很快找齊，三年籌備工作縮短一年完成，隔年由洪榮炎校長等四十名發起人向內政部社會司申請成立「臺灣彰化縣立陝西國小校友會」，在十二月八日陝西國小八十三週年校慶當天校友會正式成立，創會會員近百人，林昭庚擔任第一屆理事長，建立各屆校友聯繫平台、凝聚更多緣分。

## 陝西國小校慶日 猶如在外遊子「返鄉日」

陝西國小校友會成為彰化縣第一個全國性校友會，此後每一年陝西國小校慶日，猶如在外遊子的「返鄉日」，這種最有情感的約定，遊子返鄉多了話題：我是第幾屆，你是哪一屆，我們曾經被老師罰站過……，是許多許多年前的往事，談起來卻分外親切。

北部校友包遊覽車、散布臺灣各地校友開車，扶老攜幼帶著家人回到母校開會員大會；校園老榕樹輕搖、庭草青青，漫步其中彷彿又回到無憂的童年。大家也順道走訪秀水老街老厝、回味美食，來趟懷舊巡禮。小學是人生最無憂的時光，這一天對外地遊子而言，充滿生命中的儀式感。

陝西國小校友會每年有四次理監事會和一次會員大會，洪榮炎回憶：「博士很有心，在理事長任內，只要是校友會大會或理監事會，他幾乎都會排除萬難，特地趕回來參加，博士有出席，人就會特別多。」洪校長說博士有領袖魅力、是人氣王。

從小是庄內囝仔王、大學當班代、學術研究領頭雁，林昭庚的領導哲學是「不爭和承擔」。不爭，是父親的訓誨「要踮腳尖的東西不要拿」，承擔則是他清楚凡事唯有自己在過程中積極參與、努力達成具體成果，才會感到真正的快樂。

## 建立校友會制度　所有捐款用在學生身上

不過，事情也不是一直順風順帆，會長連任屆滿，林昭庚卻面臨棒子交不出去的窘境。

任何組織財源收入是運作存續的重要關鍵，「校友會一開始並未向會員收錢，也沒有職務捐[4]，都是博士出錢。」洪榮炎回憶當時林昭庚希望理監事更多元，成員中有公教人員及藝術工作者，「博士不希望大家感到有壓力。」

只是，林昭庚這一番有錢出錢、有力出力的美意，竟然成為無人接棒的原因。眼看下任人選告急，林昭庚想起低他一屆的學弟曾寶城。

曾寶城濃眉大眼、個性爽朗，在臺北經營成衣廠，生產名牌牛仔褲，大家都叫他曾董。林昭庚獨撐校友會經費，他都看在眼裡，有一回在校慶運動會碰面，他告訴林昭庚：「經費上有需要我可以分擔。」當時林昭庚有些詫異：「鄉下人都節儉成性，錢看得較重，這傢伙卻主動開口，是有心有力之人。」促使林昭庚想到這個適當人選，他趕忙聯絡這位學弟。

但曾寶城的成衣廠生意忙碌，兼顧奔波接任理事長實屬困難重重。終究在任何想像得出來的問題和困難前，都讓林昭庚一一化解，曾寶城終於接下第三、四屆校友會理事長。「要怎麼做，還需要你協助傳承」，曾寶城要求學長仍然要一起努力。

「我來出錢沒問題，沒有合理財務機制，下一屆一樣也找不到人接手。」企業家的理事長務實，找林昭庚討論改善校友會財務結構和收費機制，「凡事起頭難，前面已經有人走出一條路，我的工作就是承先啟後。」曾寶城這一屆開始建立校友會財務收支制度，設定理監事及顧問職務捐，明確規定所有捐款都要用在學生身上的共識。

## 發展課後活動　英文教育及扯鈴社團

在第三、四屆理監事團隊努力下，校友會人數增加到二百多人，學校撥出一間校舍給校友、家長會專用，曾寶城自掏腰包添購桌椅、冷氣等設備，簡單舒適，校友會、家長會如同有了自己的會館。

洪榮炎回憶，當時鄉下小學沒什麼補助款，大家集思廣益後決定校友會的錢都拿來補助學生的英文教育、扯鈴社團等課外活動，以及重新設計校服等，其中又以英文教育及扯鈴社團為重點，學校聘請英文老師加強英文課程，學生英文程度全面提升，每年畢業典禮都有一個小時英語成果發表。

扯鈴則是很容易學習上手的活動，器材簡單便宜、不需要很大的場地，隨時都能表演的一項才藝，聘請老師經費及器材由校友會支持，扯鈴成為陝西國小特色活動，拿過全彰化縣比賽第二名佳績。陝西國小校友會拉拔母校的小學弟妹，不因為身處偏鄉就輸在起跑點。

一群學長用心加持，加上歷任校長辦學認真，「少子化浪潮下，陝西國小雖然無法避免被波及，但是學生人數也挺住了，該有的人數沒有流失。」現任校長王建智說，博士送給陝西國小的是一個穩固的制度，從勵學獎學金、創立校友會、校友基金，這些禮物伴著一代代的孩子成長，「他是一位關心教育的長者，思考很長遠、宏觀，是我們的榜樣。」

每一年陝西國小校慶，校友會浩浩蕩蕩包車南下回娘家是重頭戲之一，創會會長是永遠的精神領袖。林昭庚若人在臺灣，總會空出時間參加活動，這個由他一手催生的社團，牢牢繫住遊子的心，有心就有力。

每一次回到母校，林昭庚從孩子清澄眼神中，看到他那個年代鄉下孩子所沒有的自信，從校友笑容中看見熱情，他滿心感恩，覺得這就是人生莫大的意義。

「教育是窮鄉孩子翻身的途徑，起碼家鄉的孩子在起跑點上不要落後。」林昭庚說現在校友會制度已經上軌道，這些受到大學長們幫助的孩子，心中有典範有標竿，將來也會回饋學校，幫助更多的人。

這是善的循環，善念不息就是故鄉的福氣。

2022年彰化秀水鄉公所及陝西國小共同主辦林昭庚院士返鄉祭祖大典。

## 院士榮歸秀水　鄉親舉辦祭祖暨歡迎會

林昭庚相續四十年的關懷，看在故鄉人眼裡，感念放在心裡。二〇二二年七月，林昭庚獲得中央研究院院士消息傳回秀水，鄉親父老視之為故鄉出狀元，莫不感到與有榮焉，鄉長林英嘉與秀水十四個村長議定為故鄉之光辦一場返鄉祭祖。

九月二十四日一早，林氏宗祠「林四福堂」敞開中門，鑼鼓絲竹樂團就位。罩著滾邊紅裙、署名秀水鄉各村長及團體鄉親的敬賀花籃，壯觀的沿著兩側牆面排開，花籃大紅花牌上寫著「中研院院士林昭庚博士榮歸祭祖暨歡迎會」，林四福堂妊紫嫣紅喜氣洋洋。

廟埕前搭棚設椅，棚下眾鄉親熱絡交談寒暄，這些專程前來見證榮耀、分享喜悅的，是林昭庚的家人、鄉親、校友、同窗，是和林昭庚同享故鄉水米的親朋好友。

九點三十分樂音響起，秀水鄉長林英嘉為林昭庚授戴榮譽彩帶擔任典禮主祭人員，現場與會貴賓隨同，透過簡單隆重的祭祀儀式，眾林家子弟感謝祖先庇佑，遙祭對先祖的無限追思及緬懷，「慎終追遠、民德歸厚」。

## 飲水思源頭　承諾照顧鄉親的健康

典禮結束回到廟埕前，鄉長林英嘉對廟埕鄉親高聲介紹林昭庚：「今天，我要讓大家知道什麼叫做『光宗耀祖』。」他說道，此次林昭庚博士榮歸林四福堂祭祖，整個秀水鄉均與有榮焉、倍感榮耀，也期勉鄉親：「學習林博士『飲水思源頭、吃果子拜樹頭、食米飯拜田頭』，時時心懷感恩、處處善解包容的為人處事態度。」

正式西裝、披著彩帶站在宗祠廟前的林昭庚，笑容可掬真情流露，他說道：「能有今天，要感謝祖宗庇佑、父母栽培、國家的支持。」他向鄉親報告，當選院士就是總統的科學顧問，未來會盡心盡力為國家做事。同時，林昭庚向鄉親承諾照顧大家的健康，需要諮詢醫師，「除了找我的二位助理外，大家也可以直接打我的行動電話」，隨即大方唸電話號碼。聽到林教授當場報出自己的手機號碼，台下眾人莞爾。那個從故鄉走向國際大山大海的阿庚仔，憨厚樸實一如當初。

祭典結束後，林昭庚再回母校陝西國小分享求學歷程，期勉學弟妹「英雄不怕出身低」，為學秉持孜孜不倦的精神，日後都能出類拔萃，成為母校的驕傲，臺灣的光彩。

林四福堂內，一塊「光宗耀祖」匾額在建廟落成時就高掛堂上，今日，與列祖列宗一起見證後代子孫的榮耀時刻。

## 責無旁貸　擔任彰中校友會第十三屆理事長

林昭庚日常工作繁忙，但是他也相當注意社會的回饋、人才培育，尤其是對培育他的母校，不論是小學、中學或大學，只要母校有需要協助找上他，林昭庚莫不視如己責、盡心力而為，出人出力責無旁貸。

從彰化中學畢業的人才，在臺灣社會各個領域出類拔萃者多如繁星，「臺北市國立彰化高級高中校友會」（簡稱旅北校友會）在一九九三年成立，以凝聚感情服務校友為宗旨，理監事會二年為一期。

二〇一七年理事長接棒發生問題，「沒有人要來接會長啊！」景文科技大學課外活動指導組組長王忠孝是彰中校友會現任執行長，他回憶，當時第十三屆理監事改選在即，理事長卻找不到人來接棒，一群人苦思之餘，第二屆理事長黃英治想到名列「華陽巨擘」的彰

2021年返回母校彰化中學留影。（彰化高中提供）

中傑出校友林昭庚，此言一出，眾人為之眼亮，在前理事長梁明聖、黃英治總監及李志仁總幹事力邀下，林昭庚接下服務棒子，擔任彰中校友會第十三屆理事長。

接手彰中校友會，林昭庚提出「薪火相傳、會務永續發展」目標，他知道堅穩的制度是永續的基石，他要像當年為陝西國小建立制度般，為彰化中學量身打造傳承制度，他提出「讓校友會永續璀璨、更加美好」，目標在二〇一九年卸任時交出成績單。

## 建構副理事長制度　讓會務無縫接軌

由理監事會延聘各領域具社會名望之校友，組成顧問團，協助校友會擬定各項活動服務的可行策略，有堅強的顧問團為後盾，彰中校友會辦活動不愁沒有資源幫忙。

其次，為改善旅北校友會理事長產生之困難問題，林昭庚建構副理事長接任理事長制度，讓會務無縫接軌。他在理事會提出再增設一位副理事長，使副理事長成為兩位，隨後經民主程序，選出其中一位有意願者為次屆當然理事長，而另一位則為再次屆理事長；如此順位，不致有理事長「難產」的情事發生，會務也不會出現空窗期。二〇一九年十二月，林昭庚第十三屆理事長任期屆滿交棒，如今已經順利傳承至第十五屆，副理事長接班制度讓服務的熱情可以繼續傳承。

在林昭庚成長過程中，無論是就學或是就業，都受到許多人的幫助，感恩回饋之心放在心中，一有機緣便促成行動。看到媒體上披露社會問題波及年幼兒童等社會事件，一般人通常是唏噓感嘆，但在林昭庚則是動於心起而行。他的助理楊珮琪說，有一次教授看到家扶中心呼籲助養弱勢貧困兒少的報導，立即請她代為認養數位兒童，「我是彰化人，就認養彰化家扶中心的孩子吧！」林昭庚就這麼一句話，二〇〇五年迄今維持五名兒童認養，從未間斷。

「贈人玫瑰手留餘香」，林昭庚當年貧困求學，赤手空拳闖學術江湖，受到許多人的幫助、恩師的提拔，善的循環在他身上流動散發。他常和身邊的人說，自己能力有限，在做得到的範圍內，希望給和他當年處境相似、在地上奮力向上的小草一絲雨水、陽光和希望。

1 「寄藥包」是由製藥廠商將一般家庭常用的藥品放入大藥袋內，平日寄放在家中，並依據已經開封使用的小藥包來結算款項，並補入新品。其淵源為日治時期的「掛藥袋」，戰後則稱為「寄藥包」，一九八〇年代後隨著臺灣醫療現代化、藥房廣設而沒落。可參考吳秋儒，《臺灣古早藥包》（臺北：博揚，二〇一二年）；郭麗娟，〈全民記憶的年代——寄藥包〉，《光華雜誌》十八期（二〇〇六年），頁六九～七八；以及劉士永，〈醫學、商業與社會想像：日治臺灣的漢藥科學化與科學中藥〉，《科技醫療與社會》十一期（二〇一〇年），頁一四九～一九一。

2 曾寶城，一九四八年出生於彰化秀水鄉，一九六一年於陝西國小第十六屆畢業，一九六四年於花壇初中第一屆畢業，高中考上員林中學，但因要隨父親北上創業，於是放棄就學。一九七六年與日本牛仔品牌BOBSON合作，成立利寶成衣股份有限公司，現任該公司董事長。除事業有成外，他感念飲水思源，秉持著取之於社會，用之於社會，樂善好施，於二〇一七年接任彰化陝西國小校友會第三、四屆理事長職務，善用事業之專長，對母校及故鄉營造之推動不遺餘力。

3 中沙大橋跨越濁水溪，是沙烏地阿拉伯支援臺灣零利率貸款三千萬美元興建的臺灣第一座公路橋梁，連結彰化縣溪州鄉與雲林縣西螺鎮，全長二千三百四十五公尺。一九七八年建成時為臺灣第一長橋。

4 一般民間協會為了會務運作順暢，會設職務捐，從理監事到顧問都有不同的捐贈金額。

5 林英嘉，彰化師範大學國際企業管理碩士，秀水鄉第十八屆鄉長，也曾擔任彰化縣林氏宗親會理事。

# 第肆部

# 游於藝

第十九章

# 人生如棋局 《易經》理財助人為樂

每個人對時間運用有不同方式，有些人常感到無聊得要命，也有些人在無限的時間裡看到人生有限，因而善用時間，林昭庚是屬於後者，他很早就知道，完成任何事、成為什麼樣的人，都必須以付出時間為代價。

## 旅遊是工作的延伸 走過一百多個國家

「我的生活很簡單，不交際應酬，沒有什麼朋友。」林昭庚口中的「沒有什麼朋友」，指的是沒有工作圈以外的朋友，他的朋友都是有革命感情的職場夥伴，他沒有以休閒興趣延伸的朋友。

有一次，林昭庚父子聊天，兒子直指老爸人生太單調，除了工作外，其他一片空白。林昭庚不服氣：「我走過一百個左右的國家，住過皇宮、古堡，嚐過山珍海味，騎駱駝遊金字塔，搭小飛機越過沙漠，看過戴奶罩的山羊，踏上南極、北極，這樣豐富的經歷，能說是空白一片？」

一般人出國旅遊總要放下日常工作，買張機票或是跟團飛至目的地，認真一點的，先在出發前了解一下當地風土人情，大部分人就是跟著走馬看花，旅遊回來除了一堆照片外，其他記憶模糊。

林昭庚的旅遊是工作的延伸，從接到國外邀請開始，無論學術論壇或是治病往診，一旦敲定日期，他就會攤開地圖研究當地歷史、生活及景觀特色，擬好旅行計畫，工作結束立即展開當地深度旅遊行程。用這種方式林昭庚幾乎想去的地方都一一圓夢，甚至五十歲以後，他想去或沒去過的地方，會成為是否應邀的考量因素。

## 不拍照不買紀念品　精采全留在記憶中

臺灣觀光教父嚴長壽把旅遊型態分為「走馬看花、深度旅遊和無期無為」三種層次。「走馬看花」就是一般觀光旅遊團的行程；「深度旅遊」則是透過導遊或在地人士協助規劃行程，深入了解在地人文與歷史；「無期無為」是連導遊也不需要，不須刻意，隨興所至，自由自在享受體驗在地生活。林昭庚走遍一百多個國家的旅遊模式介於第二種和第三種之間，他常和學生講，旅遊是要讀書的，先儲存好知識資訊，觀察體驗才能更深刻和有意義。

雖然習醫，但林昭庚對地理、史學非常有興趣，對地質奇觀充滿好奇，他自己推論或許心中就是住了一個老靈魂，才會從年輕時就喜歡傳統古老的東西。他定期閱讀原文版《國家地理雜誌》，外國學者到臺灣來跟林昭庚學針灸，他開課程的第一堂都是「臺灣史地」（Brief Introduction to Taiwan's History and Geography）。每一回出訪異國，他就像準備考試的學生，認真備課，甚至發揮研究精神，找出不合常理的疑問。

林昭庚如地理雜誌記者一般，探索世界、充實新知，體驗異國地理歷史文化，他心無二用，沿途不拍照、不買紀念品，回來也不寫隻字旅行見聞，所有精采全部留在記憶中，完全符合他生活中沒有多餘瑣事可浪費的人生哲學，「照片一堆你什麼時候會再拿出來看？」他問。

## 喜歡變化萬千的象棋　八字命理亦有涉獵

若是要講工作以外的時間，唯一讓林昭庚捨得花在上頭的非象棋莫屬。他就讀小學時在村裡看人下棋，學會象棋技巧後，迷上變化萬千的棋局，在對奕中領悟人生如棋、落子無悔，每一步決定都得謀定而後動。林昭庚的棋藝是醫界高手，早年中醫師公會全國聯合會在各項聯誼賽中有一項象棋比賽，曾代表臺北市公會出征、也在沙烏地大使盃得到冠軍，更曾經拿下中醫師公會全國聯合會舉辦的全國盃象棋比賽第四名佳績。但是這個唯一的休閒嗜好，也因為研究工作加重而暫時擱下了。

中國數千年文化演進中，有一個與人一生的生老病死有密切相關的學問系統，包括了「山、醫、命、相、卜」統稱為「五術」。五術以道家思想為主，也融入儒釋義理，講求天人合一的中醫學即在其中。

因此，自古學習中醫者，除了精通岐黃之術[1]外，亦都涉獵老莊、儒學、易理，林昭庚對易經、紫微斗數、八字命理很有興趣，在一次為自己排命盤時，竟然推算出只有三十九歲陽壽，自然更無法坐視時光流逝。

覺悟生命有限，看待時間和金錢的態度就不一樣了。林昭庚心想人生總是要有交代、有規劃，「活出最好的自己」（do my best）成為他的目標。另一方面，他也要為家中老少存一筆錢，開業收入強過上班領薪水，他三十歲出頭就開業，晚上看診，白天依然上班，維持二份收入。「萬一命運是真的，至少我有準備，妻兒不會受到巨大影響。」有了這樣想法，他下苦功研究國內外各種投資理財方法並且付諸行動。

## 透過大量閱讀分析　用理財「扭轉乾坤」

一向強調學什麼都要很認真，林昭庚學習理財也不例外，透過大量閱讀分析，他得出要擺脫貧窮，非得靠理財才能扭轉乾坤的結論。他觀察大多數醫生和公教人員比較保守，錢放定存或買債券很安全，卻無法流動。陰陽五行中，水為財，一灘靜止的水，無法創造更多的財富，還會被每年增長的通貨膨脹吃掉。他舉例，二十幾年前一百顆冷凍水餃九十九元，現在要五百元，薪水跟不上物價上漲，所以要懂得投資理財，才能過自由的生活，他認為年輕人要從存第一桶金開始，再來就是要採取有計畫的行動，持續積累財富。

他以買房為例，大家都知道「地點」很重要，但是地點要怎麼找？林昭庚的思考方式是「箭靶原理」。他以自己工作的地點為中心，五百公尺、一千公尺、一千五百公尺次第的往外圈找，「這樣不會浪費交通時間和金錢」，再來考慮附近的公共設施、環境。至於投資有價證券，他的原則是「要賺外國人的錢」，平日對於國際財經情勢研究和功課不能少，「每天看報紙、電視報明牌買股票就太慢了。」現金則要保持固定水位，「天有不測風雲」要有緊急備用，他強調理財沒有懶人的方法。

多年來，林昭庚靠著理財成果逐步實現人生財富自由，能夠在五十八歲從門診工作退出，專心從事喜愛的研究工作，這一套理財方式源出《易經》哲學，他稱之為

「易經理財」。

## 《易經》理財觀　〈否卦〉和〈泰卦〉情勢逆勢操作

《易經》是一本講「變易」的書，國外就直接翻譯成*The Book of Changes*，在六十四卦中蘊含了齊家、治國、平天下的義理。其中心思想是用陰、陽符號構成卦象，每一個卦有六爻[2]，用以演示世間萬物運行狀態。《道德經》講「道生一、一生二、二生三、三生萬物」，三代表無窮多，也代表左右平衡、能衍生出萬事萬物的數字。

林昭庚「易經理財」方式「三」是重點，他把投資分為三類：第一類是房屋、土地的不動產；第二類為有價證券，大略分為股票、債券基金和藝術品；第三類則是現金。三大類型投資組合配合形勢、環境交互運用，等待最好的時機出手。

什麼是最好的時機？林昭庚用《易經》〈否卦〉和〈泰卦〉思維，〈否卦〉指的是大環境景氣低迷、投資人紛紛縮手，反之〈泰卦〉是景氣欣欣向榮，大家一片看好的環境，「要依據否和泰情勢逆勢操作」，因為，從卦理分析，〈否卦〉走到外卦，便會逐漸進入〈泰卦〉的氣運，所謂的外卦是卦氣的後半段，也就是「逆勢」。林昭庚舉例，俄烏戰爭、新冠肺炎全球爆發，環境是處於〈否卦〉情勢，卻隱藏著〈泰卦〉的後勢，是個投資的好買點，「借錢下去買都值得」，他說。

## 行善捐獻 用心理財才有活水進帳

不過，他也說高賣低買道理大家都懂，但因為違反「害怕損失、賺得不夠多」的人性，所以能夠做得到的人不多。要高到什麼程度才脫手賺利，林昭庚舉了〈大壯卦〉，就像吹氣球一樣，要吹到什麼狀態才是最大？不知停止往往就會吹爆了。因此〈大壯卦〉的精神是「大壯即止」，不能不知其所止，這就是高賣低買的易理，要能真正了解陰陽循環、生生不息，明白「飄風不終朝，驟雨不終日，否極泰來」的道理，低價置入的房地產、基金就當做財產，真正要做的是行動。

林昭庚理財思想有如明代理學家王陽明（1472-1529），講究格物窮理，他閱讀全球財經訊息，勤做分析比較，強調若無行動則淪為空談。不過，他快又準的理財行動力實則來自一個更強大的內在動機。

一九八〇年從沙烏地阿拉伯回臺灣，開業後林昭庚的經濟狀況逐漸穩定，也開始回饋故鄉和協助有困難的患者。五十八歲，想專心從事研究工作，他問家裡的財務總理，「老婆，我想退休不看診了，我們的錢夠嗎？」太太陳孟秋回以：「夠了，不看診，捐的錢少一些就可以。」就這樣，林昭庚捨棄開業豐厚的收入，收掉門診專注研究領域。但是，他數十年來行善捐獻、獎勵教育的腳步沒有停下來，他必須用心理財才有活水進帳。

## 錢財運用「捨得」哲學　宛若臨觀二卦

有人對林昭庚一生不斷的捐款奉獻覺得無法理解，他不是企業家、也沒有豐厚祖產，需要這樣做嗎？

林昭庚出身貧困，了解對乾渴的人「急時雨」是多麼珍貴。就像《易經》的〈臨卦〉和〈觀卦〉一樣，〈臨卦〉是由上向下看，有給與的意思；〈觀卦〉是由下仰上去看。過去他身受許多貴人幫助，猶如處〈觀卦〉的處境，如今他有能力做別人的貴人，正是〈臨卦〉的實踐，讓他感到是人生真正的快樂。

對錢財運用他有一套「捨得」哲學，「有捨有得才能平衡」，右手從理財賺到的錢，左手捐出去給需要的人，他獲得無價的人生意義。他為感念師恩設立馬光亞、黃維三獎學金；感懷父母養育之恩，以父親林江泗、母親林陳怨名義之獎學金，加上其他各類名目贊助捐獻，二〇一八年中國醫藥大學六十週年慶典，林昭庚以個人捐贈僅次於蔡長海董事長的奉獻獲得表揚。

## 不為金錢所役　有進有出多幫助需要的人

林昭庚的「捨和得」哲學同樣蘊含著陰陽易理。「凡事有正面就有反面，有得能捨才是平衡。」他說當年去沙烏地阿拉伯，假日到約旦著名的景點「死海」游泳，水中無魚也沒有其他生物，自然也沒有花草蟲鳥，一片寂靜，他探究原因，發現死海是一個沒有出口的內流湖，約旦河注入後只進不出，淡水蒸發，而河流帶入的鹽類物質沉積在湖中，因而成為沒有生物寸草不生的湖泊。「不流動就成為一片死水，錢財是身外之物，有進有出，多幫助需要的人，也就能生生不息。」他相信「積善之家必有餘慶」。

能捨能得，他五十八歲收掉收入豐厚的診所，而後有世界頂尖科學家的成就；能捨能得，讓他得以財富自由、助人得樂生生不息。林昭庚認為「捨得」是一種智慧，是打開人生成功之門的鑰匙。

林昭庚唸醫學院時就自食其力，當搬運工、一天打三份工，有時身上的錢只能夠吃一餐，全憑過人的毅力撐下來。闖過三十九歲天年的忐忑不安，五十八歲因健康亮紅燈而當機立斷，停止看診專志研究與教學工作。「人要看到生命的盡頭才能看透、看破。」他透徹人生虛妄如夢幻泡影，因而能夠不為金錢所役、助人為樂，他常常自問：「可以做什麼？還需要做什麼？」外人看他，生活中只有工作，他卻是極為享受這樣的生活。「人生沒有多餘時間可以浪費。」林昭庚說。

1 岐黃之術：相傳黃帝曾命岐伯嚐百草行醫治病，後世以「岐黃」為醫家的宗祖，用以比喻行醫治病的工作。

2 《易經》八卦中有兩個符號，一個是「⚊」陽爻；另一個是「⚋」陰爻，六爻組成一卦，共有六十四卦。

# 第二十章 人生不輕鬆　為了新醫學衝！衝！衝！

林昭庚是來自鄉下的散赤囝仔，大學打工苦讀，扭轉命運，成為臺灣首位中醫博士、教育部部定教授，第一位中醫界中西醫結合的科學家和中央研究院院士。這位純粹臺灣本土培養的科學家曾登WHO演講，被國際譽為「針刺安全深度之父」，他一生致力讓中醫融入現代醫療體系，勇於承擔別人所不為之事，勇氣的火種來自父親、貴人和兼善天下的初心。

林昭庚從小頑皮好動，父親林江泗身教、言教對他影響深遠。林江泗待人熱誠、一身儒風，他教育子女中庸之道處世，特別是：「要踮腳尖的東西不要拿；別人的給予隨時都能拿走，只有自己的，別人無法取走。」這二句話成為林昭庚一生的座右銘。

## 貧困經驗 看做「必先苦其心志」

初中三年，林昭庚就讀北斗初中，每天通學時間近四個小時，這些時間他涓滴不浪費，回到家前就已溫習好課業。他常以國文課學到的《孟子・告子下》所言：「故天將降大任於斯人也，必先苦其心志，勞其筋骨，餓其體膚，空乏其身。」勉勵自己。而後，這個「天將降大任」的信念，像一帖補氣振心的良藥，伴著林昭庚度過無數人生挫折。

十八歲，父親猝逝，林昭庚依循著父親的期望考上醫學院，大學半工半讀，送報、扛酒、搬磚、酒家當差，經歷一文錢逼死英雄好漢的貧困經驗，讓林昭庚明白人生無奈的事很多，他握緊每一分鐘，視時間為人生最珍貴的資源。這一生，他幾乎沒有飲宴共遊的朋友，卻有無數一起乘風破浪實證科學奧祕的革命夥伴。

## 知遇之恩　努力做一個有價值的人

在中國醫藥大學，林昭庚受到許多貴人的提攜和恩惠，其中，董事長陳立夫先生是他生命中重要的恩人。一九八二年陳立夫邀林昭庚回到母校，這一待就是四十年，林昭庚成為老闆倚重的左右手，不計毀譽為母校留下無數優秀學術人才、慷慨解囊設立獎學金，回報貴人恩師的知遇之恩。

中醫淵源數千年，各類醫書汗牛充棟，然而來到一切講求實證科學的現代，中醫浩瀚典籍，除了古語難以明辨其意，更有許多與現代不合甚至抵觸之處，致使中醫一直難登現代醫學殿堂。

「很多人看不起中醫，所以我想用科學的方法去推翻、去證明。」林昭庚從多位恩師身上看到中醫的博大精深，他為中醫處境感到委屈而萌生使命，這使命推動他成為醫學史上首位以電腦斷層掃描照相探討人體胸背部各穴位安全深度的研究學者，提出針刺鎮痛機轉的實證研究成果，立書著作無數典籍，把針灸醫學帶向國際。林昭庚一生行事看重事物背後的價值，他總說：「不要為成功而努力，要為做一個有價值的人而努力。」對他而言，名利只是價值的副產品。

## 兼善天下 對人生要有交代有規劃

「別人不做的事，我來做；我接下的事，我一定會把它做好。」這是林昭庚的志氣。他接下陳立夫統一中西醫病名對照的重責、推動中西一元化的任務，用九年完成《中西醫病名對照大辭典》，期間面臨人事、經費種種困難甚至賠上健康，他拿出「咬定青山不鬆口」精神，相信最終使命必達。唯一沒料到的是，他的名字也隨著這部書一起進入全球各大圖書館，名留青史。

讓林昭庚名留青史的除了學術成就外，還有他實踐「兼善天下」的初心。為什麼會發下「兼善天下」心願？唸中醫系讓林昭庚有機會接觸陰陽學說，學了以後自然是窺探天機，自己算命推算出陽壽竟只到三十九歲，他寧可信其有而拚命工作。「人一旦真正看到生命有限，反而會更珍惜，然後更有意義地活過這輩子。」

## 謙德之效　善心善行能改變命運

林昭庚相信人生中是否能有超凡成就，除了遺傳基因和自我意志外，還需要有種種因素的配合，「命運」是其中因素之一。

但天命能改嗎？他在二十幾歲時讀到中國明朝袁了凡寫給後代的家訓《了凡四訓》，原本堅信天命的袁了凡，在聽從雲谷禪師「善心善行能改變命運」之言後，改變思維、努力行善而重新立命，他寫書教戒兒子認識命運的真相，書中從立命之學、改過之法、積善之方，最後收謙德之效，一一說明心存善念利他助人，好事就會來。

讀了有理論、有方法的《了凡四訓》，林昭庚覺得心目豁開，信心勇氣倍增，利他行善成為林昭庚的行事準則，加上他經歷過窮困，知道奮力活下去時，一枝草一點露都是能喘一口氣的莫大恩惠。對貧困的學生、病患處境，他感同身受，希望他們可以不必和當年的自己一般辛苦，這一份心意支持他數十年捐款助學不間斷。

他沒有等到有能力時才行善助人，他在看診中、生活中，看到別人的需要就盡力而為，從家鄉、母校、社會，他的人生哲學篤信積善必有餘慶，他愈做愈快樂，三十五歲獲得「全國好人好事代表」第一名，是很年輕的得獎人，而命運也在不知不覺中跨過三十九歲。

「只要你心想的都是善事，人生一定往好的方向轉變。」雲谷禪師向了凡說的話，林昭庚也聽懂了。

## 東方哲思　遵循儒釋道行走人生

林昭庚的東方哲學思想，包含儒、釋、道。儒家以「仁」為其核心思想，「忠恕」之道為「仁」的積極表現，除了盡己之力，還要有同理心，做任何事之前，先考慮別人的立場；釋即佛家，講求利益眾生、因緣業報、生老病死、空與無我，人所造之業為因，報為果，因與果輾轉相生，謂之「因果報應」；道家則注重道法自然，凡事為而不爭、無為而治（萬物隨著變化而變化）。一路走來，林昭庚不管做人、做事、做學問，都遵循自己的東方哲學之理，也相信能走出自己的光明之道。

林昭庚恪遵父親「要踮腳尖的東西不要拿」教誨，一生從沒有主動求過任何職位，他待人圓融，行事大處著眼，總能在關鍵時刻展現存在的價值，在他擔任臺北市中醫師公會、中華民國中醫師公會全國聯合會及中華針灸醫學會理事長期間，皆於任內積極奔走籌募經費購置會館，為團體留下永續運作的基地。

二〇二一年，林昭庚七十四歲，接下一生視為恩人的陳立夫創辦的中國醫藥研究發展基金會。他給自己的任內目標是讓中醫走入民眾日常生活，運用由基金會的推廣平台，結合全臺優秀中醫師一起帶動中醫風潮，並定下基金會存款「只許多不可少」的原則，讓中國醫藥研究發展基金會永遠成為中醫界的希望火種、拓荒前鋒。

每日，林昭庚依然固定閱讀大量資訊，帶著學生埋首研究專案，推動中醫專科醫師制度，七十五歲的他有更堅定的目標，希望能融合傳統醫學和現代醫學成為獨特的新醫學。「救人的方式愈多愈好」，前董事長陳立夫的名言是他努力不懈的座右銘。

## 揉合中醫與《易》學理論　勉人勤修身心性

林昭庚雖為一針灸名醫，但對東方哲學儒家、佛家和道家思想，都有所涉獵，不過，他更像是一位實踐者，而非理論家。

在臨床工作之外，他積極提倡養生、養心，並且重視食療文化。他認為，所謂「養心」，就是一個人要儘量保持心身愉快，莫生氣。「心病」難醫，且傷人難以察覺，日積月累，將導致身心皆出現症狀，身體百病叢生。[1]所以修心養性、保持心靜，絕非老生常談，減少不必要的外在慾望，不要什麼事都往心裡去，才能保持情緒穩定。

另外，也可以練「靜功」，一般包括禪修、靜坐等，簡單易學，隨處可練。他指出，靜坐時「坐如鐘、直如松、腦空空」，也就是盤坐得像鐘一樣穩固，身軀像松一樣直，腦袋則要放空，以達到紓壓、身心愉快的效果。他還笑著說，他也把這些對身體有益的傳統中國養生術傳授給兩位學西醫的兒子，養生除病之法、救人救命之術，何須強分中西？

林昭庚曾在二〇一三年受邀到國立自然科學博物館暢談養生智慧，他從《易經》概念和經脈循環理論，深入淺出的解說，並現場示範靜坐、飲食調養；他還提倡早起快步走，或常練甩手功、外丹功、太極拳等運動，並強調不管哪一種運動，最重要的還是有恆，即使是簡單的動作，長久而有恆地做，一定會見到功效，切忌一曝十寒，必須牢記「常動」和「有恆」的動態觀點，才能臻至健康長壽。[2]林昭庚認為，養生學是中醫學內不可忽略的內容，在未來高齡化的臺灣社會當中，尤顯其重要性，後人應該要持續研究與推廣。[3]

## 待人圓融　關鍵時刻展現存在價值

大學時期在極端困苦求生時，林昭庚常問老天生命有何意義，及至讀到天才如愛因斯坦亦有同樣之嘆：「在這世界上，每個人都是短暫的過客，但不知為什麼，常又自以為此程有什麼神聖的意義。」林昭庚頓感心安，再從《了凡四訓》中，他找到立命的價值，親身體會到「行善改運確實存在」。

立命先於立業，林昭庚希望用自己的故事告訴後輩及學生，再困苦的處境不能放棄，人生可能不會很輕鬆，但可以過得很精采。他用自身的經歷來勉勵學生和讀者，人生真正的喜悅來自幫助他人，凡事盡己所能，但能不能成功取決於許多無法掌控的因素，不必執著於預想的結果，「有時候努力換來的結果超過預期。」

林昭庚做人、做事、做學問的哲學，不主動爭取名位，關鍵時刻無所畏懼展現價值，他待人圓融、扶助弱勢、回饋鄉里，帶給社會一份正面力量的理念，或許在功利主義、個人主義盛行的現代社會中，才是最被需要講述的故事。

1 皮國立，《最「潮」中醫史：以形補形行不行，古人醫病智慧超展開》（臺北：三民書局，二〇二三年），頁五一～五八。

2 陳潮宗主編，《一代巨擘：針刺安全深度之父林昭庚博士》（臺中：中國醫藥大學，二〇一九年），頁一〇〇～一〇三、五二一。

3 例如協助林昭庚教授執行《臺灣中醫藥通史》編纂工作的陳麒方醫師，也撰寫《中醫養生學》，將林昭庚這類想法加以書寫，希望喚起更多醫師和病患的關注。參考陳麒方，《中醫養生學》（臺北：五南，二〇二二年）。

# 林昭庚大事年表

| | |
|---|---|
| 1947/12/11 | 出生於彰化縣秀水鄉金陵村。 |
| 1973 | 以優異成績從中國醫藥學院（現為中國醫藥大學）中醫學系（雙主修）畢業；並相繼取得中、西醫師資格。 |
| 1978/7/16 | 與夫人陳孟秋女士舉行結婚典禮。 |
| 1979 | 為陽明醫學院及榮民總醫院首位被派往沙烏地阿拉伯新吉達醫院擔任針灸科主任。 |
| 1980 | 以臨床成就及於沙烏地阿拉伯王國工作期間的表現，獲沙國授予最高榮譽「金袍獎」。 |
| 1983 | 教育部國立編譯館編著之國民中學「公民與道德」課本收錄其為沙國人民針灸之照片。 |
| 1985 | 受聘為中國醫藥大學針灸研究中心主任。<br><br>以傑出成就獲美國參、眾兩院議員表揚，並獲蒙特利市長頒發美國榮譽公民證。<br><br>美國洛杉磯舉行世界中華醫藥學術大會，榮獲1985年最傑出針灸醫師，美國布希總統致贈親筆簽名照片，鼓勵其對傳統中醫藥之貢獻。 |
| 1988 | 著書《新針灸大成》出版，於1994年榮獲中國中醫研究院（現為中國中醫科學院）首屆「醫聖杯」國際中醫藥學術著作之三等獎，後於1999年榮獲「立夫醫藥文教基金會」首屆中醫藥著作獎。 |

| | |
|---|---|
| 1990 | 榮獲聯合國世界衛生組織（WHO）及美國針灸與東方醫學會（AAAOM）合辦之針灸暨傳統醫學會頒予該年最高榮譽主席獎。 |
| 1991 | 從中國醫藥學院博士班畢業，獲博士學位，其畢業論文為〈電腦斷層掃描照相術探討人體胸背部各穴位安全深度之研究〉，成為臺灣第一位中醫針灸博士。 |
| 1992 | 著書《針灸學新論》出版，於1994年榮獲中國中醫研究院（現為中國中醫科學院）首屆「醫聖杯」國際中醫藥學術著作之一等獎；廈門大學出版社1994年出版由葉海濤、李良松兩位先生編寫的《針灸英傑——林昭庚博士》乙書，表彰其對針灸學之貢獻。<br><br>當選臺北市中醫師公會理事長，並於任內積極奔走籌募經費購置會館。<br><br>取得臺灣第一位「教育部」部審中醫教授資格。 |
| 1993 | 創刊臺北市中醫師公會《北市中醫會訊》兼發行人。<br><br>榮獲李登輝總統頒發總統文化獎（文總輝字第〇〇一號），表揚其對發揚傳統文化的卓著貢獻。<br><br>受聘為中國醫藥學院中國醫學研究所所長。 |
| 1995 | 著書《針灸醫學史》出版。<br><br>於中國醫藥大學第十二屆董事會會議，當選董事一職（迄今）。<br><br>創刊臺北市中醫師公會《北市中醫會刊》兼發行人。 |

| | |
|---|---|
| 1996 | 受王永慶董事長之邀請，協助籌設長庚紀念醫院中醫部及長庚大學中醫系（1998年成立並招生）。<br><br>受聘為中國醫藥學院《中國醫藥學院雜誌》總編輯。 |
| 1997 | 澳洲華人報以「針灸英傑林昭庚博士」，報導其受聘為維多利亞大學客座教授。 |
| 1998 | 受聘為西班牙國立巴塞隆納大學客座教授。<br><br>當選為中醫師公會全國聯合會第四屆（1998-2001年）、第五屆（2001-2004年）理事長，是第一位以教授暨博士身分出任者，並於任內積極奔走籌募經費購置會館。 |
| 1999 | 受聘為西班牙馬德里大學針灸研究所教授。 |
| 2000 | 代表中醫師公會全國聯合會與詹啟賢署長（時為行政院衛生署，現為衛生福利部）簽訂全民健保中醫門診總額支付制度試辦計畫委託協議書。 |
| 2001 | 創刊中醫師公會全國聯合會《中醫會訊》及《臺灣中醫醫學雜誌》兼發行人。<br><br>《中西醫病名對照大辭典》第一版（繁體版）由臺灣教育部國立中國醫藥研究所出版，2002年由大陸衛生部所屬國家人民衛生出版社出版《中西醫病名對照大辭典》第一版之簡體版；後於2004年完成《中西醫病名對照大辭典》第二版（繁體版），由臺灣教育部國立中國醫藥研究所出版；為全球唯一之中西醫病名對照的工具書，2019年《國際疾病分類第十一版》（ICD-11）將首度納入傳統醫學，其為重要參考資料。 |

| | |
|---|---|
| 2002 | 教育部出版《兒童的雜誌》，遴選李鎮源院士、宋瑞樓院士、羅慧夫醫師、謝貴雄院長、林昭庚教授五位對當代醫學及世界人類的科技與研究有重要貢獻者，名為「杏林群像」專輯，並以「臺灣第一位中醫針灸博士林昭庚」為題，收錄其求學及針刺穴位安全深度研究之路。 |
| 2003 | 馬英九總統（時任臺北市市長）頒發中醫藥學術貢獻獎，表揚其對中醫藥學術之貢獻。<br>陳水扁總統題頒「功著杏林」匾額（華總二榮字第〇九二〇〇一二〇六七〇號），以表彰其對針刺穴位安全深度研究之貢獻。<br>當選中華針灸醫學會第三屆（2003-2006年）、第四屆（2006-2009年）理事長，並於任內積極奔走籌募經費購置會館。 |
| 2004 | 受聘為總統府國策顧問（至2006年5月19日止）。<br>受聘為羅馬尼亞國立Oradea大學及Vasile Goldis大學客座教授。<br>榮獲歐洲國家地區醫學聯合會醫學傑出貢獻獎。<br>榮獲羅馬尼亞科學院榮譽院士。 |
| 2005 | 當選為聯合中醫醫學會第一屆創會理事長。 |
| 2007 | 榮任第十四屆國際東洋醫學會會長，榮獲大會頒獎表揚。 |
| 2008 | 《中醫藥療效評估之文獻研究——針灸實證醫學》由行政院衛生署（現為衛生福利部）出版，原為2004及2005年之行政院衛生署中醫藥委員會研究計畫，後編為針灸實證醫學專著。 |

| | |
|---|---|
| 2008 | 擔任美國芝加哥大學及梅約醫學中心共同舉辦之「美國年度互補及替代醫學學術大會」首席演講貴賓。 |
| 2009 | 獲邀參加世界衛生組織於米蘭舉辦之「傳統醫學實證醫學準則」會議。<br>《新編彩圖針灸學》乙書於2010年榮獲中國醫藥大學98學年度優良教材評選傑出獎，為考試院針灸學科指定考試用書。 |
| 2010 | 受聘為《中華醫學雜誌英文版》第七屆編輯委員會之副總編。 |
| 2012 | 由北京大學再版《針灸英傑——林昭庚博士》乙書，補述其於1994年至2011年之學術研究。<br>獲邀參加世界衛生組織於香港舉辦之「西太平洋區傳統醫學策略（2011-2020）論壇」。<br>受邀擔任*E-CAM Special Issues*期刊主編。<br>《日治時期（西元1895-1945）の臺灣中醫》乙書榮獲行政院第四屆國家出版獎「優良著作入選獎」。 |
| 2013 | 受聘為亞洲大學健康產業管理學系兼任講座教授。<br>受邀出席聯合國教科文組織（UNESCO）於亞塞拜然巴庫舉辦之「第八屆非物質文化遺產保護會議」，並受聘為聯合國教科文組織之專家學者及諮詢顧問。 |
| 2014 | 受聘為考選部典試委員及常設題庫小組總召集人。 |

| | |
|---|---|
| | 受聘為慈濟大學講座教授。 |
| 2014 | 再度受邀參加於法國巴黎舉行之聯合國教科文組織「保護非物質文化遺產會議」，並於ICHNGO FORUM專題演講。為臺灣退出聯合國後唯一進入聯合國教科文組織演講的專家學者。 |
| 2015 | 受聘為考選部105年中醫師考試典試委員兼中醫組召集人。<br><br>《針刺穴位深度研究》乙書榮獲教育部國立中國醫藥研究所膺選為國家出版品，並獲中國醫藥大學103學年度優良教材評選傑出獎，成為當代重要的中醫藥學術著作，目前更為世界各國有關針刺深度、安全深度之重要針灸書籍。<br><br>受邀出席世界衛生組織於關島舉辦之「西太平洋區域委員會第六十六屆會議」。<br><br>獲邀出席聯合國教科文組織於非洲納米比亞（Namibia）舉辦之「第十屆非物質文化遺產保護會議」。 |
| 2016 | 受醫策會邀請主持中醫專科醫師制度建構計畫專案小組（迄今）。<br><br>受聘為衛生福利部中央健康保險署醫療費用審查注意事項研修之諮詢顧問及中醫專家諮詢會議主席。<br><br>受邀擔任衛生福利部《臺灣中藥典》第二版增補版中醫臨床分小組、《中華藥典》第九版編修小組——中醫臨床小組召集人。 |

| | |
|---|---|
| | 受邀至瑞士日內瓦出席世界衛生組織第一四〇屆執行委員會議，會中林昭庚博士提案建議將針灸納入緊急醫療服務項目，並發表演講「針灸列入緊急醫療的可行性及重要性」。 |
| 2017 | 受聘為香港社團聯合總會名譽會長。<br>榮任國際東洋醫學會第三十一屆會長。<br>榮獲衛生福利部陳時中部長頒發國際醫療貢獻獎。 |
| 2018 | *Experimental Acupuncturology* 乙書由 *Nature* 雜誌之出版集團出版，於2021年榮獲中國醫藥大學109學年度優良教材評選傑出獎。<br>受美國醫師公會及哈佛大學邀請，發表「針灸在緊急醫療應用」之專題演講。 |
| 2019 | 《針灸英傑── 林昭庚博士》乙書之第三版更名為《一代巨擘── 針刺安全深度之父　林昭庚博士》，由中國醫藥大學出版。 |
| 2021 | 榮獲外交部頒發外交之友貢獻獎。<br>榮獲蔡英文總統頒贈中醫藥貢獻獎。<br>《林昭庚針灸臨床十二總穴》、*Jaung-Geng Lin's Twelve Common Acupoints for Acupuncture Clinical Use* 之中英文對照書籍出版，總結林昭庚四十年針灸臨床經驗中，常用且效果佳的十二個穴位，將針灸臨床經驗傳承給後學。 |

| | |
|---|---|
| | 榮獲臺中市醫師公會選為《臺中醫林》雜誌封面人物，以「全球唯一　編著中西醫病名對照大辭典　林昭庚結合中西醫　登上WHO舞台」之醫林人物專題，報導林昭庚的國際醫療外交生涯。 |
| 2021 | 當選財團法人中國醫藥研究發展基金會第十四屆董事長。 |
| | 史丹佛大學發布「全球前2%頂尖科學家榜單」（World's Top 2% Scientists 2020），在Complementary & Alternative Medicine領域的11,649名學者中，名列全球第24名（前0.2 %）。 |
| | 《針灸實證臨床治療指引》乙書由衛生福利部出版，是第一本中醫實證臨床治療指引，目前為全世界唯一一本針灸實證臨床治療指引。 |
| 2022 | 當選中央研究院第三十三屆院士。 |
| | 榮獲世界針聯學術大會頒發世界針灸傑出貢獻獎（該大會於新加坡萊佛士城會議展覽中心舉行）。 |
| 2023 | 榮獲112年度衛生福利部第二屆玉階獎之特殊貢獻獎。 |
| | 《新編彩圖針灸學》新版編印中。 |
| 2024 | 榮獲「國醫典範獎」，由行政院長陳建仁頒發獎牌。 |
| | 中國醫藥大學之「林昭庚院士樓」揭牌典禮。 |

# 徵引書目

## 一、檔案與史料

魏・王弼注，樓宇烈校釋，《老子道德經注校釋》，北京：中華書局，2008年。

唐・孫思邈原著，李景榮等校，《備急千金要方校釋》，北京：人民衛生出版社，1998年。

宋・朱熹，《四書集注》，臺北：漢京文化事業有限公司，1987年。

明・袁了凡著，尚榮、徐敏等評注，《了凡四 》，北京：中華書局，2013年。

清・汪昂著，張瑞璋重編，《湯頭歌訣》，臺北：立得，1991年。

郭靄春主編，《黃帝內經素問校注》，北京，人民衛生出版社，1992年。

黃壽祺、張善文，《周易譯注》，上海：上海古籍出版社，2018年。

國史館藏「總統李登輝茶會款待八十二年全國好人好事代表林昭庚等人」，李登輝總統文物，1993/10/21，典藏號：007-030207-00042-052。

## 二、學術專書

中國醫藥學院，《中國醫藥學院概況》，臺中：中國醫藥學院，1974年。

方文賢等編著，《中醫入門必讀歌訣》，北京：中國中醫藥出版社，1999年。

王宏才、白興華，《中國針灸交流通鑒：歷史卷》上下冊，西安：西安交通大學出版社，2012年。

王廷輔，《白袍生涯一甲子：一位杏林老兵的回憶錄》，臺北：三民書局，2009年。

王靜，《針灸古代文獻》，北京：上海科學技術出版社，2017年。

皮國立，《中醫不科學？1920-1930年代的社會輿論》上下冊，臺北：民國歷史文化學社，2022年。

——，《全球大流感在近代中國的真相：一段抗疫歷史與中西醫學的奮鬥》，臺北：時報出版社，2022年。

——，《最「潮」中醫史：以形補形行不行，古人醫病智慧超展開》，臺北：三民書局，2023年。

皮國立主編，《走過「廢除中醫」的時代：近代傳統醫學知識的變與常》，臺北：民國歷史文化學社，2023年。

江柏煒，《冷戰金門：世界史與地域史的交織》，金門：金門國家公園管理處，2018年。

行政院衛生署編，《中沙醫療團援外史料紀錄——荒漠行醫照影》，臺北：衛生署，2007年。

吳秋儒，《臺灣古早藥包》，臺北：博揚，2012年。

吳嵩山編著，《中國醫藥大學六十年發展史》，臺中：中國醫藥大學，2018年。

——，《無遠弗屆：中國醫藥大學重要研究成果選輯2019-2022》，臺中：中國醫藥大學，

2022年。
宋怡明（Michael Szonyi）著，黃煜文、陳湘陽譯，《前線島嶼——冷戰下的金門》，臺北：臺大出版中心，2016年。
李良松、葉海濤，《針灸英傑林昭庚博士》，北京：北京大學醫學出版社，2011年。
李經緯，《中醫史》，海口：海南出版社，2015年。
李經緯，林昭庚，《中國醫學通史（古代卷）》，北京：人民衛生出版社，2000年。
林孝庭，《蔣經國的台灣時代：中華民國與冷戰下的台灣》，臺北：遠足文化，2021年。
林良哲等，《臺中酒廠專輯》，臺中：臺中市政府，2001年。
林昭庚，《新針灸大成》，臺中：中國醫藥學院針灸研究中心，1988年。
———，《針灸大成新解（上、下冊）》，臺北：國立中國醫藥研究所，1993年。
林昭庚、鄢良，《針灸醫學史》，北京：中國中醫藥出版社出版，1995年。
林昭庚主編，《中西醫病名對照大辭典（第一～五冊）》，臺北：國立中國醫藥研究所，2001年。
———，《台灣中醫發展史》，臺北：中華民國中醫師公會全國聯合會，2004年。
———，《新編彩圖針灸學》，臺北：知音出版社。2009年。
林昭庚、陳光偉、周珮琪，《日治時期（西元1895-1945）の臺灣中醫》，臺北：國立中國醫藥研究所，2011年。
林昭庚、劉育祺等編著，《針刺穴位深度研究》，臺北：國立中國醫藥研究所，2011年。
林昭庚、周珮琪、林伯欣、施惠娟，《中醫學史》，臺北：衛生福利部國家中國醫藥研究所，2014年。
林昭庚、李良松，《佛醫針灸學概論》，香港：亞洲醫藥出版社，2018年。
林恭敬、林金源，《秀水曾厝風華》，彰化：彰化縣文化局，2015年。
林敬義，《天容海色本澄清：澄清醫院總裁 林敬義回憶錄》，臺中：林高德，2004年。
林靜宜，《改變成功的定義：白袍CEO蔡長海的利他願景學》，臺北：天下文化，2009年。
唐淑芬主編，《八二三戰役文獻專輯》，南投：臺灣省文獻委員會；臺北：國防部史政編譯局，1994年。
唐雙根，《臺灣經營之神王永慶》，新北市：布拉格文創社，2017年。
殷揚智、林昭庚，《古今君主封聖褒揚——醫家考證》，臺中：中國醫藥大學，2021年。
馬光亞，《臺北臨床三十年（正續集合訂本）》，臺北：知音出版社，2011年。
馬繼興，《針灸學通史》，長沙：湖南科學技術出版社，2012年。
高淑媛，《臺灣工業史》，臺北：五南圖書，2016年。
《屠呦呦傳》編寫組，《屠呦呦傳：諾貝爾獎首位華裔女科學家的一生》，臺北：天下文化，2016年。
屠呦呦、羅澤淵、李國橋、張劍方、吳滋霖、施凜榮、黎潤紅等，《「523」任務與青蒿素研發訪談錄》，長沙：湖南教育出版社，2016年。
張文康主編，《中醫臨床家——馬光亞》，北京：中國中醫藥出版社，2001年。
張世瑛等編，《中華民國政府遷臺初期重要史料彙編——臺海危機（二）》，臺北：國史館，2014年。
張哲郎總纂、張素玢等撰稿，《北斗鎮志》，彰化縣：北斗鎮公所，1997年。
張樹劍，《中國針灸思想史論》，北京：社會科學文獻出版社，2020年。
———，《民國針灸學術史研究要論》，北京：社會科學文獻出版社，2020年。
梁妃儀等著，《臺灣中部醫療人物誌》，臺中：中國醫藥大學，2009年。
陳世昌，《戰後70年臺灣史》，臺北： 時報文化出版公司，2015年。
陳立夫，《成敗之鑑：陳立夫回憶錄》，臺北：正中書局，1994年。
陳麒方，《中醫養生學》，臺北：五南圖書，2022年。
陳潮宗，《近現代臺灣中醫史名人傳錄》，臺北：知音出版社，2022年。
陳潮宗主編，《一代巨擘：針刺安全深度之父林昭庚博士》，臺中：中國醫藥大學，2019年。
陳鴻圖，《臺灣水利史》，臺北：五南圖書，2009年。
傅維康、李經緯、林昭庚，《中國醫學通史（文物圖譜卷）》，北京：人民衛生出版社，2000年。
游鑑明、黃克武等訪問，《臺北榮民總醫院半世紀——口述歷史回顧（上、下篇）》，臺北：中央研究院近代史研究所，2011年。
黃龍祥，《針灸典籍考》，北京：北京科學技術出版社，2017年。
———，《針灸腧穴通考：《中華針灸穴典》研究（上下）》，北京：人民衛生出版社，2011年。
葉海濤、李良松編著，《針灸英傑——林昭庚博士》，廈門：廈門大學出版，1994年。
董群廉、陳進金訪問紀錄整理，《陳梅生先生訪談錄》，臺北縣：國史館，2000年。
臺北市萬華區公所，《萬華區志》，臺北：繆思林文化創意有限公司，2010年。
趙洪鈞，《近代中西醫論爭史》，石家莊：中西醫結合研究會河北分會，1983年。
衛生福利部中醫藥司，《臺灣中醫藥之發展（第4版）》，臺北：衛生福利部，2020年。
衛生福利部編印，《中華民國110年版衛生福利年報》，臺北：衛生福利部，2021年。
鄧鐵濤、程之范主編，《中國醫學通史：近代卷》，北京，人民衛生出版社，1999年。
鄧鐵濤主編，《中醫近代史》，廣州，廣東高等教育出版社，1999年。
錢穆，《孔子與論語》，臺北：聯經出版公司，1974年。
謝利恆、尤在涇，《中國醫學源流論．校正醫學讀書記》，臺北：新文豐，1997年。
謝福德等著，徐維儂主編，《臺灣中醫口述歷史IV》，臺北：中華傳統醫學會等聯合出版，2021年。
釋永信、李良松，《中國佛教醫藥全書》，北京：中國書店出版社，2011年，李良松、郭洪濤，《佛醫人物傳略》，北京：學苑出版社，2014年。
饒毅、張大慶、黎潤紅，《呦呦有蒿：屠呦呦與青蒿素》，北京：中國科學技術出版社，2015年。

## 三、期刊與專書論文

皮國立，〈從口述歷史視野看兩蔣總統的醫療與健康〉，《東吳歷史學報》35期（2016年），頁107-145。
江柏煒、劉華嶽，〈金門「世界冷戰紀念地」：軍事地景的保存與活化芻議〉，江柏煒、劉華嶽、林美吟主編，《金門都市計畫國際研討會論文集》（金門：金門縣政府出版，2008年），頁90-92。
李經緯，〈讀《中西醫病名對照大辭典》〉，《中華醫史雜誌》35卷3期（2005年），頁191-192。
李經緯、崗衛娟，〈貫通古今，融匯中外——《新編彩圖針灸學》評介〉，陳潮宗主編，《一代巨擘：針刺安全深度之父林昭庚博士》（臺中：中國醫藥大學，2019年），頁250-252。
李璧如、林昭庚，〈馬光亞教授中醫學術之淵源、成就與貢獻〉，《中醫藥研究論叢》9卷2期（2006年），頁1-18。
杜正勝，〈醫療、社會與文化——另類醫療史的思考〉，《新史學》8卷4期（1997年），頁160-161。
洪紹洋，〈戰後臺灣工業化發展之個案研究：以1950年以後的臺灣機械公司為例〉，田島俊雄、朱蔭貴、加島潤、松村史穗編，《海峽兩岸近現代經濟研究》（東京：東京大學社會科學研究所，2011年），頁107-139。
張永賢，〈歷史的偶然——針灸的世界性普及與1972年美國總統尼克松訪問團在北京參觀針麻手術〉，《 亞太傳統醫藥》4卷11期（2008年），頁9-11。
張永賢、林昭庚、李育臣，〈針灸大師黃維三教授學術特點探略〉，《北市中醫會刊》67期（2012年），頁4-13。
張賢哲、蔡貴花、蕭晴穎，〈臺灣河洛中藥文化〉，《中醫藥雜誌》22期（2011年），頁77-93。
曹濟鵬、陳麒方、黃建榮，〈台灣中醫藥現代化重要推動者：張成國主委〉，《台北市中醫醫學雜誌》28卷1期（2022年），頁81-85。
梁其姿，〈明清中國的醫學入門與普及化〉，《法國漢學．第八輯》（北京：中華書店，2003年），頁160-169。
許光麃、葉永宗，〈大愛無私以身作則的完美主義者——蔡長啟〉，《臺灣百年體育人物誌》11輯（2016年），頁112-139。
許雪姬，〈日治時期臺灣人的海外活動：在「滿州」的臺灣醫生〉，《臺灣史研究》11卷2期

（2004年），頁1-76。
郭麗娟，〈全民記憶的年代——寄藥包〉，《光華雜誌》18期（2006年），頁69-78。
陳柏勳、林昭庚，〈臺灣中醫藥巨擘：陳立夫〉，《中國醫藥研究叢刊》34期（2023年），頁71-85。
陳潮宗，〈中醫學傳承奮鬥不懈的實踐教育家——黃維三教授〉，《中醫藥研究論叢》第24卷1期（2021年），頁77-86。
陳聰榮，〈中國醫藥學院中醫學系簡史〉，《新醫潮》第4期（1974年），頁7-8。
劉士永，〈醫學、商業與社會想像：日治臺灣的漢藥科學化與科學中藥〉，《科技醫療與社會》11期（2010年），頁149-191。
蔡運寧、蘇奕彰，〈從SARS到COVID-19：現代中醫如何因應瘟疫〉，《中國醫藥研究叢刊》34期（2023年），頁185-208。
謝貴雄先生治喪委員會，〈謝故院長貴雄生平簡介〉，《景福醫訊》14卷12期（1997年），頁18-20。

## 四、報紙資料

不著撰者，〈大專院校聯招新生，今起三天分組放榜〉，《聯合報》，1967.08.14，第2版。
不著撰者，〈中國醫藥研究發展基金會昨成立〉，《聯合報》，1973.11.26，第3版。
不著撰者，〈吳明玲致歉，中醫師接受，中藥商不善了〉，《聯合報》，2003.11.13，第13版。
不著撰者，〈榮總醫師提中藥傷肝，中醫師上門抗議〉，《聯合報》，2003.11.11，第A5版。
不著撰者，〈臺中市西、東區的奇怪庄名〉，《聯合報》，1998.05.26，第39版。
何凡，〈提高國民品質一大步〉，《聯合報》，1967.07.10，第9版。
呂立，〈人口增加太迅速，節制生育有必要〉，《聯合報》，1958.12.14，第5版。
林昭庚，〈「名醫小故事」良醫良相，扶正祛邪與安內攘外〉，《中國時報》，2022.02.02，醫藥保健（1-6）。
華，〈神像藝術：魁星爺〉，《聯合報》，1977.05.12，第9版。
張耀懋，〈中醫門診一年150億〉，《民生報》，2000.04.07，第10版。
楊遠，〈耶誕一場宵夜，酒國名花獻藝〉，《經濟日報》，1968.12.26，第6版。
蔡鵬洋，〈針炙醫術很神奇，各國醫界都重視〉，《聯合報》，1979.06.20，第9版。
顏文閂、陳錫龍專訪，〈彰化有個陝西村，千迴百轉找到「根」！〉，《聯合報》，1978.04.27，第3版。

## 五、學位論文

顧雅文，〈八堡圳與彰化平原人文自然環境之互動歷程〉，臺北：國立臺灣大學歷史學研究所碩士論文，2000年。

## 六、西文資料

Lin, Jaung-Geng, Chen, Kuen-Bao Chen, Lee, Yu-Chen. *Acupuncture for Pain Management*, Part3: Clinical Conditions. Springer Science+Business Media B.V., 2014.

Lin, Jaung-Geng et al.. *A Review of the History and Practice of the Needlling Depth of Acupoints*. Taipei: National Research Institute of Chinese Medicine, Ministry of Health and Welfare, 2014.

Lin, Jaung-Geng, Lee, Yu-Chen. *Atlas of Acupuncturology*. 臺北：衛生福利部國家中國醫藥研究所，2020.

Lin, Jaung-Geng. *Experimental Acupuncturology*. Singapore: Springer Nature, 2018.

Lin JG, Sim CB, Liu CC, Chan TH. Study on the Safety Depth of Straight Insertion at the Acupuncture Loci of the Human Back Bladder Meridian Using the Cadaver's Modular Inch. *China Medical College Annual Bulletin*, no. 13 (1982), pp. 252-265.

## 七、日文專書

（日）小曽戸洋、天野陽介，《針灸の歴史：悠久の東洋医術》，東京都：大修館書店，2015年。

（日）石田秀實，《氣：流れる身體》，東京，平河出版社，1992年。

## 八、網路資料與其他

國立臺灣歷史博物館，〈臺北女子師範專科學校〉，https://women.nmth.gov.tw/?p=1966，擷取時間：2023.10.05。

吳嵩山，〈向恩師致敬——中國醫藥大學林昭庚教授撰書「臺灣法醫病理之父方中民校長與我」〉，參考https://www.cmu.edu.tw/news_detail.php?id=4658，擷取時間：2023.10.04。

皮國立、蔡忠志、鄭宛鈞訪談，〈衛生福利部中醫藥司黃怡超司長訪談紀錄〉，訪談日期：2022年1月18日，未刊稿。

中國醫藥大學立夫中醫藥博物館，「河洛話中醫藥歌訣——線上語音教材」，網址：https://lifuapp.cmu.edu.tw/voice1.htm，擷取時間：2023.11.21。

國家圖書館出版品預行編目（CIP）資料

做人做事做學問：中西醫結合之父——林昭庚的學思歷程 / 林昭庚口述；皮國立, 陳倩姿編著. -- 初版. -- 桃園市：國立中央大學出版中心；臺北市：遠流出版事業股份有限公司, 2023.12

面； 公分

ISBN 978-986-5659-46-2（精裝）

1. CST: 林昭庚 2. CST: 醫師 3. CST: 傳記

783.3886 112020080

# 做人做事做學問

## 中西醫結合之父——林昭庚的學思歷程

口　　述——林昭庚
編　　著——皮國立、陳倩姿
執行編輯——王怡靜

出版單位——國立中央大學出版中心
桃園市中壢區中大路300號
遠流出版事業股份有限公司
台北市中山北路一段11號13樓

展售處／發行單位——遠流出版事業股份有限公司
地址——台北市中山北路一段11號13樓
電話——(02) 25710297　傳真——(02) 25710197
劃撥帳號——0189456-1

著作權顧問——蕭雄淋律師
2023年12月 初版一刷
2024年 8 月 初版五刷
售價——新台幣580元
如有缺頁或破損，請寄回更換

ISBN 978-986-5659-46-2（精裝）
GPN 1011201759

遠流博識網 http://www.ylib.com　E-mail: ylib@ylib.com